让儿童自然成长

——幼儿园种植课程设计与实施

张艳苓 王军 编著

清华大学出版社

北京

内 容 简 介

本书以北京市昌平区回龙观镇中心幼儿园、华北电力大学回龙观幼儿园为例，较为系统地展示了在"让儿童自然成长"理念下，幼儿园的种植课程是如何基于时代与地域背景以及研究与实践基础提出的，种植课程的目标、内容、组织形式与评价是如何构建与实施的，种植课程的环境是怎样创设的，以及种植课程中的教师支持与幼儿发展是怎样的。

本书理论与实践并重，既有具有一定普适性的种植课程建构的一般原理，又有大量案例展示种植课程的具体组织与实施，既可以为学前教育理论研究者提供思路，又可以为一线园长与教师提供经验借鉴。

本书是北京教育学院"园长专业教育研究"学科创新平台、北京市中小学名校长（名园长）发展工程"种植活动中的幼儿深度学习与教师指导研究"、北京市社会科学基金青年项目"北京市幼儿园园长培训的第三空间路径研究"（17JYC018）、北京市优秀人才培养资助青年骨干个人项目"第三空间路径在北京市幼儿园教师专业发展中的可行性探究"（2016000020124G039）研究成果。

图书在版编目（CIP）数据

让儿童自然成长：幼儿园种植课程设计与实施 / 张艳苓，王军编著 . — 北京：清华大学出版社，2022.9（2023.12 重印）

ISBN 978-7-302-61156-1

Ⅰ . ①让…　Ⅱ . ①张… ②王…　Ⅲ . ①种植 – 活动课程 – 教学设计 – 学前教育　Ⅳ . ① G613.7

中国版本图书馆 CIP 数据核字（2022）第 106303 号

责任编辑：张　弛
封面设计：刘　键
责任校对：袁　芳
责任印制：曹婉颖

出版发行：清华大学出版社
网　　　址：https://www.tup.com.cn，https://www.wqxuetang.com
地　　　址：北京清华大学学研大厦A座　　邮　　编：100084
社 总 机：010-83470000　　邮　　购：010-62786544
投稿与读者服务：010-62776969，c-service@tup.tsinghua.edu.cn
质量反馈：010-62772015，zhiliang@tup.tsinghua.edu.cn
印 装 者：三河市龙大印装有限公司
经　　销：全国新华书店
开　　本：185mm×260mm　　印　　张：12.5　　字　　数：276千字
版　　次：2022年10月第1版　　印　　次：2023年12月第3次印刷
定　　价：69.00元

产品编号：090407-01

编写委员会

主编：张艳苓　王　军

编委：（按姓氏笔画排序）
孙　阳　杨秀治　吴月婷　佟红攀
张海花　郑玉春　徐　培　宸　茜

PREFACE

序言

　　外国有将幼儿园比作"花园"或"儿童的乐园"的说法，在中国也有教师是辛勤的"园丁"、儿童是祖国的"花朵"的提法。这些比喻意味着人们对自然教育的追求。而在当今的中国，城镇化如火如荼，城市中心楼房林立，都市生活圈越扩越大，结果，城市的儿童离自然的生态、乡村田园生活越来越远。如何对幼儿进行自然教育是目前学前教育面临的一个困惑。回龙观镇中心幼儿园、华北电力大学回龙观幼儿园在"自然小镇"开展种植活动就是幼儿亲近自然、接收自然教育的一种有益尝试。

　　三年前我第一次走进回龙观镇中心幼儿园，首先参观了该园的"自然小镇"。进入幼儿园后走进楼道，看到每个窗台上都摆满了各种植物小苗，每棵小苗下面贴着标签，标出植物名称，还配有录音介绍，墙壁上贴满了幼儿播种、浇水、除草和收获的照片和说明；穿过楼道来到后院，步入自然小镇，进入温室大棚，看到地里种着各种蔬菜庄稼，出大棚走在蜿蜒的小石路上，看到路两旁小麦、玉米收割后留下的根茬，看到小桥下小溪里曾经的水流留下的水痕、8 字形的木桩与沙池、铁丝网内小兔留下的"三窟"，再向前就看到或前或后、高矮错落有致的七八种果树……最后进入"创意馆"，有工具、有材料、有作品，其中最多的是各种自然物和幼儿利用这些自然物制作的作品。

　　随后三年，多次参与幼儿园的种植活动的教研，我逐渐了解到，回龙观镇中心幼儿园和华北电力大学回龙观幼儿园多年来一直在利用园内的"自然小镇"和种植园地，努力建构基于种植活动的特色课程，《让儿童自然成长——幼儿园种植课程设计与实施》就是他们研究成果的一次集中展现。认真阅读这本书，我获得了以下几点体会。

　　第一，有一个一千平方米自然小镇非常难得，但更加难得的是，幼儿园将其视为宝贵的课程资源，科学开发和充分利用。课程资源既包括作为形成课程的因素来源的素材性资源，也包括用于课程实施的必要且直接的条件性资源[1]。首先，幼儿园利用小镇的环境和场地开发和利用了多种条件性资源。例如，小镇的不同功能区为幼儿种植、养殖、摘果、游戏、制作等活动提供了课程实施的场所；其中幼儿感兴趣的动植物、工具、自然物等可以成为课程实施的教玩具。其次，自

1　吴刚平.中小学课程资源开发和利用的若干问题探讨 [J].全球教育展望，2009(3):19-24.

然小镇中的所有自然物、人和事都成为幼儿园课程的内容。例如，在幼儿询问"西葫芦怎么好多都没长大而且还变烂了呢"的基础上，师幼共同确定了"西葫芦健康成长"的主题，贯穿西葫芦种植过程的"调查西葫芦生病的原因""探究西葫芦种子种多远""观察西葫芦种子发芽、生长、收获过程""探究如何预防病虫害"等便成为这个班师幼活动的内容；大班"红豆宝宝和绿豆乖乖"主题系列活动内容包括渗透在"种豆"过程中的了解豆子生长条件和过程的若干探索活动，"戏豆"中的游戏、手工、写生、图书制作等活动，"品豆"中的美食制作、探讨吃豆与健康之间的关系等活动。

第二，回龙观镇中心幼儿园与华北电力大学回龙观幼儿园的种植课程设计与实施源于但不限于农作物的种植，其中包含了大量的项目活动。这些项目活动的目标都是解决种植过程中的实际问题，因此对幼儿来说是有价值、有意义的活动，幼儿参与活动的动机来源于天然的好奇心和内驱力，参与活动的兴趣具有持久性和连续性，幼儿从中可以获得有利于全面发展的各类关键经验。例如：中班幼儿在照顾西兰花时发现叶子上有小洞，于是与老师一起开展了如何除虫的项目活动，包括观察"发现小虫子"、通过查资料和咨询"了解小虫子"、在家长和老师的指导下"制作除虫药水"等，从而解决虫害问题。

第三，在回龙观镇中心幼儿园和华北电力大学回龙观幼儿园，一个班的幼儿一旦确定开展种植某种蔬菜或水果的活动，那么他们就会参与种植的所有环节。也就是说，该园的种植课程是在真实的农事活动过程中实施的，幼儿参与选种或育苗、浇水除草、预防病虫害、收获等真实的劳作环节。当然，幼儿直接从事的劳动一定是幼儿力所能及的，那些他们无法完成的劳动均由老师或家长代劳，在这些劳动环节，幼儿或当助手或观察。这些做法与当前国家提出的加强劳动教育的要求完全一致，有利于培养幼儿尊重他人的劳动、主动与诚实地劳动等方面的态度，获得劳动光荣、美丽的认识，学会做力所能及的事。

这套课程试图践行自然教育的理念，有可能使幼儿在"自然小镇"同时受之于自然，受之于自然环境中的人和物，接受自然的教育、人的教育和事的教育，帮助幼儿"自己达到他的目标，而且生活得很有意义"[1]，从而获得整合的经验，促进幼儿的全面发展。是为序。

首都师范大学学前教育学院

1　卢梭.爱弥尔·上卷[M].北京：商务印书馆，1982:7.

FOREWORD

前
言

近年来，随着城市化推进过程中自然缺失问题的显现，一股"逆城市化"的亲自然教育浪潮在我国学前教育领域悄然兴起，种植教育、养殖教育、森林教育、田野教育等成为幼儿园教师和孩子们津津乐道的教育形式。亲自然教育不是新鲜事物，但它在学前教育史上的不断勃兴呼吁我们要对其进行深入研究，以提炼和固化我们的经验，从而在此基础上，把学前教育事业不断向前推进。

我们选取了种植教育作为梳理和总结的第一种亲自然教育形式，以北京市昌平区回龙观镇中心幼儿园、华北电力大学回龙观幼儿园为个案。之所以选择这两所幼儿园，是因为这两所幼儿园的教师团队具有长达九年的种植教育开展历程，为了做好种植教育，幼儿园开辟了专门的种植园地"自然小镇"，配备了多样化的种植空间与种植收获后的加工制作场地，编制了自然规律、指南纲要、儿童兴趣三维度交织的种植课程，建构了兴趣追随、科学设计与有序支持三要素融合的教学组织形式，取得了良好的教育效果。九年中，园长和老师们遇到了很多困惑和问题，也做出了很多有益的尝试，积累了丰富的经验。我们认为，这些经验对国内外同行开展种植教育具有一定的借鉴意义，对经验的梳理也可以增进我们关于种植教育的知识积累。

本书共分 5 章，按照种植课程的提出、构建、环境创设、组织与实施、教师支持与幼儿发展的逻辑呈现，较为系统地展示了在"让儿童自然成长"理念下，幼儿园的种植课程是如何基于时代与地域背景、研究与实践基础而提出的，种植课程的目标、内容、组织形式与评价是如何建构与实施的，种植课程的环境是怎样创设的，以及种植课程中的教师支持与幼儿发展是怎样的。我们试图比较全面地反映九年来北京市昌平区回龙观镇中心幼儿园、华北电力大学回龙观幼儿园在种植课程的设计与实施方面的探索。

本书理论与实践并重，既有具有一定普适性的种植课程建构的一般原理，也有大量案例展示种植课程的具体组织与实施。我们希望本书既可以为学前教育理论研究者提供参考，又可以为一线园长与教师提供经验借鉴。

本书是幼儿园和高校合作的结晶，回龙观镇中心幼儿园是北京教育学院学前教育学院"幼儿园园长专业教育研究"学科创新平台的基地园，主编之一、回龙观镇中心幼儿园与华北电力大学回龙观幼儿园两园园长张艳苓是学院园长培训项目的学员和老朋友，另一位主编王军是北京教育学院学前教育学院的副教授，学科创新平台的骨干教师、园长培训项目的负责人。对于出版这样一本著作，两位主编一拍即合。但由于幼儿园的实践经验具有一定的零散性，要把这些经验梳理成书并非易事。"文章千古事"，在幼儿园多年实践沉淀的基础上，经过一年多的组稿、打磨、梳理、建构，我们终于能把这本书奉于读者。这本书得以出版，要感谢很多人的默默支持与帮助，感谢北京教育学院学前教育学院杨秀治院长，本书的出版得益于她的积极推动与指导，她做事的热情、不计付出不求回报的豁达个性深深感染着我们，同时，她还耐心细致地帮助本书几位编者修改了案例和论文。感谢首都师范大学的余珍有教授，他在百忙之中仔细阅读了全书并极为细致地为本书作了兼具导读与指导意义的序，余老师严谨治学的精神实为我辈楷模。感谢北京教育学院的胡彩云副教授、肖楠楠博士、朱丽芳老师以及其他老师们，他们耐心地帮编者打磨案例和论文，热心地为本书出谋划策，使本书的质量更上一层楼。感谢北京师范大学的冯婉桢副教授，她为本书的结构与叙述方式提出了颇有见地的建议。最后，我们还要特别感谢参与本书案例与论文撰写的各位编者，我们想给尽可能多的老师以展示的机会，但限于篇幅，很多老师的案例被删减、论文被合并；成书过程中，案例和论文也几经修改，而老师们毫无怨言，只为了本书能达到更好的呈现效果。他们的无私与勤勉是学前教育的良心与希望。

　　本书一方面是写作团队集体参与实践与研究的结果，另一方面也是参与研究和写作成员的个体研究成果。本书的具体分工是：全书框架由王军提供；前三章由张艳苓、宸茜、王军撰写；北京市昌平区回龙观镇中心幼儿园的廖丽娜、刘洁妮、韩亭、李晨曦、黄晓菲、宸茜、刘丹、齐亚男、李玉静、路雯清、田莹、孙阳、张欣、柏跃超、齐亚男、张文月、佟红攀、宋春莲、张艳苓老师，华北电力大学回龙观幼儿园的关然、李姗姗、梁梦、李艳云、张静、穆思宇、李宝佳、位秀娟、张雨、赵红影、杨凡、阚鹏鹏、张萱、徐培、刘丽华、秦春燕、马欣老师参与撰写了第四章和第五章；结语由王军完成。最后，由王军、张艳苓、宸茜统稿。宸茜老师为本书的组织编写做了大量工作。

　　本书是种植课程探索的阶段性成果，并且，由于时间和精力的原因，本书必然存在诸多不足，恳请读者给予各位参与者厚爱，惠赐宝贵意见。

编　者
2022 年 5 月

FOREWORD

CONTENTS 目录

第一章

道法自然：
种植课程的提出

道法自然。种植课程的提出，是在顺应时代需要、结合地域特点与北京市昌平区回龙观镇中心幼儿园、华北电力大学回龙观幼儿园多年研究与实践基础上，水到渠成的结果。

第一节　种植课程的时代与地域背景

一门课程的孕育离不开"天时"与"地利"，种植课程的提出首先是时代变化与独特乡土资源的产物。当前，社会发展带来自然匮乏的城市化，学前教育发展催生幼儿教育与学习方式的建构倾向，这些时代变化都呼唤幼儿回归自然。而我们较为充裕的土地以及在此基础上建立的千平方米"自然小镇"，则为种植课程的开发奠定了良好的资源基础。

一、时代变化呼唤幼儿回归自然

在城市化的进程中，一方面，越来越多的人口由农村走向城市，幼儿成长的环境逐渐从乡野田间的自然世界变为钢筋水泥的城市。我们在充分享受城市的便捷的同时，孩子们与自然接触和深入交往的机会越来越少。越来越多的人"五谷不分"，越来越多的人"良莠不辨"，既缺乏亲身体验的与自然环境相关的知识，又缺乏劳动能力、探究能力。

另一方面，时代的发展，推动了学前教育的变革。在学前教育诸多的发展趋势中，学习观和教学领域的重点转向体现在从关注儿童"学什么"到关注儿童"怎么学"，由过去注重教学过程中幼儿获得知识、经验、技能，转向注重幼儿的学习过程，注重支持幼儿掌握建构经验的方法，注重支持幼儿进行经验主动建构。"授人以鱼不如授人以渔"，由"鱼"到"渔"的转向，体现了对儿童学习品质的重视和培养。

陈鹤琴指出："让儿童在与大自然的直接接触中，在亲身观察中获取经验和知识。"幼儿亲身参与的植物播种、管理、收获等一系列活动被称为种植活动；幼儿园的种植活动，是幼儿亲手种植、亲自管理、亲眼发现、亲历成长的活动。"回到大自然、回到乡野田间"，是时代发展对教育的呼唤；创造条件让幼儿尽可能地接触大自然，尽可能参与种植活动、农事活动，在亲身活动中主动建构经验，符合教育发展的要求。因此在幼儿园开展种植活动、农事活动非常有必要，有条件的幼儿园通过种植活动建构课程，对于支持幼儿的主动学习、深度学习、探究性学习具有独特的意义和价值。

二、独特园所资源奠基种植课程开发

北京市昌平区回龙观镇中心幼儿园、华北电力大学回龙观幼儿园两园均隶属于北京市昌平区，地处海淀区与昌平区的交界处。相较于中心城区的拥挤，这里有相对更广阔的幼儿活动场域与自然条件。同时，昌平区作为北京市的农业大区，拥有着大量的农业、农村、乡土等资源，使得种植活动开展具有了良好的社会背景条件。在"自然天成"理念的指引下，支持教师与幼儿开展丰富多彩的种植活动，我们利用幼儿园独有的资源和环境，开辟了千平方米自然小镇。小镇中创建了设备条件完善的种植大棚；种植了近百种植物，其中包括十余种果树，多种类的蔬菜、瓜果、农作物、鲜花等植物。除此之外，园内还建设完善了自然体验馆、自然创意馆两个特色场馆，支持种植收获活动之后的加工、制作、创作、体验等延伸活动的开展。还充分利用乡村幼儿园家长资源，积极开展了种植活动相关的亲子活动、家长助教活动、家园联手游戏活动等。充分利用乡村幼儿园的资源优势，超越班级自然角活动，积极开展种植活动的实践，为种植课程的开发研究提供了坚实的物质条件。

第二节　种植课程的研究与实践基础

种植课程的提出除了时代变化与园所资源所带来的"天时"与"地利"，还在很大程度上是"人和"的结果。在课程开发过程中，我们做了大量的文献研究与实践探索。同时，种植课程是回龙观镇中心幼儿园、华北电力大学回龙观幼儿园"自然共生"园本课程的一部分，受到"自然共生"理念的激发。

一、已有研究激发种植课程探索

对国内外种植活动相关文献的梳理发现，已有研究主要集中在种植活动的现状分析、种植活动中幼儿的能力探索与教师支持策略，以及基于种植活动的幼儿园课程开发等方面。

（一）种植活动现状分析研究

南京师范大学《种植园地中幼儿种植行为观察研究》[1]具体对幼儿在整个种植活动过程中的行为表现进行比较细致的研究，通过讨论幼儿种植行为的影响因素，提出组织适宜种植活动的相关建议，为幼儿的种植活动提供适宜的指导。其中对教师在种植活动中的具体要求，成为指导幼儿深度学习的重要准备和条件。

（二）种植活动中关于幼儿能力探索的研究

种植活动的研究价值在于种植活动的综合性特征能够激发幼儿多元能力的发展，如创新能力、自主探索能力、动手操作能力、语言表达能力等。因此有学者通过种植活动研究幼儿多元能力的发展，如杨文亚《在花木种植活动中指导幼儿进行科学探究》[2]、周丽《在种植活动中促进幼儿多元发展》[3]、钱惠丽《种植活动促进幼儿多元化能力发展的实践研究》[4]，都比较一致地认为，应在幼儿教师的带领下开展种植活动，让幼儿自己参与从种子挑选、

1　许狄.种植园地中幼儿种植行为观察研究[J].科普童话，2017(8)：45.
2　杨文亚.在花木种植活动中指导幼儿进行科学探究[J].小学科学（教师版），2012(4)：115-116.
3　周丽.在种植活动中促进幼儿多元发展[J].考试周刊，2015(76)：190.
4　钱惠丽.种植活动促进幼儿多元化能力发展的实践研究[J].考试周刊，2016(59)：187.

播种，到田间管理，再到最终收获的全过程，让幼儿在种植过程中亲身体验、主动学习。同时，也提出要加强家长的参与程度以促进种植活动在幼儿多元化能力方面的发展。从具体各个维度看，种植活动能够推动幼儿科学探索能力的发展，《拥抱大自然 快乐每一天——在种植活动中培养幼儿自主探索精神的策略研究》[1]《对大班幼儿种植区域活动行为的观察研究》[2]这些研究中都有所体现，能为种植活动中幼儿能力的培养提供一定的参考。

（三）种植活动中教师支持策略研究

关于教师支持策略研究，学者们各抒己见。比较一致的点在于：首先，教师要重视种植活动中的准备工作，如给幼儿充足的种植时间去参与种植活动每一个过程，因为不良的种植活动现状反映出的一系列问题——没有真正做到让幼儿亲身参与而流于形式等，因此要给幼儿充足的时间和准备。其次，在种植活动中教师要细致观察并指导，以发现幼儿的兴趣点，并引导其进行正式的记录。最后，教师要注意种植活动中的活动手段、活动形式，具体采取的引导方式、提问方式等[3]。

（四）种植活动与幼儿园课程相关研究

有部分相关研究将种植活动与幼儿园课程相结合[4]，这给我们种植课程开发提供了重要的启发：已有研究将种植活动与科学、健康、语言、社会、艺术五大领域课程相融合渗透，具有一定的研究价值。

综上所述，国内已有研究为种植课程的开发提供了很好的借鉴，但是总的来看，这方面的研究还较少，这也是我们坚持以种植活动为依托探索幼儿学习及课程开发的一个重要缘由。

二、"自然共生"理念孕育生动种植活动

回龙观镇中心幼儿园、华北电力大学回龙观幼儿园经过多年的实践与探索，逐步形成了"自然天成"的办园理念。两园以自然教育为核心，正在开发形成"自然共生"的园本课程。所谓自然，是指尊重规律，发展个性；所谓共生，是指融入环境，共同成长。"自然共生"课程是以尊重自然和社会发展规律、尊重幼儿身心发展规律、尊重幼儿天性与个体差异为前提，为幼儿提供与自我、与自然、与社会和谐共生的成长生态环境，让幼儿走进大自然和大社会，一方面使幼儿在与环境的良好互动中自我建构经验，为德智体美劳全面发展打下基础，成就个性；另一方面在幼儿保护环境和回报社会的行为中使环境更好发展，形成幼儿与环境共同成长的和谐景象。自然共生课程将幼儿成长领域划分为"人与自我""人与自然""人与社会"三部分。其中，种植课程是"人与自然"领域下的特色课程

---

1 庄燕春.拥抱大自然 快乐每一天——在种植活动中培养幼儿自主探索精神的策略研究 [J].新课程研究旬刊，2012(1)：54-55.
2 张春美.对大班幼儿种植区域活动行为的观察研究 [J].幼儿教育：教育科学，2014(1)：32-35.
3 高源.浅谈幼儿园种植活动的教育策略 [J].课程教育研究，2018(27)：39-40.
4 刘军花，赵贝贝.浅谈种植课程在幼儿园里的实践探索 [J].课程教育研究，2019(11)：237.

具体实践体现，同时也辐射"人与自我""人与社会"。（见图 1-1）

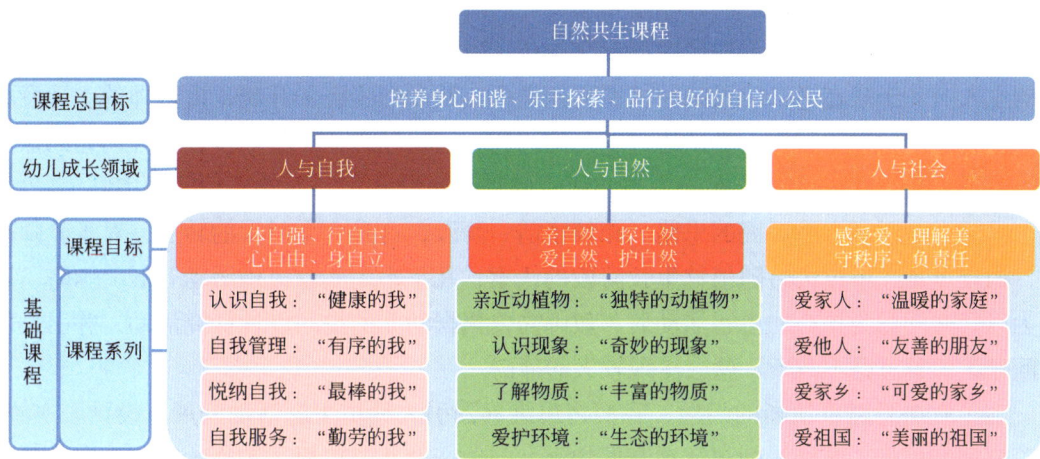

图 1-1　自然共生课程

三、多年探索积累成就完整种植课程

从 2012 年自然小镇建成，我们开始探索种植活动以来，种植课程的开发在回龙观镇中心幼儿园、华北电力大学回龙观幼儿园已有近十年的时间。在这样的探索过程中，我们经历了种种困难，遇到了多样坎坷。我们要培养农民吗？幼儿的主动学习中教师需要做什么？我们到底支持幼儿获得了哪些发展？在探索中，我们不断思考、解决这些问题，从而逐步形成和完善了种植课程。

在种养殖课程开展的初期，结合自然小镇，教师组织幼儿开展的活动集中于种植活动本身。教师带领幼儿种植了多种多样的植物作物：棉花、小麦等。按照植物生长的规律，设计开展种植活动，教师进行经验梳理时，形成的内容比较零散，唯一可以依赖的是植物"播种—发芽—照顾—开花—结果"的生长顺序。这样的种植活动，帮助幼儿和教师积累了大量的丰富的种植经验，许多书本知识在师幼亲历的种植过程中或者得到验证，或者被推翻。孩子们知道种土豆要切块，表面涂草木灰，知道点种和搂沟种的区别，知道给西葫芦套花，俨然是一个个经验丰富的"种植专家"。但这样的活动开展思路也暴露出了问题：完全依赖于植物生长变化的过程而组织和开展活动，在植物生长缓慢、变化不明显的阶段，少有可以活动的内容；由于是教师主导的活动，导致幼儿的活动兴趣随着时间的推移流失严重。这时候我们不禁自问："这是我们理想中的幼儿种植活动吗？幼儿种植活动是为了培养优秀的农民吗？"

答案显然是否定的。"种植活动到底要达成什么样的教育目的"，通过对这个问题的思考、研讨和回答，我们调整了种植活动开展的方式，进行了下一阶段的探索。

种植活动不是培养幼儿成为优秀的农民。陈鹤琴曾经说过："要让幼儿到大自然去！"我们的自然小镇，就是在钢筋水泥的城市中，为幼儿建构的大自然。对于大自然，对于植

物或动物，幼儿天然就充满了无限的好奇和问题，这才应该是我们开展种养殖活动的起点——幼儿的兴趣和问题，而并非植物发展的阶段顺序。与其教师主观地设计活动，费劲心思地引导幼儿的发现，不如把主动权交给孩子，让他们自己去发现。幼儿永远是主动学习的主人——于是在第二阶段的种植课程探索中，活动的实施和开展，由教师的主观意图转变为幼儿的发现和问题，尝试通过幼儿的问题，追根溯源，一步一步，引导幼儿的探究活动。于是我们开展以幼儿提问为核心线索的种植主题课程，将幼儿的问题串联、分析、探究、解决，形成主题开展的思路。相较于前一阶段，这是一个巨大的转变，对于教师来说，困难重重。由过去追随植物生长阶段的线索，几乎不用刻意梳理活动开展的脉络，调整为以幼儿问题为核心的主题活动后，教师需要根据幼儿的提问设计探究活动，并引发新的问题，一旦思路不清晰，就会出现较大的障碍。

为了解决思路不清晰的问题，我们将思维导图引入种植主题活动开展、设计、实施、经验梳理的过程，鼓励教师将活动开展的引发问题、幼儿的猜想、实施的解决方案和最后的结论用思维导图一一串联，将一颗颗珍珠串起来成为一条美丽的珍珠项链，这就是本书第四章中呈现的部分内容和成果。在这个阶段，教师理念上的一个重要转变，就是从设计活动教师主观臆断，转变为尊重幼儿的主动学习和学习主体地位。无疑这是巨大的进步，同时新的问题诞生了：在幼儿种植活动中，教师试图支持幼儿的主动学习却无从下手，除了退后还可以做什么？

对上一阶段发现问题的反思、研讨、探索，拉开了种植课程形成发展的第三阶段。利用教研活动、观摩活动等，教师有意识有目的地观察研究，进行多种形式的探索尝试，不断积累发现支持幼儿主动学习的方法和策略，将其分类、梳理，又运用到实践当中进行检验。教师发现，在教学中教师退后不等于无为，什么时候该介入，什么时候该指导，用什么样的方法提问，需要提供哪些材料和支持，原来都是值得学习和研究的。教师加强指导和幼儿自主学习并不矛盾。为了帮助教师有意识地记录、总结自己在开展种植活动中支持幼儿学习的方法策略，我们给教师提出了新的要求——用案例分析记录教师的指导、幼儿自主学习的过程和对活动的反思，提升教师的反思能力和专业化水准。这样我们就有了大量的种植活动案例，有了可供借鉴、进一步研究和改进的"靶子"。

直至今日，我们的种植课程还在继续探索和推进，当可以设计组织出较系统完整的活动后，我们试图回归到本源起始的问题——在这些丰富的种养殖活动中我们到底支持幼儿获得了哪些发展？种养殖活动中的深度学习是什么？

总之，通过不断的教育教学实践和研讨，发挥集体的力量，我们得以在实践和理论之间架起一道桥梁。由开始的"只见种植不见幼儿"的种植活动，到为幼儿学习服务的种植课程；从只能遵循植物生长规律的单一线索，到追随"植物生长规律"和"幼儿兴趣需要"的双线索；从单一的种植活动到围绕种植开展的追本溯源的种植课程，每一点成长进步都离不开幼儿园教师、干部团队在专家指导下的扎实实践与研究。近年来，我们在种植领域、生命科学领域、自主学习领域等，进行了大量的研究。先后完成了《幼儿科学素质培养与科技启蒙教育活动的研究》《在游戏中培养幼儿科学素养的策略研究》《种植活动中培养幼儿创新能力的实践研究》《基于自主学习培养幼儿科学素养的实践研究》《种植活动中的深度学习与指导》等多项市级、区级课题和项目，在科学探究、培养幼儿科学素养、种植活动、自主学习、深度学习、探究性学习等领域，形成了一定的成果。另外，园所发挥特色优势，作为国秀华老师国家级课题《幼儿教师科学领域专业成长的支持策略研究——以生命科学教育实践为例》的种子园，作为刘焱教授团队指导下的文化育人示范基地，受益于课题研究和专家资源，也积累了宝贵的种植活动、科学探究活动、幼儿自主活动开展与支持的相关经验。这些课题研究的内容和成果为我们推进和开展种植活动，加强对种植活动的深入研究提供了经验、思路、方法，为种植课程的形成奠定了良好的基础。

综上所述，主动顺应时代发展对教育的要求，思考学前教育新时代的新要求，谋求学前教育促进幼儿发展的新途径，结合园所的特色和资源开展丰富的种植活动教育教学实践研究，正是种植课程产生的背景。

第二章

自然天成：
种植课程的构建

　　种植课程是在"自然天成"理念下，以种植活动为切入点，尊重植物生长的客观规律，了解植物生长的关键期，围绕农事相关活动追本溯源，追随幼儿兴趣、问题和需要，尊重幼儿主动学习，促进幼儿全面发展的综合活动的总和，是园所"自然共生"课程的重要组成部分。本章，我们主要从目标、内容与组织形式、评价等几个方面概述种植课程的整体建构。

第一节　种植课程的目标

一、种植课程目标的提出依据

种植课程目标是在"自然共生"课程整体目标的基础上具体化的。其中，"自然共生"课程是整体课程，其总目标是"培养身心和谐、乐于探索、品行良好的自信小公民"。自然共生课程将幼儿的成长划分为"人与自我""人与自然""人与社会"三大领域，其中，"人与自我"领域以"体自强、行自主、心自由、身自立"为课程目标，"人与自然"领域以"亲自然、探自然、爱自然、护自然"为课程目标（见图2-1），"人与社会"领域以"感受爱、理解美、守秩序、负责任"为课程目标。种植课程主要是"人与自然"部分的体现，为实现"人与自然"领域的目标服务。

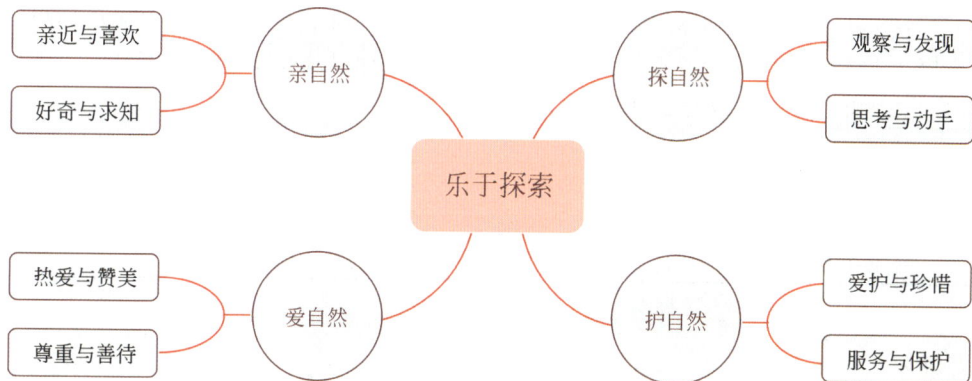

图2-1　"人与自然"领域的目标体系

二、种植课程的具体目标

基于"自然共生"课程的整体要求与种植课程在其中的地位与作用，我们提出了种植课程的具体目标体系。总的来说，让幼儿从亲近自然开始，面对身边的生物和现象，面向丰富的物质和产品，走向环境和世界，在不断探索中获得经验、发展思维和解决问题，产生对自然的情感，激发对环保的责任，成为一个热爱自然、保护自然的小卫士。具体来说，种植课程的目标如表2-1所示。

表2-1　种植课程目标体系

教学领域	具 体 目 标
健康领域	有力量、有能力进行劳动，能够很好地控制身体，动作协调灵敏
	情绪稳定、愉快地参与种植活动，养成良好的种植习惯
	能够正确、灵活、安全地使用工具，能在种植活动中保护自己及小伙伴的安全
	在种植活动中了解基本的营养知识，逐步形成健康的饮食习惯

续表

教学领域	具体目标
语言领域	能够自然、礼貌、清楚地表达自己在种植活动中的发现，能够认真倾听并听懂他人在种植活动中的表达和发现
	喜欢提问并积极回答问题，可以围绕种植活动的内容进行简单讨论
	喜欢阅读种植相关的书籍，包括具备一定专业性的种植工具书
	愿意用语言、绘画、符号等多种方式记录自己的发现
社会领域	和小朋友一起友好地进行劳动，遇到冲突在成人的支持下和平解决
	愿意承担小任务并努力完成，遇到困难愿意坚持尝试克服困难，任务完成时感到高兴和满足
	能够在活动中进行分工合作，有分享意识
	能够自主、自信地选择种植活动的具体内容
	尊重他人的劳动成果，有节约粮食爱护环境的意识
科学领域	喜欢接触大自然和新事物，感知体验其明显特征、明显现象和简单规律
	愿意提问，主动探索，能动手动脑解决问题
	有一定的观察、分析、比较、猜想、验证、调查、记录等探究能力
	认识种植活动中的植物，感受植物的多样性，知道植物生长变化的基本规律和基本条件
	逐步理解植物与人的关系，理解并知道保护植物、保护人类赖以生存的自然环境
	在种植活动中进行数学学习，体会数学的有趣有用
艺术领域	感受大自然、环境的美，热爱生活
	积极参与自然物利用、种植相关的艺术活动，在其中获得愉快、丰富的情绪体验
	能够大胆地利用多种自然物材料，富有个性地进行艺术创造和表现
	能够在艺术活动中养成爱护环境、节约材料等良好的习惯

第二节 种植课程的内容及组织形式

种植课程所涵盖的内容非常丰富，既包括种植活动本身，又包括由种植活动引发的"追本溯源"的探究活动，还包括追随幼儿需要拓展幼儿兴趣的延伸活动，不同的种植课程内容通过不同的具体课程组织形式得到实现。

一、种植活动以及围绕种植进行的农事活动

种植活动和围绕种植进行的农事活动是种植课程的基础内容，是幼儿直接参与的种植相关的农事活动。具体包括以下内容。

（一）自然小镇内开展的种植活动

自然小镇是种植活动开展的主要基地，这里不仅有各个班级独立的田地和设备条件完善的大棚，还有充足的适宜幼儿使用的工具——小铲子、小挠子、放大镜、小剪刀、小水壶。每学期每班幼儿会根据兴趣、需要，在教师的带领下筛选适宜种植的植物，并在自己的"试验田"里进行种植。结合年龄特点，小班多种植生长周期短、生长变化快的植物，例如菠菜、油菜、各种萝卜等；中班多选择种植相似的植物进行对比观察，例如圆白菜与紫甘蓝、黄豆与红豆、西红柿与樱桃番茄等；大班由于具有较丰富的种植经验，多种植涉及农事活动较复杂的植物作物或者值得幼儿深入探究的植物作物，例如棉花、土豆、芝麻、葫芦、小麦与韭菜。当然，根据年龄划分选择不同的种植植物并非绝对的，我们也尝试在不同年龄段种植同一种作物，例如草莓、番茄，开展种植及相关的活动。在自然小镇中开展的种植活动主要围绕植物生长变化产生的农事活动——整地、育苗、播种、浇水、除虫、搭架子、授粉、收获等，也针对不同的植物作物进行探究和实验，例如：土豆是整个种还是切块种，小麦是不是像韭菜一样剪断可以再长，不同品种的凤仙花哪个先发芽。

（二）班级开展的种植主题活动

班级开展的种植主题活动，是以自然小镇种植活动为基础，结合班级区角和幼儿一日生活，开展的相对完善的主题活动。其中不仅包括自然小镇的种植活动，还包括围绕某种植物开展的谈话活动、体验活动、集体教学活动和区角活动，这时所种植的植物不仅仅是一种会生长变化的植物，而是作为一个物质成为幼儿一段时间内学习的核心议题。例如大班开展的草莓主题活动，围绕"草莓的种植方法"进行调查活动和谈话活动，设计"收获草莓方案"开展集体教学活动，绘画区绘制不同阶段草莓生长的样子，制作区制作收获草莓用的纸盒，图书区投放了《善平爷爷的草莓》并在表演区进行该绘本的相关表演，自然角进行班级草莓"大棚实验"；细心的教师为了主题融合，让班级内的生活区环境创设也突出草莓相关的内容……班级开展的种植主题活动，突破了小镇种植的地域界限，将种植课程内容渗透于幼儿一日生活，帮助幼儿搭建相对系统、完善的相关经验。

（三）班级主题活动下自然角活动

班级种植主题活动下在自然角开展了相关的种植活动，是对幼儿深入探究的一种支持。例如大班种植草莓，幼儿提议将几棵草莓苗带回班级种养，但是长势不佳，幼儿提出班级内的草莓没有"大棚"，所以通过为自然角的草莓苗搭建"大棚"，探究大棚对于植物生长的作用。又如，中班种植西葫芦，由于"扎根太浅"，有许多西葫芦苗没有成活，幼儿对于根产生了巨大的好奇，于是在班级自然角开展了泡根实验，观察探究不同的根及其作用。

二、种植活动引发的"追本溯源"的探究活动

种植活动引发的"追本溯源"的探究活动，主要是以幼儿的问题为出发点，追随幼儿的问题串和兴趣，以发现问题解决问题的探究活动，帮助幼儿建构相关经验的活动；或充

分利用资源，进行体验、感受、理解、欣赏、创作等进行美育的相关活动。这部分活动更多发生在自然体验馆、自然创意馆内。

例如，大班幼儿提出了"馒头从哪里来的"这样一个问题，对于教师来说，如果直接回答"馒头是小麦"做成的，显然这样抽象的答案幼儿并不能理解，何不利用园所资源让幼儿亲身体验一下小麦变成馒头的过程？于是老师带领幼儿开展了"馒头是怎样来的"主题活动，从种植小麦开始，到照顾小麦、比较小麦与韭菜的生长差异，再到收获小麦后进行脱离、去壳、分离杂质，然后磨面、筛粉、加工，最后制作馒头、面包，这样"追本溯源"的探究活动，由种植活动引发，又不局限于种植活动或收获活动本身，为幼儿创设条件提供支持，拓展种植活动的深度和广度，通过追本溯源的探究活动使幼儿获得与生活息息相关的各种经验。

为了支持幼儿开展"追本溯源"的探究活动，将种植活动的广度和深度拓展，园所特意开辟了自然体验馆和自然创意馆，作为自然小镇种植活动的拓展空间，并提供了丰富的材料、工具。

具体来说，通过自然体验馆活动主要帮助幼儿完成种植收获后的加工活动。"食材加工"将收获的果实进行基础加工，例如玉米脱粒、小麦磨面、红枣去核等体验探究活动；"美食DIY"将基础加工后的食材进行制作，制成美味的食物——亲手制作的草莓酱、土豆泥、西葫芦鸡蛋饼等美味让孩子们垂涎欲滴；"压榨工坊"主要完成榨油、榨糖、榨汁等相关任务；"时间印记"区域里有大量的动植物标本，孩子们也可以将植物的各个部位通过设计亲手制作成好看的标本，既便于观察，又能留作纪念珍藏。通过自然创意馆主要帮助幼儿开展与种植、自然相关的艺术体验和创造活动。"奇趣大自然"里投放了大量的自然物，一部分源自幼儿和家长的收集，一部分来源于种植活动的产物——鹅卵石、树枝、树叶、果壳、豆子、松果、谷壳、丝瓜瓤、玉米棒、棉花壳、草珠子，这些材料在幼儿的创意拼摆和自由创造下，成为一幅幅生动的作品。"木工坊"一方面进行一些简单的木工，如为班级制作展台，另一方面进行一些种植活动的准备，如给豆角准备支架。"泥工区"主要运用各种泥类原料进行加工创作，在充分活动双手的同时，让幼儿的创意得以具体呈现。"乐器工坊"是利用各种豆子、果壳、葫芦等多种材料，制作不同的打击乐器。

三、充分利用资源开展的种植相关延伸活动

（一）家园共育开展的种植活动

家长资源是种植课程当中非常重要的资源，通过家园共育开展种植活动，解决了教师幼儿前期经验不足的问题。

充分利用家长资源中擅长农事的家长、专业的生物学博士专家等，通过推举投票，每班设立一位小镇负责人，并总体形成小镇农事活动"专家管理团队"，帮助全园小朋友解决种植活动中遇到的问题和困难，支持幼儿进行农事相关的探究、体验活动。

同时，在幼儿的种植课程开发过程中，充分发动家长的力量，为幼儿的种植相关活动

提供有力的支持。例如，成熟的柿子长得太高，现成的工具几乎没有，小朋友们发动自己的家长，自制了大量的摘柿子工具，最终还引发了"哪个工具最好用"的评比活动。

（二）利用社区资源开展的种植相关延伸活动

回龙观镇中心幼儿园和华北电力大学回龙观幼儿园地处昌平区，其下辖的兴寿镇是2012年世界草莓大会的召开地。区内拥有丰富的农业产业化资源，如温室大棚、专业种植基地、种子站、农家乐、农业展览等。园所充分利用本区的乡土资源和农业资源，组织幼儿参观农业嘉年华、到草莓大棚"实地考察"等，延展了幼儿的种植活动，深化了种植课程的实践。

第三节　种植课程的评价

种植课程以促进幼儿全面发展、注重过程性评价为原则，以叙事性评价、激励性评价、发展性评价、表现性评价为主要方式。

一、种植课程评价的基本原则

（一）评价促进幼儿全面发展的原则

通过评价促进幼儿全面发展，不仅是种植课程评价的基本原则，更是"自然共生"课程评价的基本原则。坚持正确的评价观，不能为了评价而评价，相反应以评促学，以评促教，尽可能地发挥课程评价的积极作用，通过合理的评价方式和科学的评价结果，为幼儿的全面发展服务。种植活动属于"人与自然"领域，从幼儿学习五大领域视角看，最直接体现科学领域的幼儿探究活动。但是，种植课程及种植活动并非仅仅涉及科学领域，幼儿在农事活动中还会进行分工合作和交往，在种植主题活动中也注重表达、倾听等语言领域的发展，同时强调不同食物的健康意义和价值，养成良好的饮食习惯等。另外，在种植活动的延伸活动中，强调美育，强调艺术的欣赏和表达。因此，种植课程是全面的综合活动，包括了五大领域幼儿发展的各个方面，所以种植课程的评价也应该是全面的，要评价幼儿的全面发展，要为支持幼儿的全面发展而进行评价。

（二）注重过程性评价的原则

种植活动是延续发展的，种植课程中活动也是延续发展的，种植课程的评价也是发展的、过程性的、动态的，不以一个结果论长短，是种植课程评价的重要原则。在幼儿进行的种植相关活动中，幼儿主动地活动，积极地探索，全情地投入，同时因年龄小能力有限，往往不能得出正确的结论，形成的科学经验往往是片面的、不合理的前科学经验。幼儿进行的农事活动、种植活动，即使在教师、家长等成人的帮助下，也常面临不发芽、不开花、不结果的失败状况。在这样的前提下，只通过结果评价幼儿的学习，显然是不合理不科学的，相反，种植课程重过程性评价，轻完成性评价、结果性评价，更符合幼儿的年龄特点和学习规律。

二、种植课程评价的主要方式

（一）叙事性评价——学习故事

在瑞吉欧教育体系中，教师常常以"纪录"为工具进行反思性教学研究，这种方式被证明是促进教师专业成长、提升教师素质的有效途径。"纪录"不等于"记录"——虽然"纪录"需要对信息的"记录"，但不能停留在对信息的机械"记录"上，"纪录"的真谛在于"强调纪录者描述和解释的责任，希望通过这种详尽的描述和解释来获取更多的关于儿童的信息，尤其是关于儿童内在的心理状态和变动过程的信息"。因此，"纪录"能帮助教师更全面地理解儿童，更深刻地反思教学，更有效地改进教学。可见，从"记录"到"纪录"是教师进行行动研究时必须完成的观念转变和工具转换，这对教师的园本教研具有很大的启发意义。"学习故事"就是运用"纪录"这个研究工具最好的学习方式，园所每周都会组织班级教师进行"学习故事"分享，共同剖析儿童的行为，获得理论支撑，从而使教师获得专业成长。

自20世纪90年代以来，人们在反思传统的标准化评价方法的基础上提出了表现性评价的理论与方法。表现性评价是建立在建构主义学习理论基础上的一种评价儿童的新的理论和方法。它要求评价与儿童的生活经验相结合，力求反映儿童在真实情景中理解和运用知识的能力，提倡在不同的情景中运用不同的手段来评价儿童。叙事性评价（narrative assessment），有时又称为学习故事（learning story），是一种与表现性评价的理念非常接近的评价儿童的方法，它是指用文字记录等叙事的形式对儿童在整个成长过程中的学习和发展情况进行客观评价，从而完整系统地建立起幼儿的成长档案。通过学习故事，关注幼儿成长中的精彩时刻，而非幼儿存在的问题，关注幼儿的学习过程和经验建构，是种植课程中最常使用的一种评价办法。

（二）激励性评价——荣誉奖励

激励性评价即"荣誉奖励"，是尊重幼儿个性，不失时机地给予幼儿信任、鼓励和期待的语言或行动，并通过设置奖项和游戏币的方式，激励幼儿去争取荣誉，建立起幼儿追求进步的自信心。例如，小组合作收获小麦，在规定时间内完成任务的获得"金麦穗"奖。

（三）发展性评价——指标达成

发展性评价即"指标达成"，是依据幼儿成长目标及分解的指标体系，对幼儿在整个成长过程中的表现进行针对性测评，以量化的方式呈现幼儿指标达成情况。

（四）表现性评价——个性展示

表现性评价即"个性展示"，是观察幼儿在完成任务中的表现，科学评估幼儿在真实情景中理解知识、实际操作、解决问题以及创意创造等综合能力，从而更好地促进幼儿个性发展中独特能力的发展。

四种评价配合使用，相辅相成，构成了四位一体的种植课程评价方式，具体见图2-2。

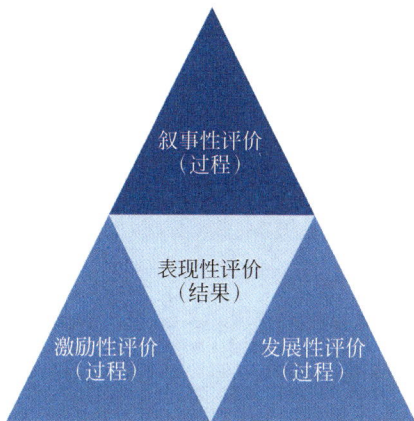

图 2-2　种植课程四位一体的评价方式

以上是种植课程乃至"自然共生"课程目前所主要采取的评价方式，这是起点而不是终点，关于课程评价的探索还在继续，期待种植课程评价的更新和完善。

第三章

回归自然：
种植课程的环境创设

环境是种植课程设计与开展的重要条件，也蕴含着丰富的教育价值，一定程度上，也是种植课程本身所包含的内容。种植课程的环境以"自然小镇"为主，辅之以班级自然角、楼道与户外，点、线、面结合，共同构成了幼儿园关于种植的完整生态环境。

第一节　自然小镇

"自然小镇"和种植园地是园所里最受孩子喜爱的地方，也是园所种植课程开展的主要物质依托。本节从小镇由来、功能分区、小镇作物、小镇管理和小镇职能 5 个方面，对小镇进行简要介绍。

一、小镇的由来

2013 年，正是回龙观镇中心幼儿园筹备北京市示范幼儿园验收期间。园内某教师的儿子在我园大班就读，他问妈妈："妈妈，面包是从哪里来的呀？"这位妈妈详细地解释了一番，告诉孩子面包是面粉做的，面粉呢，是小麦磨出来的。孩子又问："那小麦是从哪里来的呢？"妈妈答道，小麦是种出来的。围绕孩子的这个问题，园所班子组织了一次研讨会，一致认为应该给孩子们创建一个种植园，来满足他们的好奇心和求知欲。于是园长与周边企业金燕龙集团协调，将一片空地改造成了种植园，面积达到 1200 平方米，这样就能满足孩子们对种植活动的渴望，尤其是能够让孩子们体会收获的快乐与幸福。

最初的千米种植园与其他一般的种植园没有区别，有一些分好畦的地供孩子们种，其余地方是铺了草坪的草地。春天，找有经验的农民来帮忙，种下一些蔬菜，由于不是孩子们自己种下的东西，孩子们似乎对其没有任何感情，只是有时去那里看一看，参与的过程只是收获环节。由于在北京，适合室外种植的时段只有 4—10 月，这样下来，千米种植园一年有半年闲，很是浪费。于是幼儿园召开班子会和代表会，共同商议种植园的使用，经过大家的集思广益，投资 10 万元建立了一个温室大棚，温室大棚足足有 50 米长、8 米宽，并且安装了暖气，这样嫩嫩的小苗就不怕北方的寒冬了，使得一年四季种植都成为可能。随着孩子们对种养殖的兴趣增加，幼儿园又投资改造了兔子屋。

成为北京市示范幼儿园后，园所经过两年的积淀，对文化有了更深刻的理解，结合园所"自然天成 和合共生"的文化理念，与孩子们一起为千米种植园起了一个非常好听的名字"自然小镇"（见图 3-1）。从名字不难看出，自然小镇不仅仅有自然的味道，同时也有人文的内涵。自然小镇在规划时我们提出"城乡融合 龙域自然"的设计理念，由于园所处在城乡结合部的独特地段，自然小镇既要体现城市与乡村的融合，又要突出回龙观地域特色，还要形成一个优美自然之处。这里既有城市里小集市般的热闹，也有回龙观地域内特殊的一片净土的宁静，月上眉梢之时，走在小镇之内，满耳的虫鸣声，就连自己的呼吸也能听得一清二楚。小镇在设计时遵循了以下三个原则：一是尊重自然环境，考虑整体性，注重集约化；二是遵循和谐、循环再生原则，注重生态化；三是遵循多样化原则，注重游戏化。自然小镇内景观错落有致，美不胜收。春天的小镇，绿绿的草地上开满粉红色的榆叶梅。夏天的小镇，沙水池旁经常能看到嬉戏的孩子们，虽然满头大汗，但就是不舍得离开；樱桃、白杏、海棠挂满枝头。秋天的小镇，像灯笼一样红红的柿子高挂，石榴妈妈因为孩子太多已经累弯了腰，黄黄的葫芦在爬架上等待着主人的采摘；果树上红、橙、黄、绿的叶子也极尽妖娆，宛如一幅彩色的山水画。冬天的小镇，白雪覆盖在欧式建筑自然创意馆及假山上，像极了童话世界。

图 3-1　自然小镇门前景色

二、功能分区

由于自然小镇的地块方方正正，因此在建设时结合自然空间的格局，将小镇划分为五个区，即种植区、养殖区、果木区、工具区、体验区。其中，孩子们在种植区种植不同的农作物，在养殖区喂养照顾小动物，在果木区照顾多种果木，在工具区选取种植活动过程中需要的不同工具，在体验区将种植产生的果壳、种子、根茎作为原材料利用进行进一步的体验创作。

（一）种植区

种植区主要分布在自然小镇的北侧，温室大棚内设置了适合幼儿种植的菜畦25畦，每班至少有两块地开展种植活动，菜畦之间的土地利用砖块铺成小路进行基础硬化，宽度刚好适合一个孩子蹲在那里操作或观察。剩下5畦做为公共用地，种一些常见的农作物或蔬菜。冬天孩子们在大棚内种上草莓，小、中、大班各种一畦，三个年龄班同时种植同一种作物可以研究不同年龄段幼儿参与农事活动的过程和探究内容。另外菠菜、芹菜、白萝卜、胡萝卜、香菜、油菜等在冬天的温室大棚里长得非常喜人，绿油油的一片。温室大棚外的15畦土地主要是种一些农作物，春天里孩子们种上韭菜，忽然间发现，长起来的韭菜怎么与去年种的小麦那么像呀！到底哪个是韭菜？哪个是小麦？这引发了孩子们强烈的求知欲与探究欲。他们蹲下身，开始闻一闻、摸一摸、尝一尝，经过一系列观察，孩子们发现小麦身上有小小的毛刺，有点儿扎手，而韭菜的身上是滑溜溜的；小麦闻上去有一股好闻的清香，而韭菜有一股很重的味道，"好像有点儿臭"。他们还发现原本已经蔫头耷脑的小麦经过冬雪及春雨的滋润，充满了力气，快速长高长大，很快超过了韭菜。到了夏天，小麦成熟了，孩子们开始收割、晾晒、脱粒、磨面，一气呵成。收完小麦后种上玉米，有甜玉米、糯玉米等。看着金黄饱满的玉米，孩子们已经忍不住掰下一个尝尝了。玉米地旁的爬架成了瓜兄弟们的家，葫芦兄弟最多，其次是南瓜、飞碟瓜和佛手瓜。（见图 3-2）

图 3-2　自然小镇室外种植区景色

（二）养殖区

养殖区主要分布在小镇的西南角，远远地就能看见一个用铁丝网围起来的兔子的家，足足有 20 平方米。兔子的家，一半是水泥地，一半是自然土，在自然土上有大大小小许多的洞，原来成语"狡兔三窟"就是这么来的。孩子们在了解兔子的习性之后问了一个有意思的问题："老师，小兔子如果不打洞就不能生孩子吗？"其实兔子打洞是有一定原因的——因为小兔子的成活率很低，所以兔子生宝宝时需要安静，要准备一个阴暗潮湿，像洞穴一样的地方，小兔子的宝宝才能安全降生。养殖区里的小兔子品种多样，主要是中国白兔、獭兔、长毛兔和垂耳兔等。它们的样子长得不大一样。中国白兔，就是常说的大白兔，虽叫大白兔，但它体型偏小，身上的被毛纯白，摸上去软软的，看上去白白的，很想让人抱在怀里宠爱。它全身各部结构紧凑而匀称，头型清秀，嘴端较尖，耳朵短小，眼睛是红色的。它的适应性很好。獭兔有好几种颜色，黑色、灰色、白色、青紫蓝色等。獭兔的体型很匀称，耳朵很长而且直立，它的毛绒细密、丰厚、短而平整，外观光洁夺目。孩子们最喜爱的一首儿歌"小白兔，白又白，两只耳朵竖起来"说的就是它了。小兔子在这样豪华的住所里尽情地玩耍，它们时而钻进洞穴，时而在地面喝水吃菜，时而伏地酣睡，真可

谓轻松自在。

孩子们会到温室大棚里给小兔子拔一些青菜，它们吃得很开心。可是没多久，有的兔子拉肚子生病了，孩子们很着急，赶快求助小镇镇长。镇长告诉孩子们，新摘下来的菜叶不能直接喂给兔子吃，需要晒一晒。原来是因为兔子的肠胃很脆弱，体弱的兔子吃了水分含量大的菜叶就容易拉肚子。从这以后孩子们再也不直接把菜叶摘下来喂兔子吃了。

（三）果木区

小镇是富有生命的，这生命与大自然浑然一体。果木区位于小镇的南侧，果树近十种——杏树、樱桃树、苹果树、海棠树、无花果树、柿子树、黑枣树、石榴树、迎春花等环绕在假山旁，到了春天，交替开出粉的、白的、黄的花，景观错落有致，郁郁葱葱。

俗语说："樱桃好吃树难栽"，樱桃树正常情况下成活不难，但是如果栽种不当，有可能"一生无果"。樱桃是幼儿园里最先成熟的水果，孩子们每每看到这些红红的樱桃时，都不免流出了口水。"又酸又甜"是孩子们给樱桃的评价。樱桃可以酿樱桃酒，做樱桃酱，它的树、叶、根和花都是有药用价值的。

小镇西侧有一棵果实又小又丑的树，它的果实虽然小，但它可是大柿子的"长辈"。它的名字叫黑枣。柿子树都是以黑枣树为砧木嫁接出来的！虽然它也叫枣，但它和我们常见的枣类不一样，它和大柿子是一家人。黑枣的外形是球形，个子比枣小很多，之所以叫黑枣，是因为它的果实是黑的，需要晒一晒才能吃。每年的10—11月成熟，和柿子采摘的时间差不多。

石榴树是孩子们非常喜欢的果树，一是因为石榴花非常漂亮，每年五六月繁花怒放，花红似火；二是石榴果实收获多，远远就能看到一个个果实压低了枝头。剥开石榴能够看到石榴籽兄弟紧紧地抱在一起，像一个团结的大家庭。石榴也有药食同源的作用，石榴皮可以治疗腹泻，并且还有驱蚊的作用；石榴花有止血和明目的功能。

无花果树在假山的两侧，像是在给这座山当守卫。这两棵树比较独特，只见果而不见花，所以称为"无花果"。它是雌雄异花的植物，有"绿化明珠"之称，之所以这么说，是因为它有吸尘的作用。无花果的维生素含量非常丰富，有"水果皇后"和"生命之果"之称，有清热解毒的功效。

苹果树是北方常见的果树，但是它的种植却非常不容易，苹果树极易生虫，生虫后的树叶全部蜷缩在一起，像个委屈的孩子，但健康的苹果树枝繁叶茂。苹果营养价值丰富，维生素、矿物质以及钙的含量非常高。苹果的寓意非常美好，人们常叫它"平安果"，预示着平平安安。

海棠树春季开花开满树，不得不让人在它面前驻足。海棠果呈球形，黄红色，有的偏白，味道酸甜可口。果实也有药食同源的作用，它可以预防贫血，有健脾胃的作用。

自然小镇里最高的树要属柿子树了。每年的九、十月，绿绿的叶子渐渐掉落，只剩下几片被霜打过的红红的叶子还长在那里，一个个红灯笼一样的柿子挂满枝头，显得格外耀眼。每年的"摘柿子"活动是孩子们的"丰收节"，这天小镇无比热闹。柿子富含果胶，有良好的润肠通便作用。

果木区内还有几株好看的榆叶梅。榆叶梅又叫小桃红，因为它的叶片像榆树叶，花朵酷似梅花而得名。榆叶梅比较独特，它是先开花后长叶，每年的春天，一串串的榆叶梅争相开放，甚是美丽，成为老师和孩子们的"网红打卡地"。

（四）工具区

工具区看上去像一个农具展览馆，有木锯、四股叉、开沟器、树铲、铁锹、镰刀、板锄、薅锄、条锄、网状耙、三齿耙、四齿耙、簸箕、筛子、筐篓、喷壶、小铲子、小锄头、小耙子。这些工具都是用来做什么的呢？我们可以按劳动需要将工具进行分类。

1. 耕地整地工具

耕地整地工具有铁锹、网状耙、四股叉、三齿耙、四齿耙，这些工具用于翻地、破碎土块、平整田地等。

2. 播种工具

播种工具有开沟器、铁锹，用于开沟掘土，为不同植物所需的不同播种方式做好准备。

3. 除草工具

铁锄是最常用的除草工具。在农村种地，锄头是最不能缺少的，可以说是万能工具。挖土种小麦、种玉米、种胡豆，挖红苕、挖洋芋、挖花生，等等，只要是挖地，都离不开锄头。锄头是劳动人民最常用的农具之一，板锄、薅锄、条锄这几种是先辈们常用的工具。

4. 灌溉工具

孩子们常用的水壶可用来做灌溉工具。过去农民常用的是水车，现在田间常用的是滴灌。

5. 收获工具

收获工具包括收割、脱粒、清选用具。收割用具包括镰刀、短镢等，清选工具以簸箕为主。

（五）体验区

体验区设置在小镇的东南侧，一座欧式建筑平实而精致，轻松、休闲、质朴，与小镇的假山、沙水以及满眼的植物相结合，呈现一种乡村风情的格调。尖塔形斜顶，原木木架与灰色玻璃窗结合，配上紫红色的屋瓦，显得经典而又不失时尚。体验区也有一个好听的名字，就叫"自然创意馆"，顾名思义，就是创意加工的地方。这里一共划分了四个区，一是木工区，二是泥工区，三是创意区，四是自制乐器区。木工区里的工具真是齐全，大大小小的钢锯、刨子、锤子、钉子，还有各种木头，长短不一的木条，大小不一的木块、树枝，真实的工具和材料应有尽有。台子上摆放着孩子们加工好的作品，其中一把小椅子，是用钉子把小圆木钉在一起，椅子身上还缠上了麻绳，原汁韵味看着真像一件艺术品。以前班级里缺小板凳、小展台了，都会向自然创意馆发订单，领到订单的孩子们，利用区域活动时间来这里完成订单内容。看着孩子们有模有样地锯木头，真是为他们高兴。有人会问："这样不危险吗？"其实孩子们的自我保护意识还是很强的，加上教师提前讲安全要求，并准备好安全保护用具，孩子们在用锯锯东西时都会带上一层厚厚的手套和护目镜，保证他们能安全、大胆地进行操作。木工区还准备了一些隼卯结构的材料，供孩子们进行体验，满足了不同孩子的需求。

泥工区为孩子们准备了各种各样的泥——彩泥、超轻黏土、黄泥等。区内有一个圆形的展台，上面有两个郑玉奎大师的作品供孩子们欣赏。墙面上还布置了展架，上面摆放着孩子们、教师们的作品，有的来自拉坯机，有的出自孩子们的双手。孩子们与老师一起合作"塑造"的人物，细节刻画精美，眉眼之间自带笑意，栩栩如生；黄泥筑造的小房子，每一片瓦片都很精妙。回龙观镇中心幼儿园是全国幼儿陶笛教学实验基地，拥有全国第一个幼儿陶笛博物馆，孩子们在这里受到陶笛文化潜移默化的熏陶，自己动手制作陶笛，虽然孩子们制作的陶笛不能演奏出美妙的音乐，但他们动手制作的过程和独特的创意更加可贵。

创意区内各种自然物应有尽有（见图3-3），有常见的松塔、树枝、小木片，还有莲蓬、玉米棒、小麦穗，各种豆子、羽毛，还有很多农作物的果实。不太常见的是草珠子，也叫草菩提、川谷。这种神奇的植物因其籽实中间有天然孔道，质地瓷实，易采易用，所以常拿来串门帘，用来挡苍蝇。孩子们了解这个用途后，也提议并尝试用草珠子为自然创意馆串了一个门帘，足足花费了他们一周的时间，但成就感满满。墙面的架子上摆放着孩子们用各种自然物拼摆制作的作品：豆子姑娘、小小自行车、天鹅家族，可谓琳琅满目。这里充满了想象，充满了希望。

图 3-3　自然创意馆创意区

自制乐器区里到处都是用各种自然物和其他材料制作的乐器：用 PVC 制成的排箫，真的能吹出 1234567 的音高；用纸筒做成的雨声筒，缠上五颜六色的线，里面装了豆子，颠倒的时候像极了下雨的声音；出自三位教师之手的葫芦琴，制作精细，且有专业水平，曾经参加全国玩教具制作大赛获得了一等奖，只需一把小鼓锤，孩子们也能在上面奏出美妙的音乐；还有用各种葫芦制作的摇铃——将小铃铛用网织在一起，套在葫芦外面，一个简单的葫芦摇铃就做好了；各种叫不出名字的果壳串在一起，也能发出自然的声音。这里的很多乐器都与夏天孩子们举行的一场小镇音乐会有关。为了这场音乐会，孩子们和老师自己动手，制作了很多美妙的乐器，算得上孩子们幼儿园生活的美好回忆吧！

三、小镇作物

种植园内种植了多种多样的植物作物。一种是蔬菜类；另一种是农作物类。

圆白菜、紫甘蓝，都是卷心的植物，但一个是绿色，一个是紫色，引发了孩子们极大的观察兴趣。油菜、小白菜、菠菜都是生长期非常短的植物。香菜、芹菜、韭菜、生菜、茴香、白萝卜、胡萝卜、樱桃萝卜、花心萝卜，这些餐桌上常见的蔬菜，刚入园时有些孩子并不爱吃，但自从自己动手种下这些蔬菜，经过精心照顾，最终收获采摘后变成餐桌上的美食时，孩子们一改往日挑食的习惯，将盘里的菜吃得干干净净，可见孩子的亲身参与是多么的重要。其实有些蔬菜并不容易种植，如香菜，孩子们经过一次次的失败，终于总结出经验，香菜的种子需要搓掉皮，然后泡上几小时，种的时候不能太深，否则香菜种子根本破不了土。土豆、红薯，都是根茎类植物，但种法却不同，土豆需要切块种，还要抹上草木灰，而红薯需要育苗才能种植。这些宝贵的经验都是孩子们一次次尝试、探究得来的。

红豆、绿豆、黄豆，秧苗小的时候很像，但长大后就有区别了。与其他豆类相比，蚕豆非常不好种，特别容易生病，当蚕豆生病时，它们会低下高昂的头，似乎在告诉小朋友们救救它。棉花、芝麻、花生、谷子、莜麦、高粱，这些农作物特别受鸟类喜欢，刚刚结果时就被鸟类光顾啄食，有的等到成熟了只剩下一个空空的壳子。孩子们看到自己种植的植物没有果实了，很是着急，想办法做了个稻草人立在田地里，像是个小哨兵看守着孩子们种的粮食，鸟类再也不敢接近了。棉花的花一般 8 月开得最为茂盛，且非常鲜艳漂亮，当一颗颗棉桃张开嘴巴，露出白白的身子时，棉花就成熟了，孩子们小心翼翼地摘下棉桃，取出白花花的棉花，拿到自然创意馆，开始了纺线工作，原来棉花可以纺成线，线可以织成布，布可以做成衣服，我们穿的衣服就是这样来的呀！

温室大棚内的种植当属能榨糖的甜菜最让人期待了。在班级开展《甜菜》主题活动的过程中，孩子们经常来观察，看看甜菜是否已经长大，可是甜菜长在地底下，眼睛又看不到，于是各种问题和猜想随之而来。经过查阅资料才得知，甜菜是两年生作物，果实需要两年才能长成。因为种甜菜的是大班的孩子们，他们带着小小的遗憾离开了幼儿园，上小学后还有一位小朋友给老师打电话问甜菜长好了没有，可见孩子们对种植活动的兴趣有多么的浓厚。甜菜成熟之际，新大班接过了接力棒——孩子们将收获的甜菜洗干净带到自然体验馆，进行榨糖活动。应该怎样榨糖？用什么工具榨糖更好呢？带着这些疑问孩子们开

始了探究活动。把甜菜切开，用捣蒜器捣碎，用榨汁机榨出汁水，用擦丝器擦成丝，再经过熬糖、放凉，当孩子们品尝着自己制作的糖时，心里比吃了糖还甜。

还有一些农作物是孩子们不经常看到的，如花生、芝麻、高粱、蚕豆、谷子、燕麦等。这些农作物的生长各有特点，孩子们觉得很是新奇。花生适合4—5月种植，因为这个时间段气候比较湿润，气温也合适，利于花生的发芽率增高。种植的花生种子需要浸泡催芽，用不了多久就可以发芽了，等到花生种子发出细小的白芽后，就可以进行播种。花生的叶子是小小的圆圆的。别看花生地上叶子不是太多，土里的根却非常茂盛。孩子们经常会问"花生熟了吗？"有一次，孩子们好奇心大发偷偷拔了一株，结果看到花生的果实才长了黄豆那么大。到了秋天，花生终于成熟了，孩子们迫不及待地想要收花生，可是怎么收呢？他们展开了讨论，有的说用手拔，有的说用工具。最后准备了小铲子、小耙子、小铁锹等多种工具，经过尝试发现，还是需要先用手拔出花生，再用小铲子去土里扒剩余的花生。过程中孩子们兴奋地交流着、比赛着谁挖得多谁的花生个头大，等等。刚挖出的花生带着一坨坨的泥巴，孩子们又开始为花生洗澡，过程中就像在照顾一个婴儿般细心。花生经过清洗、晾晒，拿到体验馆剥壳、去皮，开始了榨油活动。除了花生还有哪些东西可以榨出油来？于是孩子们又发现了杏仁、核桃、开心果等都可以榨出油来。谁出油多呢？孩子们经过对比实验，终于发现花生和核桃更适合榨油。榨出来的油做什么呢？恰逢中秋节来临，孩子们用榨出的油做了月饼。这一切活动都来源于孩子们的问题，同时通过探究也回应了他们的问题。

四、小镇管理

小镇创立初期，由于教师们经验不足，无法很好地管理小镇。什么时候该种什么，大家面面相觑不知道答案。于是，大家讨论，可以调动家长资源，请有经验的家长来帮忙管理小镇，请家长志愿者提供种植经验。于是第一届小镇管理委员会成立了，一名家长担任小镇镇长，六名家长担任小镇志愿者，小镇顿时热闹起来。当老师或孩子们在种植中遇到问题时，小镇管理委员会负责答疑解惑，小镇里也经常见到家长指导幼儿老师开展农事活动忙碌的身影。小麦成熟时，孩子们不会收小麦，小镇管理员一边示范收小麦的方法，一边提醒孩子不要扎手，这样的场面实在感人。

小镇镇长是一位温室大棚的管理专家，北方温差比较大，什么时候要上膜了，什么时候要盖棉被子，什么时候需要把膜揭下来了，安排指挥得井井有条，老师们也因此学到了很多知识经验。尤其是植物生病时，叶子开始变卷，老师和孩子们很着急却又不知所措，得到小镇镇长指点后才知道，原来是植物生虫了，需要进行除虫。为什么植物的叶子变黄了？小镇镇长告诉孩子们，是地里的肥料不足了，不能供给植物充分的营养。为什么黄瓜只开花不结果？小镇镇长用一朵花与另一朵花进行了亲密接触，原来这叫人工授粉——因为温室大棚没有蜜蜂，花儿没有得到授粉，所以不结果——当进行人工授粉后，黄瓜长得又多又大，孩子们为小镇镇长点了一个大大的赞。

五、小镇职能

由上可见，源起于孩子的一个问题而建成的"自然小镇"，用丰富的功能分区、多样化与具有层次性的作物与人文化的管理满足了孩子们学习与发展的需要。经过多年的积累，小镇在种植课程中不仅仅是开展农事活动的场域，更是基于种植的文化传承之地与素质教育之地。

（一）文化传承之地

自然小镇在与大自然融为一体的同时，又充满着人文的味道，它丰富的资源，尤其是乡土资源，良好地展现了中华传统文化的内涵。我园倡导的是"自然天成 和合共生"文化，为了让文化落地，我们开展了"自然共生"园本课程的研究，其中文化育人教研组的老师们又生成了文化育人课程。通过"山楂树之恋"主题的开展带领孩子们了解中华传统文化中与山楂相关的古代诗词、名师名画，了解什么是叫卖文化、中医药文化的精髓是什么、什么是药食同源……古代诗词、名师名画是中国传统文化的瑰丽结晶。古诗词具有语言简练、意境优美等特点，长期让幼儿进行古诗文欣赏，可以增加幼儿对中国传统文化的认识。名师名画可以提升幼儿对于艺术的鉴赏力和对美的感受力，对于培养幼儿良好的文化修养具有强烈的熏陶作用。叫卖文化让孩子们感受到社会的变革与传承，在潜移默化之中，孩子们感受着中国传统文化，为幼儿一生的修养打下良好的基础。

通过文化育人课程，孩子们了解了山楂、石榴、柿子、苹果、海棠的文化精髓，同时在了解药食同源的过程中，做到科学饮食，保护身体健康。

（二）素质教育之地

"自然小镇"是种植的天堂，也是学习的宝库，孩子们在这里不仅懂得了"面包是怎么来的"，同时懂得了"小麦是秋种夏收的作物，收完小麦种玉米"这样的种植规律。在收割小麦的过程中，感受到了小麦穗扎手不好收，同时感受到酷暑天气下农民伯伯劳动的不易。在经过亲自体验后，本来不爱吃粗粮的孩子们，抢着吃自己动手做的玉米饼，真正地理解了"谁知盘中餐，粒粒皆辛苦"的意义，在日常生活中也做到了珍惜粮食。在种植课程中孩子们知道了小麦与韭菜的区别，哪些植物可以再生，哪些植物不能再生；哪些植物喜光、喜水，哪些植物喜欢沙地；哪些植物需要搭架才能生长，哪些植物需要人工授粉才能结果。

"自然小镇"同时也是一个孩子们体验社会的大集市。孩子们在这里劳作自己种下种子，自己收获丰收的果实。他们以班级为单位，开展售卖活动，一元一捆芹菜，两元一捆油菜……家长在售卖场上看到了孩子们开心的样子，看到了孩子们的发展和成长。同时在售卖的过程中，孩子们获得了对钱的认识，理解了钱在生活中的应用等。

在整个小镇的种植活动开展过程中，融文化教育、劳动教育、艺术教育、科学教育于一体，真正地实现了儿童的全面发展。

第二节　班级自然角、楼道与户外

在"自然小镇"之外，班级自然角、楼道与户外也是种植课程环境的有机组成部分，发挥着不可替代的作用。

一、班级自然角

（一）自然角的创设

种植课程的落实除了在自然小镇外，班级自然角也是一个非常重要的途径。班级自然角通常设置有种植区和养殖区，这两个区的植物和动物相互构成生态链。

1. 种植区

种植区往往设置在离窗户较近的位置，因为那里阳光充足。有的班级孩子们从家里带来了各种叶类植物养在种植区，原来他们在观察不同的叶子；有的班级种植区满眼花色，原来他们在观察不同的花儿；有的班级大大小小的瓶瓶罐罐里泡着土豆、红薯、白菜根、凤梨头，原来他们在做泡根实验。春天，孩子们把自然小镇育好的小苗拿来班里进行种植，避免浪费；冬天，孩子们在小镇和班里同时种下草莓，看看谁先结果。每个班级都进行了合理布局，让空间得到最大限度的使用。另外，孩子们还在班里泡种各种芽菜，看着它们一天天长大；或开展遮光实验，看看哪种植物喜光，哪种植物不喜光。除了这些，还有同一种植物种在不同的土壤里，看看谁先发芽，有普通土壤、陶砾，还有水培。孩子们每天都会利用餐前餐后等时间来到这里照顾植物，为它们浇水，测量它们的高度等，并进行对比观察。在中大班还会看到多肉沙盘，在一个大大的沙盘里，种着各种多肉植物，同时还有交通标志、房屋模型等辅材，这些创意都来自孩子们，并且是孩子们动手完成的。（见图3-4、图3-5）

2. 养殖区

养殖区更是丰富多彩：小班的教师为孩子们创设了如森林、公园、沙滩等情境，让孩子们在这里观察小乌龟、小鱼儿的成长。中大班的孩子们则在班里开展了蜗牛和螃蟹的养殖活动。蜗牛能生蛋吗？蜗牛是怎么前进的？蜗牛爬过的地方为什么是黏黏的湿湿的？这些螃蟹都叫什么？怎么有大有小？螃蟹为什么喜欢在石头下面？寄居蟹是什么？螃蟹喜欢吃什么？带着这些问题孩子们展开了深入的研究，并录下了蜗牛生蛋以及螃蟹吃东西的视频。因为有趣，所以这里总是能引起很多孩子的围观。区域活动时有的孩子主动来给小乌龟换水，有的孩子来喂小螃蟹吃东西，在这里可以看到孩子们浓浓的爱心。（见图3-6）

图 3-4 大班教师幼儿共同创建的以多肉植物为主的种植区

图 3-5 中班种植区中幼儿用自己的方式给植物命名

图 3-6 中班养殖区环境创设

（二）自然角的特性

相比于室外的自然环境和空间，室内的班级自然角的特性主要表现在三个方面。

一是能够更好地满足幼儿随时随地，更自由自主、高频次地探索和体验自然的需求。

二是能够补充室外不能或不便开展的活动，如一些小的自然实验。

三是室内的环境是相对可控的，可以在因为天气不便外出时让幼儿进行自然探索。

（三）自然角的材料

自然角的材料是孩子最好的"玩具"。每一种投放到自然角的自然材料，都同时兼具"自然"和"材料"双重属性。

班级自然角提供了大量的低结构甚至是无结构的"零散部件"自然材料，让幼儿"玩起来"，如植物的茎干、木片、叶子、石头等，供幼儿开展创造性的操作和游戏，在幼儿游戏的过程中，发展幼儿的想象、创造、设计、制作等诸多方面的能力。

（四）自然角的融合

将自然角和幼儿不同领域活动进行融合，实现区域间的联动。比如，将数字卡片跟自然物放在一起，支持幼儿进行数量匹配的游戏，发展幼儿的数学能力；在阅读区中投放相应的自然绘本供幼儿进行阅读；在美工区投放零散的自然材料支持孩子进行拼贴等创意美工活动；在建构区投放木片、石头等自然材料支持幼儿尝试用不同材料进行建构活动；等等。孩子们还把美工区的画板搬到了自然角，在这里开展系列写生活动。

综上所述，自然角为孩子们提供了丰富的环境和材料，满足了不同幼儿多元化探索和发展的需求，充分考虑了不同年龄段幼儿的年龄特点及发展需要，为幼儿自由自主的体验探索提供环境支持和活动机会。

二、楼道与户外

幼儿园的楼道也是孩子们开展种植的地方，楼道的每一个窗台都是孩子们种植和观赏的宝地，这些窗台变成了植物的家，孩子们在班内育好苗，将育好的苗进行移栽，种植在楼道窗台。每天孩子们都会走到楼道观察小苗的生长变化，并且为植物贴上名字，同时将关于植物的介绍进行录音，当有人想要了解这些植物时，听听旁边的录音就行。

户外的花箱也为幼儿开展种植活动提供了条件。春天来了，孩子们在花箱内撒上花的种子，如喇叭花、太阳花、小菊花等，在孩子们精心的照顾下，小种子破土发芽，苗壮成长，当孩子们看到小苗开花时，兴奋得拍起手来。葡萄架下，孩子们和老师一起种下葫芦和飞碟瓜，到了夏天，葫芦和飞碟瓜爬满廊架，既起到遮阴的作用，同时又是一道美丽的风景，既能欣赏，又能获得丰收的喜悦。

幼儿园就像一个大的生态园，在这里随处可见各种植物。到了春天，院子里早早开花的玉兰，只见花不见叶，是孩子们小小心灵里"香而美"的代表，他们将掉落的玉兰花瓣拿到自然体验馆，做成标本，永远留住它的美。榆树、槐树在幼儿园里不太引人注目，但是当你从它身边走过时，阵阵花香便会马上吸引你；槐花和榆钱不仅能观赏，同时也是餐桌上的一道美食。在这里到处都是美景，只是看你有没有一双发现的眼睛。

第四章

融入自然：
种植课程的组织与实施

　　本章主要以活动案例的形式呈现种植课程的组织与实施。在种植课程的整体设计下，基于园内以"自然小镇"为主，以班级自然角、楼道与户外等多样化空间为辅的种植环境，教师们开动脑筋，引导幼儿开展了丰富多彩的种植主题活动。按照开展时间的不同，我们把种植活动分为春季学期种植活动、秋季学期种植活动与跨学期种植活动三个部分。

　　我们认为，种植课程是教育、教师与幼儿融入自然的过程。在这里，既有教师基于教育目的、幼儿年龄特点与客观条件所做的预设，也有追随幼儿问题与兴趣的自然生成。教师与幼儿的全身心投入，使种植课程的组织与实施呈现出自然、质朴、舒展的状态。需要说明的是，由于各班级教师与幼儿具体情况的不同，各主题下子活动有多有少，侧重点各有不同，为了真实地还原我们的种植活动，我们保留了这种多样性。不过，尽管有各种不同，追随幼儿兴趣的引导，以种植为基础，充分调动各种资源打造开环课程，以及在种植中促进幼儿主动的、深度的学习和全面的发展，是各个主题活动所共有的特点，也是我们想让读者看到的。

第一节　春季学期的种植活动

春季是万物生发的季节，教师们充分利用这个季节的特点，引导孩子们开展了四季豆、西葫芦、高粱、谷子、凤仙花等多种作物的种植。本节精选了其中的 7 个案例。

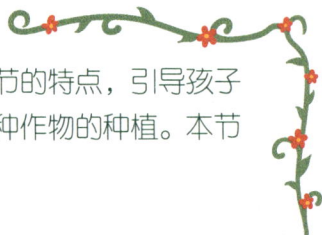

一、不一样的四季豆（中班）

（一）主题来源

下午加餐吃水果时，小朋友们经常会发现水果里面有籽儿，比如橘子籽儿、哈密瓜籽儿、西瓜籽儿。他们经常会拿水果籽去问老师："是不是把这个籽儿种在土里，就会结出新的水果呢？"有时几个小朋友也会拿着水果籽仔细观察，互相比比谁的籽多，谁的籽大。在户外散步时，孩子们也会问"小草是哪里来的，小草也有籽吗？""那草籽是哪里来的？"等一系列问题。结合孩子们的兴趣点和季节特点，我与孩子们展开了讨论活动。关于种子的话题便一直持续着，从水果种子的由来讨论到了蔬菜有没有种子，并由此产生了一系列有关四季豆种植的探究活动。

（二）主题目标

1. 情感目标

（1）愿意主动参与种植四季豆的活动，亲近自然，有好奇心和求知欲。

（2）愿意与同伴、教师分享交流自己的发现，能基本完整地讲述自己的想法、分享探索与发现。

（3）珍惜劳动果实，并愿意将丰收的果实分享给大家。

2. 认知目标

（1）能主动参与种植四季豆的探究活动，了解四季豆生长周期的变化，发现相同点与不同点。

（2）能在四季豆的种植探究活动中根据观察结果提出问题，并大胆猜测答案。

3. 动作技能目标

（1）在种植四季豆活动中，会使用工具。

（2）在种植活动中能尝试与同伴合作，能运用比较的方法进行科学探究活动，感受比较的过程和结果，获得初步的比较能力。

（三）活动预设

中班的孩子喜欢提问题，动手能力和语言表达能力都在逐渐提升，有意识行为开始发展，在各项活动中逐渐学会了交往。种子的主题活动来源于孩子们提出的问题，孩子们比较感兴趣。《3~6岁儿童学习与发展指南》中提到，幼儿的科学学习核心是激发探究欲望、培养探究能力，充分利用自然和实际生活机会，引导幼儿通过观察、比较、操作、实验等方法，学会发现问题、分析问题、解决问题。

四季豆的种植活动开展在3—6月，孩子们对参与种植兴趣一直都很浓厚，有很多小的种植活动可以一直延伸。种植主题活动以集体活动和小组活动为主，在图书区投放了关于种植的书籍和绘本，在美工区进行种子粘贴画和创意制作，在角色区可以制作、品尝果茶，表演区也有与主题相关的音乐表演活动，主题活动内容丰富，孩子们参与度很高。种植主题活动中，以体验种植活动为主，主要有三大部分：从幼儿讨论、发现收集种子，集体种植活动和小组种植活动，到最后收获和品尝自己的劳动果实，充分地培养幼儿的观察能力、探究能力、发现和解决问题的能力，让幼儿喜欢自然、亲近自然，我们将主题活动融入幼儿的一日生活。

（四）活动实施

我们的主题活动从3月底就慢慢开始了，这个时节正好是种瓜点豆的好机会，确定了主题活动，便开始分步骤进行：从谈话开始，贯穿种植四季豆、照顾四季豆、收获四季豆整个流程。（见图4-1）

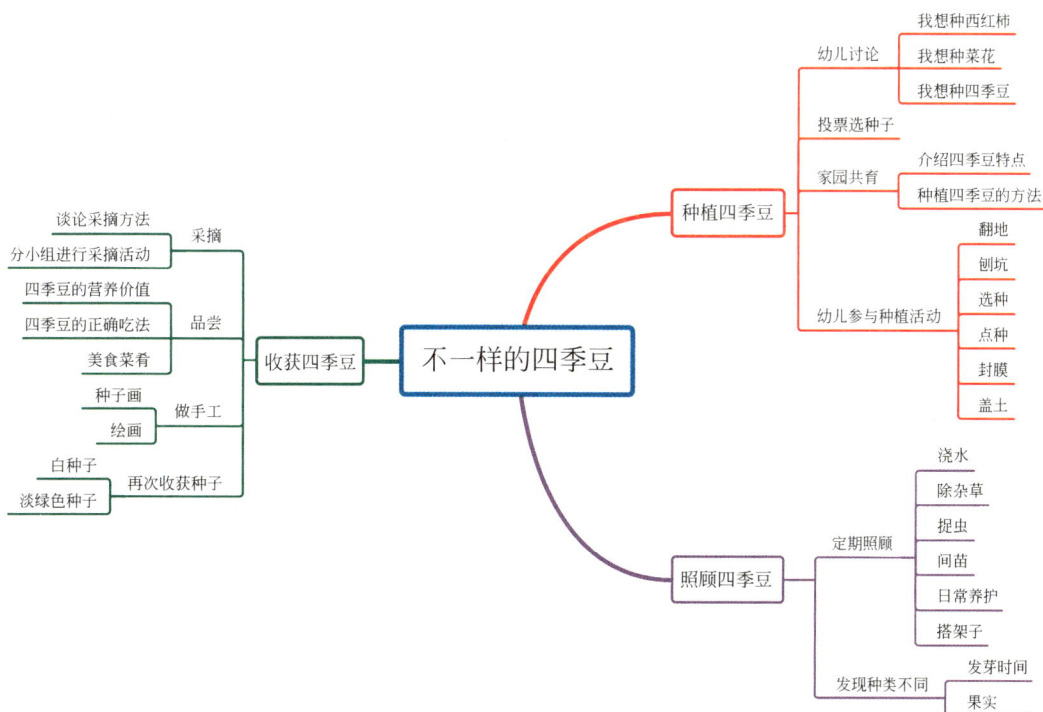

图 4-1 "不一样的四季豆"活动实施

活动一： 选种子（谈话活动）

活动目标

（1）愿意参与讨论，能清晰大胆地分享自己的种植想法。

（2）愿意参与种植活动，能主动地对植物进行照顾和细致的观察。

活动过程

早饭后是孩子们自由活动的时间，自然角今天的人格外多。实际上，自从决定种植蔬菜后，孩子们经常在自然角出现。这里存放了我们收集的很多种子，有水果的、蔬菜的、还有花的种子。孩子们对蔬菜种植的兴趣非常浓厚，在谈话中我们发现每个小朋友的想法都不同，都想种自己喜欢的东西。于是，我提出了两个问题："这个季节适合种什么呢？我们是在班里自然角种还是在户外小菜园种？"孩子们开始思考。我们决定，回去和父母一起查一查这个季节适合种什么，看看他们能不能给我们一些好的建议。

第二天我们再次进行了讨论，结合我们种植的场地、季节等因素，最后选择在小菜园种蔬菜。随后，又针对孩子们喜欢吃的西红柿、四季豆、茄子、菜花、土豆等进行投票，最后的结果是四季豆的票数最多，于是我们决定找一个适合的天气在小菜园种四季豆。孩子们将收集来的四季豆种子带回班级，大家都说自己没有种过四季豆，应该怎么种呢？十月小朋友说："老师，我奶奶会种菜，让我奶奶来吧？"我说："这个主意好，那我们就邀请十月奶奶来教我们种四季豆吧。"孩子们听了欢呼雀跃起来。

活动小结

通过谈话活动激发幼儿的兴趣和探究的欲望，让孩子们充分表达自己的想法，主动参与到活动中。每个孩子都大胆地表达了自己的想法、参与了谈论，推动了接下来的种植活动。教师抓住孩子们的兴趣点，引导孩子们一步一步地进行下面的活动。

活动二： 我们一起来种四季豆（实践活动）

活动目标

（1）通过家园共育的方式体验种植的乐趣，能尝试进行分工、合作，能够小组共同完成任务。

（2）愿意参与并主动发起种植的探究活动，探究各种植物的生长条件，了解植物生长周期的变化，懂得关心爱护植物，了解植物和人类的关系。

活动过程

3月底的一天，我们非常高兴地邀请到了十月小朋友的奶奶，奶奶非常高兴，愿意带我们一起种植四季豆。十月奶奶先向孩子们介绍了种子和苗种的区别。奶奶问："你们知道哪些蔬菜是可以直接种的？哪些蔬菜是需要育苗的吗？"当当回答说："黄瓜可以直接种的，我们种过。"奶奶接着说："你说得很对。有些蔬菜的种子是可以拿来直接种的，像黄瓜、四季豆、萝卜、玉米等，而西红柿、茄子、辣椒等是需要先进行育苗的。"孩子们听得很认真。

奶奶接着说："我们有两块地，可以种两种不一样的四季豆，咱们一起来做个比较观察，发现它们哪里相同哪里不同，好吗？"光看种子你们是区分不清楚的，等四季豆长出来了，就有新发现了。"孩子们问："它们哪里不一样呢？是叶子？是花朵不一样？果实不一样吗？"奶奶说："让我们一起种下种子，等种子长大了就知道了。"

接下来十月奶奶非常清晰地为孩子们介绍了种植的方法和工具的使用："首先要进行翻地，翻地时要用小铲子；把地翻好了，还要铺一铺，让大块的土变松些；然后用小铲子挖个小坑，小坑的深度就是你们小拳头那么大，每个坑之间的距离要大一些，挖好坑后就要播种子了。每个坑里最多放 3 颗种子，不能太多，也不能太少，那是因为种子太多长不开，太少怕种子不发芽。最后把种子放进坑里，盖上土，轻轻地拍一拍，种子就种好了，再盖一层'被子'，你们知道为什么吗？"丁丁说："这样种子就不怕冷了。"大家都点头同意他的回答。介绍完种植的方法，孩子们迫不及待地想去试试。我说孩子们这么多人一起进去，地方有点小，大家也不清楚自己做什么，该怎么好呢。致远小朋友说："老师，我们可以分批进去。"当当说："老师，我们可以先选好自己要做的事情。""这个主意非常好，你们说的是分工，我们可以分工进行。"经过讨论分工后，我们开始了种植活动。孩子们认真参与着种植活动，每一个环节都记得很清楚，并且乐在其中。（见图 4-2）

图 4-2　孩子们体验户外种植为种子盖土

◎ 活动小结

孩子们对种植活动保持着高度的热情，从户外转移到了室内的植物角，这个小活动是种植完四季豆后，孩子们自己发起的。他们把自己喜欢的种子种进了花盆里，对种子长大的过程满怀期待。在活动中，孩子们自己动手进行种植活动，为种子挖坑、播种、盖土、浇水，一步一步认真完成。能看出孩子们热爱植物，每天都来自然角细心照顾，同时善于观察，并且能发现问题进行提问和探究，从这个小活动能看到孩子们动手能力的提升、语言能力的提升、初步具有遇到问题能解决问题的能力。

活动三： 为什么种子有的发芽有的不发芽？（探究活动）

◉ 活动目标

（1）能主动参与种植活动，通过对比观察发现问题，并能简单地记录。

（2）了解温度、水分、土壤等条件对植物生长的影响。

◉ 活动过程

为了满足孩子们多样化的种植需求，我们种了两种不同的四季豆，种完四季豆和豇豆后，孩子们在区域活动时，在自然角里也种了自己想种的植物。孩子们每天都会去自然角进行观察和照顾，并且认真做好观察记录。

这天，丁丁非常激动地跑来对我说："老师，我们组的玉米好像发芽了，您快来看看。"其他的小朋友听到后也好奇地跑到自然角看自己的植物，有些孩子的种子没发芽有些小失望。跑来问我这是为什么。于是我们进行了小组讨论，为什么有的发芽了，有的没发芽呢？咏泰说："我们的种子缺水了，土都是干的。"小朵说："我每天都会来给我种的植物浇水，可是也没发芽。"图图说："我觉得应该是有阳光的地方就爱发芽。"小雨点说："不对，我觉得应该是经常浇水爱发芽。"

我问："你们的猜想都有可能是对的，但是我们怎么能知道到底是什么原因呢？"丁丁说："可以做个小实验呀，把一组的种子放在阳光下，把二组的放在见不着光的地方。每天都给植物浇水，看看谁的先发芽就知道原因了。"孩子们调整了自己种的植物的位置，每天都按时浇水，并且做好观察记录，一周过后孩子们自己就发现了结果，水分充足、阳光充足的情况下，植物发芽快。

◉ 活动小结

孩子们对种植活动保持高度的热情，从户外转移到了室内的植物角，这个小活动是种植完四季豆后，孩子们自己发起的。他们把自己喜欢的种子种进了花盆里，对种子长大的过程满怀期待。在活动中，孩子们自己动手进行种植活动，为种子挖坑、播种、盖土、浇水，一步一步认真完成。能看出孩子们热爱植物，每天都来自然角细心照顾，同时善于观察，并且能发现问题进行提问和探究，从这个小活动能看到孩子们动手能力的提升、语言能力的提升、初步具有遇到问题能解决问题的能力。

活动四：不一样的四季豆（探究活动）

◉ 活动目标

（1）能仔细观察植物并主动提问，具有初步探究的能力，并尝试解决问题。

（2）通过对比观察发现两种四季豆的不同，能用语言大胆地表述自己的想法。

◉ 活动过程

5月下旬，距离种植四季豆已经过去一个半月了，四季豆也已经长高了。我们高高兴兴地来到菜园里发现四季豆已经长出了叶子也开花了。孩子们都非常激动，围着菜园来回看。咏泰说："这两种哪个是长的四季豆，哪个是短的呢？"孩子们都在仔细观察寻找着答案。丁丁说："我觉得这两种四季豆的叶子是一样的呀，分不出来。"默默说："我猜这个矮一点的是短四季豆。"十月说："我奶奶说，长豇豆的叶子是可以爬的，短豆角的叶子是不会向上爬的。"咏泰说："要不我们给它们都搭上架子，到时候就知道哪个是长的，哪个是短的了。"于是，我帮着孩子们用竹竿，相互合作动手搭起了架子。

时间又过去一周。6月初，孩子们再次来到了小菜园，很远就看到了我们的四季豆，一眼就发现四季豆长高了。走进菜园发现两种四季豆都已经开出了白色的花，有一组四季豆已经爬上了架子，而且是旋转着向上爬的，另一组却没有向上爬，这下孩子们一下就找到了两种四季豆的区别。有个孩子好奇地去摸那个芽苗，结果芽苗断了，孩子赶快跑来问我："老师，这个芽苗断了还会长吗？"默默也问："那四季豆会死吗？"我对孩子们说，这个问题让我们再观察一段时间，到时候就知道答案了。又过了一周，我们再次来到小菜园，默默迫不及待地去看那棵四季豆的芽苗，惊讶地发现四季豆没有死，并且从断裂的地方长出了新的小叶子。孩子们高兴地把这件事分享给了其他的小伙伴们。（见图4-3）

图4-3　孩子们发现折断的芽苗长出了新叶子

◎ 活动小结

种植活动已经开展了快两个月了，从最开始的种下种子到四季豆一点点长高、开花，孩子们非常愿意参与这些活动，每次都能仔细地进行观察，能发现关于植物的问题并且能尝试解决。孩子们的发现也给了我很多启示，种植活动重在体验、观察发现、分析猜想、探究和验证，这其中的每一步都让孩子们有所提升。

活动五：我们的大丰收（实践体验活动）

◉ 活动目标

（1）能观察蔬菜的果实，发现区别，知道相似的蔬菜会有不同的种类，了解植物多样性。

（2）体验种植收获的喜悦，能自己动手采摘蔬菜，珍惜劳动成果。

◉ 活动过程

6月中旬，四季豆的种植活动已经基本完成了。通过孩子们日常精心的照顾，四季豆和豇豆已经硕果累累，并且明显能看到两种果实不一样，我们决定进行一次采摘活动。孩子们表示都想尝尝自己种的四季豆。采摘之前，我们走近些摘下了两种豆角并进行观察，找到了很明显的区别：一种又长又细，另一种又短又宽；长豆角颜色比短的深一些。孩子们想去采摘自己喜欢的豆角。采摘前我们讨论了如何摘取，孩子们你一言我一语，说的方法都很好，于是我们分组进行了采摘。每个孩子都在这里体验到了收获的快乐，他们相互分享自己的豆角有多长。有个孩子不小心弄断了长长的四季豆，发现里面的种子是淡绿色的，兴奋地跑来说又发现了新种子。然后他们把短四季豆折断，发现里面的豆子是白色的。孩子们非常兴奋地说我们又收获了两种不一样的种子，可以带回家去种，还要把两种豆角拿回家让妈妈做成美味的菜肴。（见图4-4）

图 4-4 孩子们正在体验采摘的乐趣

◎ 活动小结

采摘活动让孩子们体验到了种植后收获的乐趣，同时找到了两种四季豆的区别，了解了植物的多样性，丰富了认知。参与活动时，能积极主动，大胆表达自己的想法，并且愿意与小伙伴们交流，分享自己的快乐。

（五）活动总结

此主题活动是由幼儿引发的，从商讨种植、收集种子、体验种植、照顾植物到最后的收获这一系列的种植活动中，孩子们的求知欲和探究欲明显增强。伴随着孩子们探究、解决问题的过程生成了一个个具有教育价值的活动，自然而贴近幼儿的生活，充分激发和调动了幼儿的积极性。他们到生活中去找种子，收集种子，在室内外体验种植，丰富了幼儿关于种子的秘密及其传播方式的相关知识。

在种植四季豆的活动中，教师充分利用多种资源，有效地支持了幼儿的学习探究。教师利用家园共育，请有种植经验的幼儿家长来支持和帮助种植活动，充分体现了家园合作。种植四季豆的活动，使幼儿知道植物的多样性、植物生长的过程及周期，学习了种植四季豆的方法，观察和探究两种四季豆的特征，知道了两种四季豆各自的特点。通过观察和探究孩子们知道豆角有长和短两种，长的是豇豆，需要给芽苗搭架；短的是四季豆，不需要给芽苗搭架。知道了四季豆的芽苗断掉还能继续生长等。在种植四季豆的活动中，幼儿体验了种植的乐趣，喜欢观察和探究，能提出与植物相关的问题，并且愿意去探索和实践得到自己想知道的结果，体会到合作和分享的乐趣。在活动最后的采摘环节，孩子们特别高兴，和自己的小伙伴在欢笑声中享受着采摘的乐趣，孩子们的语言发展和社会交往也得到了很好的提升。

种植活动充分体现了融洽、和谐、自然的师生关系，整个活动体现了教师积极有效地引导幼儿的自主学习。以问题及反问的方法为导向的活动线索，引发幼儿思考，如："你们猜一猜哪种四季豆是长的？哪种是短的？""下一步怎么做呢？""你觉得芽苗死了吗？"这些问题极大地调动了幼儿参与活动的主动性。同时，教师能够启发幼儿积极主动提问题、想办法，并为幼儿提供多种学习途径，如：小组讨论、小组种植实验，引导幼儿积极参与、思考、探究，自己寻找答案。最后，教师能够引导幼儿进行总结、归纳和概括，使幼儿零散的知识、经验系统化。

虽然四季豆的种植活动告一段落，但是孩子们的兴趣依旧浓厚，开展了很多小的区域种植活动。活动丰富了幼儿的认知体验，激发了幼儿热爱大自然、参与种植活动的兴趣，为幼儿今后更加深入的探究活动做了铺垫。孩子们寻找自己想种的种子，自己动手播种、观察和照顾植物，敢于大胆表达，善于发现问题，并敢于进行猜想和验证。这一系列的种植活动，使幼儿的观察和探究能力得到了培养和提升，他们非常乐于和我及同伴们分享自己的种植活动，并且还在家里开展小的种植活动，很好地促进了家园共育。

（华北电力大学回龙观幼儿园　关然）

二、西葫芦健康长大（中班）

（一）主题来源

2019 年寒假归来，中三班孩子们一心挂念着上学期种植的西葫芦是不是长大了，纷纷表示要去看看西葫芦。可进入小镇后，却全体惊呼："西葫芦怎么好多都没长大，而且烂了呢？""以前大的西葫芦怎么都不见了？"……失望、遗憾、伤心、不甘，纷纷表示要再种一次西葫芦，希望看到西葫芦长大、长好。于是，我们计划再次开展"西葫芦健康长大"这一主题，使幼儿更加深入地了解西葫芦的生长过程。

（二）主题目标

1.情感目标

（1）喜欢吃西葫芦等新鲜蔬果。

（2）积极参加西葫芦的种植、照顾活动，并愿意与同伴交流自己的发现。

2.认知目标

（1）初步了解西葫芦的生长条件，通过观察、比较发现其特征和变化。

（2）知道吃新鲜蔬果对人的身体有好处。

3.动作技能目标

（1）尝试运用观察和简单的实验方法解决问题，并能够用多种方式记录西葫芦的生长变化。

（2）愿意动手尝试制作西葫芦美食。

（3）愿意与同伴合作大胆叫卖西葫芦，在义卖的活动中获得成就感。

（三）活动预设

活动开始幼儿通过查阅资料、询问等方式了解西葫芦没有长大的原因，知道原因后幼儿决定重新种植西葫芦，在种植过程中孩子们更加细心地照顾西葫芦。本次活动按重新种植西葫芦—西葫芦长大了—西葫芦开花了—西葫芦结果了，以及收获、制作美食的流程依次开展并进行深入探究。

（四）活动实施

活动初始，幼儿发现西葫芦没长大并通过各种途径找寻原因，决定重新种植西葫芦。种植活动从3月到7月共持续一个学期的时间，幼儿积累了一定的西葫芦种植经验，针对植物生长过程中出现的浇水量、病虫害、授粉等问题进行探究、实验并总结。（见图4-5）

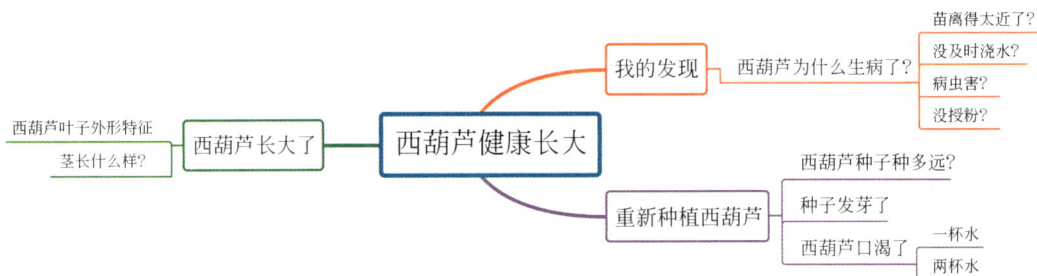

图 4-5 "西葫芦健康长大"活动实施

活动一： 西葫芦为什么生病了？（调查活动）

孩子们发现西葫芦生病了，商量后决定通过上网收集资料、询问管理员等方法寻找"西葫芦为什么生病了"的答案，并决定重新种植西葫芦。

活动目标

（1）充分调动已有经验进行大胆的猜想，并通过收集资料找到西葫芦没有长大的原因。

（2）喜欢照顾西葫芦，乐意交流自己的发现。

活动过程

寒假后第一天上学，大家就想着去看一看年前我们种植的西葫芦。"老师，我们种的西葫芦长大了吗？寒假里有人照顾它们吗？"格格问。"好想去看看西葫芦，我们一起去看看吧。"彬彬说。带着好奇心我们一起来到了小镇，孩子们迫不及待地跑去看。"咦，西葫芦怎么没长大呀？"赞赞好奇地问。"怎么有的烂了呀？"欧然失望地看着我。"是呀，它们怎么了，为什么会这样呢？"我问道。"是不是寒假里没有人给西葫芦浇水？"思思说。"叶子上有虫子，会不会是它们伤害了西葫芦呢？"琪琪指着叶子说。"它们太挤了吧？"孩子们纷纷说着自己的看法。

带着疑问我们回到了班里，我们该如何解决呢？孩子们请求我把这个问题发到家长群里，请家长帮我们一起解决。有的孩子和家长选择上网查资料（见图 4-6），有的孩子放学后带着家长找到小镇管理员询问，还有孩子去书上寻找答案。最后孩子们和家长们把收集到的答案制作成手抄报（见图 4-7）带到幼儿园与小朋友们分享。通过我们上网查资料、询问爷爷奶奶、翻阅书籍等方式了解了西葫芦没长大的原因：第一，西葫芦种子在种植的时候需要离得远一点；第二，西葫芦喜欢水，我们需要细心照顾西葫芦，按时浇水；第三，西葫芦的病虫害较多，要预防虫害；第四，西葫芦在开花时需要授粉。

图 4-6　与家长共同查阅资料

图 4-7　制作西葫芦手抄报

知道了西葫芦没长大的原因后，赞赞大声地说："我们可以再种一次西葫芦吗？"经过大家的投票，我们决定再种一次西葫芦，并有信心这次一定能帮助西葫芦健康长大。

◎ 活动小结

当孩子们看到自己亲自种植的西葫芦没有长大时并没有气馁，而是通过身边的一切资料寻找西葫芦没有长大的原因，并进行总结。教师更是抓住了教育契机，让幼儿在种植活动过后分享自己的经验，并给予肯定。

活动二：西葫芦种子种多远？（探究活动）

🍇 活动目标

（1）尝试通过自主选择工具确定西葫芦间距。

（2）能够懂得合作与分工，体验种植西葫芦的乐趣。

◉ 活动过程

结合上学期西葫芦没长大的讨论，孩子们对新一轮种植西葫芦有了经验。联想到西葫芦种植不能挨得太紧密，孩子们提出了新问题："西葫芦种子种多远合适？"孩子们开始认真地商讨着西葫芦籽间隔多远种一颗这一问题。小组分工合作，思思、芊芊、爱菲一组，思思是小组长，三人忙得不亦乐乎。我在一旁观察着。他们对坑距多远和挖多深的问题比

较感兴趣，就这个问题讨论起来。芊芊提议道："我们现在需要搞清楚，一个坑和一个坑离多远，挖多深，要想办法量出来。小镇爷爷说距离很重要，种的时候要量好了，别乱挖。"

于是孩子们分头寻找合适的工具。不一会儿，孩子们拿着自己找到的物品来到我身边，有魔尺，有画笔，有胶棒，还有的说用手臂测量距离……大家的想法多种多样。欧然一边用手掌在地上比划一边说："我以前拔过西葫芦，就差不多这么远，所以我们用手掌量吧。"爱菲反驳道："不行，你手太小，我觉得用脚量比较好。你把脚放这里，走一步，大概就差不多了。"在争论中，孩子们各自说着自己的想法，最终决定把各自的工具都拿到地上比一比、试一试，发现折合的魔尺、画笔、胶棒这些都太短，手臂又不方便，步子测量方法虽然距离比较合适，但每次走出的步子长短准确度不够，最后大家找到了一根与步子长短差不多的木棍测量距离。统一意见之后，芊芊负责测量距离，思思负责放种子，爱菲负责盖土，三人配合默契。很快，孩子们轻轻松松地将西葫芦种好了，高高兴兴地期待着它发芽。

◎ 活动小结

在此次种植活动中，幼儿通过自主选择工具探究坑的距离，大胆发表自己的想法和意见，在探究中不断地尝试，并验证自己的想法，借助前期经验最终解决遇到的问题，并在探索中建构新的种植经验。

活动三：种子发芽了（观察活动）

🍇 活动目标

（1）喜欢观察西葫芦并因为种子发芽而欢欣。

（2）能发现西葫芦发芽前后的变化。

（3）能在连续观察的基础上自主记录西葫芦发芽的时间和变化。

◉ 活动过程

种下种子后孩子们每天都会到小镇去看西葫芦，想要第一时间见证西葫芦的变化，并把自己的发现用表格、图画的形式记录了下来。

3月19日，我们一起种下小种子。思思："我去找小铲子给西葫芦挖个坑，用水壶给西葫芦浇水。"芊芊："一步远、一拳头深种下一粒小种子。"孩子们一边说着，手里一边干着。

3月24日，小种子没有变化，土地上长出了小草，孩子们动手除草。

3月26日，小芽破土。爱菲："快看，粉色的小种子长出来了。"思思："咦，怎么没有叶子啊，这粉色的壳是我们种下的种子呀。""跟咱们之前种过的萝卜一样吗？"我问道。"不一样，我记得萝卜种子种在地里过几天就长出小芽了，西葫芦种子不是。它还没有长出叶子。"思思说。

3月29日，小芽都出土了。爱菲："小种子真的发芽了，长了两片叶子。"思思："叶子上还有粉色的壳呢。它的叶子应该是从壳里长出来的吧。"

4月1日，小芽全部脱壳了。思思："小芽上的粉色壳掉了，叶子变大了。"（见图4-8）

图 4-8　种子成长过程

◎ 活动小结

活动过程中幼儿能够仔细地观察到种子种植后的变化，并用不同的方式进行记录，与同伴进行交流分享。

活动四：西葫芦口渴了（探究活动）

🍇 活动目标

（1）能用对比实验的方法验证对西葫芦的浇水量。

（2）敢于大胆猜想，并分享自己的想法。

（3）萌发关爱西葫芦、喜欢照顾西葫芦的情感。

🍃 活动过程

种下西葫芦两星期了，每隔几天孩子们都会来看望西葫芦，观察它的生长变化，给西葫芦浇水、除草。可是，在小朋友们的精心照顾下，西葫芦的叶子怎么有点蔫了呢？

有的小朋友分析说："是不是我们照顾的方法不对呢？"爱菲说："是水浇少了？我们查到的资料上说西葫芦喜欢水，一星期浇一次水够吗？""我们可以试试一星期浇两次水，这样也许西葫芦就不会蔫了。"琪琪说。"不行，水浇多了会把苗淹死的。"思思说。在探究浇多少水的问题上，孩子们产生了分歧。回班后经过商讨孩子们决定选两组苗进行分组实验：两组每周都浇水两次，一组每次浇一杯水，另一组每次浇两杯水。

4月8日当天，孩子们便开始了浇水实验，而且把实验的过程也记录了下来。一个星期过去了，浇一杯水的西葫芦苗还是有点蔫的，浇两杯水的西葫芦苗慢慢恢复了生机，到4月29日浇两杯水的西葫芦苗越长越好了。

◎ 活动小结

《指南》中指出：鼓励和引导幼儿学习做简单的计划和记录。在这个活动中，孩子们通过讨论和实验，探索西葫芦发蔫的原因，并商讨出浇多少水合适。虽然出现了分歧，但是也想出了解决的方法,分组进行实验活动。经过半个多月的持续观察,得出了结论:每次浇两杯水,一周浇水两次的西葫芦长得更好一些。

在这次的实验活动中,孩子们参与的热情很高,因为整个活动是孩子们自发完成的,遇到种植中的问题也是自己想的办法,在出现意见不统一的时候,能够接纳其他的想法,并且想办法来证明自己的观点。

活动五: 又有蚂蚁了(探究活动)

活动目标

(1)知道蚂蚁是害虫,了解蚂蚁对西葫芦的伤害。

(2)尝试制定消灭蚂蚁的简单实验方法,并进行验证。

活动过程

活动过程中,孩子们发现了蚂蚁。通过前期查阅资料,我们了解到西葫芦生长过程中要预防病虫害。针对出现的病虫害,孩子们再次积极查阅资料制作杀虫剂。

5月15日,我们一起来到了自然小镇观察西葫芦,这次孩子们惊喜地发现,有好几棵西葫芦苗开花了。但是随之而来的声音,一下子打破了孩子原本兴奋的情绪,"老师,叶子上又有了好多的蚂蚁!"思思大声地对我说。乙航的目光迅速转移到其他叶子上,也大声地说:"这儿也有,这儿也有蚂蚁!它们会不会伤害我们的西葫芦叶子啊?"我们决定问问管理员爷爷,我们请来了有专业经验的管理员爷爷给我们讲解。爷爷告诉我们蚂蚁会对我们的西葫芦苗造成一定的影响,所以要想办法把蚂蚁弄走。听到管理员爷爷的话,孩子们开始思考这个问题。

"我们要想办法把蚂蚁赶走,要不然它们把西葫芦苗吃掉了,就长不出西葫芦了。""用水浇它,蚂蚁怕水。""不行,浇多了水,西葫芦苗喝不了怎么办?用手把它弄下来吧。""不行不行,不能用手,蚂蚁会咬人的,而且这蚂蚁也太多了。"孩子们你一言我一语争论起来,最终孩子们还是没有想到好办法。于是老师将孩子们的发现和想法发到了家长群里,邀请家长们帮我们解决这个问题。

第二天一早,孩子们手里拿着在家里制作的除虫水和收集到的资料滔滔不绝地与我分享。"我带的是花椒水,花椒泡的水可以用来驱虫。""我带的是大蒜水,蚂蚁害怕大蒜的味道,只要把它喷在西葫芦的叶子上蚂蚁就全跑了。""我带的是肥皂水,我和爸爸一起网上查资料查到的。"……

教育活动时,我们发现很多小朋友收集到的方法都是相同的。通过商量,我们决定分组进行实验。分好组后,我们一起来到了自然小镇。孩子们仔细地把除虫水喷在了有蚂蚁的地方。过了一会儿,我问道:"你们现在看看小苗有没有变化?"说完,孩子们围到小苗周围仔细观察起来。乐乐说:"喷过肥皂水的叶子下面有很多的蚂蚁都死掉了。"西西说:"辣椒水也管用,小苗上的蚂蚁减少了。"思思发现,喷花椒水的小苗上面蚜虫和蚂蚁都往下走了。迪迪说:"喷大蒜水的小苗没有什么变化。"

我们决定过两天再来观察一下西葫芦苗上的变化。通过两天的观察,孩子们喷过花椒水、肥皂水和大蒜水的小苗叶子上蚂蚁少了很多，而且西葫芦苗也长得很好，没有被影响。

◎ 活动小结

在本次活动中，孩子们发现西葫芦苗上的蚂蚁。通过小镇管理员的帮助，最终确定它们会对西葫芦苗有很大的危害。接下来孩子们在家长的帮助下查找和收集驱除蚂蚁的方法。在活动中孩子们敢于大胆地进行猜测，并尝试用自己设计的方法驱除蚂蚁。家长在本次活动中也给予了我们大力的支持，给我们介绍了很多新的方法，让孩子们可以在接下来的活动中，亲身设计、参与制作，并验证这些方法的有效性。

≡ 活动六： 西葫芦开花了（探究活动）

在此次活动中，幼儿通过观察发现了西葫芦花的颜色、形状、味道等特点，同时还发现了雌花和雄花，通过讨论、查阅资料验证了自己的想法。孩子们观察、讨论、验证的过程充分锻炼了孩子们探究和解决问题的能力。

❦ 活动目标

（1）认识西葫芦花，能够发现雌花和雄花的区别。

（2）乐于分享和交流自己观察中的想法与发现。

☞ 活动过程

5月25日，小镇的西葫芦苗已经长得很大了，粗粗的茎、大大的叶子，孩子们对西葫芦苗长得如此苗壮感到非常自豪。在观察西葫芦苗的时候，孩子们大呼："西葫芦开花了！"只见在西葫芦叶子间有两朵艳丽的花在太阳的照耀下开得生机勃勃，它们立刻吸引了所有孩子的目光。"你们快看，西葫芦开花了！真大，真好看！""西葫芦花是黄色的，而且有五片花瓣。""对，西葫芦的花就像五角星一样，而且开得特别大，比旁边的西红柿花大多了。""西葫芦的花刚开的时候是合在一起的，慢慢才展开。小花苞合在一起好像我们的手心合在一起一样，真漂亮。"陌陌凑近花闻了闻，欣喜地说："西葫芦花好香啊！"

孩子们你一言我一语，纷纷讨论着自己的发现。思思的话语引起了我的注意，她指着两朵西葫芦花说道："老师，我发现这两朵花的花蕊不一样！""哪里不一样呢？"我问道。"您看，这朵的花蕊像一朵小花，另一朵花的花蕊像个柱子一样直直的。"她细致形象地描述得到了周围孩子们的认同。"思思，你观察得真仔细！"佳韵边看边说："这两朵花真的不一样啊！可是都是西葫芦花，为什么不一样呢？"孩子们纷纷陷入了思考。陌陌猜测到："我想这个花蕊像小花一样的一定是花妈妈！"小朋友们侧目看着陌陌，不解。陌陌指着西葫芦花又说道："你看，这朵花下边有一个小小的西葫芦，所以这个像小花一样花蕊的西葫芦花一定是花妈妈！"赫赫更是笑着大声说道："那这个下边没有小西葫芦的花一定是西葫芦爸爸啦！"孩子们被赫赫的话逗笑了，似乎都认同陌陌和赫赫的说法，不断地在地里找西葫芦的花爸爸和花妈妈，并利用拍照、绘画的方式记录了西葫芦开花的状态。

回到班级后，他们的兴致依然不减，想要弄清楚西葫芦花到底分不分"爸爸"和"妈妈"。在老师的帮助下，上网查找了资料，原来陌陌猜测得很对，西葫芦花分为雄花和雌花。西葫芦是雌雄同株，一棵西葫芦既开雌花也开雄花，而且两种花的区别很大。花蕊像小花一样的花是雌花，花蕊像柱子一样的花是雄花；雄花的花蒂处很小，而雌花的花蒂处有小西葫芦。

◎ 活动小结

在记录西葫芦花这一环节，既可以发现开花的形态，又能记录花开后西葫芦的明显变化。教师在活动过程中要给孩子们充足的探究时间与空间，相信孩子，尊重孩子，这样他们才能畅所欲言，在思维的碰撞中找到答案。这次活动，教师的支持在于适时等待孩子们的新发现，提供调查机会，让孩子们理解西葫芦长大的必要条件，关注西葫芦花开后的变化，这样的探究过程会让孩子们对西葫芦的生长变化更加感兴趣。

活动七： 授粉（探究活动）

🍇 活动目标

（1）了解对西葫芦花进行授粉的重要性和人工授粉的方法。

（2）愿意为西葫芦花进行人工授粉。

◉ 活动过程

6月3日，西葫芦叶子长得非常茂盛，而且开了许多的花。但是孩子们发现西葫芦还是很小，并没有长大，这是为什么呢？孩子们七嘴八舌地讨论起来。"我们的西葫芦也不缺水，也不缺肥，为什么还不长大啊？""我爷爷家里的菜园种过西葫芦，他告诉我西葫芦需要授粉才能长大。""授粉？什么是授粉啊？""我知道蜜蜂和蝴蝶可以授粉，可是现在没有蜜蜂和蝴蝶啊，那怎么办？"这个问题可难倒了孩子们。欧然说："我想到了，既然现在没有蜜蜂，那我们小朋友帮忙来授粉。"可是怎样进行授粉呢？于是，孩子们向小镇管理员寻求帮助。小镇管理员说："把雄花采下来，用棉签把花粉弄出来，然后放到雌花上面就可以了。"在小镇管理员的指导下，孩子们拿着从班里找到的棉签，开始小心翼翼地帮西葫芦花授粉。经过后期的观察发现，经过人工授粉的西葫芦真的长大了。

◎ 活动小结

每个孩子都有一双善于发现的眼睛，他们对事物的观察都非常仔细。在种植西葫芦的过程中遇到问题时，能自己想办法去解决，已经有了非常大的进步。在遇到西葫芦没有长大这个问题时，其实老师跟小朋友一样，都是用尝试的方式去试验的。在活动中教师要引导幼儿进行探究，当幼儿遇到困难时鼓励他们自主查资料、想办法；鼓励幼儿多观察，在观察中发现问题，并提出问题；要给予幼儿更多动手、动脑的机会。

活动八： 何时收获西葫芦？（探究活动）

🍇 活动目标

（1）通过连续观察发现西葫芦的生长变化。

（2）了解西葫芦成熟的条件，发现成熟的西葫芦和不成熟的西葫芦的不同。

（3）体会西葫芦成长的乐趣，并懂得关心、爱护西葫芦。

◉ 活动过程

随着时间的流逝，孩子们看到西葫芦在渐渐长大，从开花到长大，短短两周的时间，西葫芦给了我们莫大的惊喜。这一天，孩子们边看边讨论着西葫芦。爱菲说："西葫芦长得越来越大啦。"赫赫说："你看，这个西葫芦绿绿的，上面还有好多小白点呢。"芊芊说："西葫芦长长的、粗粗的，好像搭建区的圆积木啊。"思思说："我们的西葫芦好大啊，什么时候才能摘呢？"芊芊又说："你看，有的西葫芦上的花还是黄的，肯定还不行呢。"轩轩说："可是有的西葫芦花就不是黄的，花都蔫儿了，西葫芦摸起来鼓鼓的。"芊芊也摸了摸说："嗯，这个西葫芦鼓鼓的，可是不知道它熟没熟。"听到大家都对"西葫芦什么时候能收获"这么感兴趣，我问道："我们怎么才能知道西葫芦到底什么时候才能收获呢？""我可以回家问问我姥爷。"陌陌说。"我可以让我妈妈在手机上查一查。"盈盈说。

第二天，思思来到幼儿园的第一件事就是告诉我，西葫芦的花掉了就可以收获了。芊芊也告诉我："回家妈妈在手机上查了查，西葫芦开花后一周后就长大，变得鼓鼓的就说明可以摘了。""成熟的和没有成熟的西葫芦都是什么样子的？"我问道。乙航说："成熟的西葫芦上面有白点，没有成熟的西葫芦上面没有白点。"思思说："成熟的西葫芦是滑滑的，没有成熟的西葫芦有小小的毛。"孩子们你一言我一语地说着成熟的和没有成熟的西葫芦的相同与不同点，同时还兴奋地讨论着摘西葫芦的注意事项，如：不能直接拽，因为茎上有刺，会扎到手；西葫芦长得非常结实，用手摘不下来，要借用剪刀等工具。

◎ 活动小结

在对幼儿的教育中，我们一直努力提倡以幼儿的自主探索为主，我也一直遵循这一原则，始终将幼儿的自主观察放在第一位。在今天的活动中，幼儿能通过看、摸的方式发现西葫芦的相同与不同点，在观察的同时发现新的问题，并围绕着新的问题自由地进行讨论，能够自主地收集资料，找寻答案，学会解决问题的方法。教师在教育中要留给幼儿探索的空间，满足幼儿探究感兴趣的事物和发现问题的需要，保护幼儿的好奇心。针对何时收获西葫芦这件事情，我没有急于告诉孩子们正确的答案，而是希望孩子们通过进一步的观察找到答案，带着对问题的疑惑参与其中，充分调动了幼儿参与活动的积极性和主动性。

活动九：我们一起来卖西葫芦（社会活动）

♥ 活动目标

（1）愿意学会叫卖西葫芦的方式，并与同伴合作大胆叫卖西葫芦。

（2）在义卖的活动中获得成就感，体验收获的满足感。

◉ 活动过程

6月30日，中三班的西葫芦收获了，孩子们脸上洋溢着快乐的笑容，他们兴奋地抱着自己收获的果实，心中的喜悦藏也藏不住。童童大声说道："我们卖西葫芦吧，把我们种植的西葫芦分享给身边的人。"孩子兴奋起来，都想加入卖西葫芦的行列。

于是，孩子们商量怎么卖西葫芦。首先的问题是西葫芦卖多少钱合适。孩子们你一言我一语，有说一元钱一个的，有说两元钱的，还有说十元钱的，最终通过投票他们定了每个西葫芦卖两元钱。第二个问题来了——怎么叫卖西葫芦呢？思思立刻说："我们一定要让爸爸妈妈们知道西葫芦是我们自己种的，没有打过药，很健康。"爱菲说："要把西葫芦

的特点说出来，我们在'乐吧'活动的时候在宝贝超市里就这样卖过东西。'西葫芦！有营养又好吃的西葫芦！'""胖乎乎的西葫芦，新鲜的西葫芦，大家快来买啊！我们可以这样叫卖，我在菜市场听过。"博涵立刻说。在孩子们的商讨声中慢慢地决定了叫卖西葫芦的方式。最后孩子们还进行了分工，思思和爱菲负责叫卖，博涵负责收钱，童童负责给家长西葫芦。商量好后，我们就一同搬出了班里的桌子摆在门口，然后把要卖的西葫芦摆好，在老师的帮助下还贴好了价签。到了放学的音乐一响起，孩子们都开始张罗着，"卖西葫芦了，新鲜的西葫芦，有营养又好吃的西葫芦，大家快来买啊！""多少钱一个呀？"赫赫妈妈问道。"两元钱一个。"孩子们大声地回答。"我要一个。"赫赫妈妈说道。就这样，在热热闹闹的氛围中西葫芦被一抢而空。

◎ 活动小结

孩子们卖西葫芦挣了钱，他们说要用这个钱买种子，然后重新种菜，这真的是给了我一个很大的意外。孩子们在整个收获过程中不仅体验感受了收获的喜悦，而且通过角色的转换体验了"卖西葫芦"这个角色带来的乐趣，并愿意将自己的收获与别人进行分享。回家后在家长的帮助下孩子们还亲手制作、品尝美食，更进一步了解了西葫芦的营养知识，让孩子们感受了从种植、观察、照顾，到收获和品尝的完整的种植体验。

活动十： 好吃的西葫芦（健康活动）

🍇 活动目标

（1）知道西葫芦对人体有好处，知道西葫芦的多种吃法。

（2）愿意动手尝试制作西葫芦美食。

（3）喜欢吃西葫芦等新鲜蔬菜，不挑食。

✽ 活动准备

西葫芦、面粉、擦丝器、电饼铛。

◉ 活动过程

小镇的西葫芦丰收了。思思说："昨天卖了一部分，还剩下几个，好想尝一尝我们自己种的西葫芦啊！要不我们去体验馆把西葫芦做成美食吧！"思思的想法得到了所有小朋友的附和，于是在老师的陪同下，带着收获的西葫芦来到了体验馆，开启了西葫芦美食之旅。孩子们在种植的过程中已经了解过了西葫芦可以擦丝摊饼，可以炒西葫芦片，于是就决定在体验馆做西葫芦鸡蛋饼。她们分工合作，思思洗西葫芦，童童和芊芊切西葫芦，爱菲和面，最后在老师的帮助下用电饼铛进行摊饼。西葫芦鸡蛋饼出锅了，香香的味道围绕着孩子们，孩子们吃着自己摊的西葫芦鸡蛋饼，脸上一片满足。（见图4-9）

◎ 活动小结

收获回来的西葫芦一部分通过义卖活动分享给其他小朋友，另一部分小朋友们决定带到体验馆亲手制作美食，尝尝我们亲手种植的西葫芦。在活动过程中，幼儿自主寻找工具，清洗食材，擦丝、和面等，教师在一旁默默地观察幼儿，当他们遇到困难的时候，首先让他们自己想办法解决，无法解决时教师再适时地给予引导，而不是直接帮忙去解决，引导

图 4-9　制作西葫芦美食

他们自己动脑、动手解决问题，通过亲手体验获得相关的经验以及成就感。教师应该给予的就是无条件的支持，帮助孩子们实现自己的想法并体验劳动带来的乐趣。

（五）活动总结

在开展"西葫芦健康长大"这一主题活动过程中，由于孩子们对上学期失败的西葫芦种植感到遗憾和失望，想要在这学期继续种植，希望在吸取了失败的教训之后在本学期能够看到西葫芦长大、长好。

通过新一轮种植活动，孩子们不仅对西葫芦有了深入的认识，同时锻炼了观察能力、动手能力，萌发了爱护、照顾植物的情感，激发了探究大自然的兴趣，增强了责任心和坚持性。活动中，幼儿能够通过查阅资料、寻求他人帮助、实际操作等了解西葫芦的种植方法，初步掌握种植工具的使用方法，对种植活动感兴趣，愿意参加种植活动。在日常的生活中，幼儿愿意照顾植物，当幼儿发现了种子发芽时主动拿来放大镜进行观察，当小苗长高时幼儿会用测量尺进行测量并进行记录，提高了观察能力。当土地里长出小草的时候，幼儿通过观察能够区分草和小苗并除草，通过询问和查阅资料了解到西葫芦需要采用定棵的方法种植，在实践中提高了动手能力。通过上学期得到的经验，了解到通过施肥和授粉等方法能够促使西葫芦长得又大又好。

兴趣永远是释放孩子探究欲望的出发点，孩子们对西葫芦种植的兴趣和自主探究欲望需要教师不断给予支持。老师在活动中能够抓住幼儿的年龄特征，激发幼儿的兴趣，仔细观察每一个幼儿的一举一动，始终做幼儿种植活动的支持者、引导者；在整个种植活动中，充分发挥幼儿的自主性，引导幼儿主动参与管理，观察植物的变化，记录其生长变化过程，大大激发了幼儿的种植兴趣。通过种植活动幼儿了解了一些简单的观察方法，如：用眼看——认识动植物的外观、颜色等；用手摸——感觉粗糙还是滑腻；用鼻子闻——闻闻植物是否有香味；等等。孩子们在长时间的照料植物的过程中，会逐渐养成观察习惯，对周围事物的感知能力会不断提升，从而会激发幼儿探究大自然的兴趣。

　　当然，教师作为孩子的支持者、合作者、引导者、倾听者，需要在具体的教育指导方法上加以提升，教师自身的科学种植经验与知识需要进一步丰富。下一步，希望探究活动中的教师支持能更加多元化，比如能提供丰富的物质环境支持、随机教育时的心理支持等。

　　　　　　　　　　　（北京市昌平区回龙观镇中心幼儿园　廖丽娜　刘洁妮　韩亭）

三、穗穗里的小秘密（中班）

（一）主题来源

　　自然体验馆是孩子们最喜欢去的地方之一，孩子们在体验馆里不仅可以开展好玩的游戏，还能见到很多新鲜的东西。在一次活动中孩子们对谷穗产生了浓厚的兴趣，他们纷纷问我："老师，这是什么啊？""老师，这个好神奇啊！好像有一个个的豆豆。""老师，它们外面有一层皮呢。"我剥开了一个谷穗，孩子们说："老师，这好像是我们平时吃的小米。""小米原来是长在这里面的。"轩轩说："老师，我们可以在后院自己种吗？"孩子们一听，都特别兴奋。为了满足孩子们的好奇心，解开他们心里的疑惑，我们开展了本次种植活动。

（二）主题目标

1.情感目标

（1）愿意和小朋友一起参加种植活动。

（2）愿意与同伴一起分享关于高粱、谷子的发现并展开讨论。

2.认知目标

（1）知道高粱、谷子的营养价值。

（2）了解和发现高粱、谷子的生长变化情况及生长条件。

3.动作技能目标

　　能够通过观察和比较发现高粱和谷子的相同与不同点，并用图画或其他符号进行记录。

（三）活动预设

　　本次种植活动根据植物的生长过程分为三部分，分别为种植前讨论、种植高粱和谷子、照顾高粱和谷子。在活动中我们将结合幼儿的兴趣点，鼓励幼儿大胆探索，随时根据幼儿的发现和兴趣调整具体的活动内容，激发幼儿的探究意识，提高幼儿的探究兴趣。

（四）活动实施

　　本次主题活动开展于中班下学期，因为高粱和谷子的生长周期比较长，所以种植活动从3月到7月共持续一个学期的时间。幼儿有一定的菠菜种植经验，但是活动大多以观察为主，因此本次种植活动对幼儿各方面能力都有较大的挑战性。本次活动基于活动预设，从幼儿的兴趣点出发，引导幼儿自主确定种植内容、认识种子、比较种子、认识工具、了解种子的生长条件，做了充分的种植前准备。在活动中幼儿体验了播种、浇水、间苗等一系列过程，大胆观察、猜想、验证，了解并发现了高粱和谷子不同阶段的生长状态以及两种植物的异同点，如图 4-10 所示。

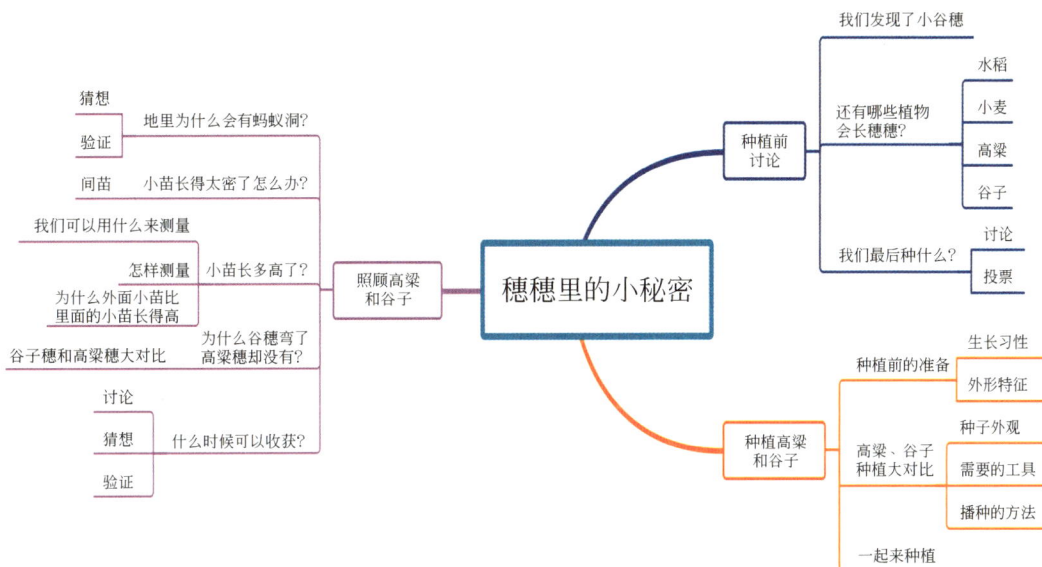

图 4-10 "穗穗里的小秘密"活动实施

活动一： 我们可以种什么（谈话活动）

活动目标

（1）能根据植物的生长条件大胆表达自己的种植想法和要求。

（2）能够通过讨论的形式接受同伴种植高粱和谷子的意见和建议。

活动过程

在体验馆发现谷穗之后，孩子们兴奋不已，他们通过查资料发现，除了谷子之外，小麦、高粱和水稻也会长穗穗。孩子们都想尝试种一下，可是到底种什么呢？轩轩说："种水稻吧，我在电视上看过，直接插在水里。"彬彬说："可是咱们这地里也没有水啊。"一一说："对，水稻在咱们这里种不了，我姥姥家那边种水稻，她在四川。"悦悦说："我想种小麦，我在体验馆里玩过磨小麦。"岐岐说："小麦在外面的地里面就有。"诺诺说："可是那不是咱们自己班的啊。"颜颜说："我想种高粱，妈妈说高粱长得比我们还高呢。"乐乐说："我想种谷子，咱们在体验馆看见谷子了。"李老师提醒："我们的地里只能种两种植物，怎么办呢？"彬彬说："那我们就像以前一样投票吧。"孩子们纷纷赞同彬彬的提议。最终投票结果：谷子 13 票、高粱 11 票、水稻 7 票、小麦 5 票，孩子们最终选择种植高粱和谷子。

活动小结

中班幼儿自主探究意识开始萌芽，幼儿开始逐渐尝试自主探究，大胆表达自己的观点。在本次活动中，幼儿通过讨论的方式决定种植内容，能够比较清晰地表达自己的观点，并

采用投票的方式决定结果。这为幼儿今后的探究活动提供了很好的思路，能帮助幼儿提高科学探究意识，使幼儿掌握更多的探究方法。

活动二： 我们一起种高粱和谷子（探究活动）

活动目标

（1）能够发现高粱和谷子种植方法的不同，根据自己的想法开展种植活动。

（2）愿意和同伴合作开展种植高粱和谷子的活动，感受种植的乐趣。

活动过程

通过前期的了解，孩子们知道高粱和谷子的种子不用泡可以直接种。轩轩说："我妈妈说，把土挖一个洞把种子种进去，每天给它们浇水就可以长大了。"悦悦说："可上个学期咱们种生菜的时候不是挖了沟吗？"彬彬说："我觉得应该挖沟种，这样它们就能长得很整齐了。"轩轩说："我觉得谷子应该是挖沟种，因为它太小了，如果放在坑里根本不知道应该放几个。""对，而且谷子那么小，我们数一会儿眼就花了。"岳岳接着说。"那高粱就可以挖坑种，因为高粱种子比较大。"桐桐和轩轩举手表示赞同。

轩轩和桐桐在地里挖了几个洞，在每个洞里撒上三颗高粱种子，然后用土把种子埋起来。这个时候彬彬也来了，他拿着小铲子正想挖土，桐桐和轩轩叫了起来："这个地方我们种过了。""没有吧，在哪里啊？"彬彬认真地观察地面。轩轩说："现在不能看到了，它们都在土里了，看不见了。"彬彬说："那我怎么知道你哪里种了哪里没有种？你也没有做标记。""你说得对，要不我们弄一个标记吧？"桐桐说。轩轩说："我画一个三角表示这里有种子。"桐桐说："我画一个爱心。"彬彬说："我画一个圆形。"种植完成后，桐桐把今天种高粱的过程画了下来，她说："这样的话，等到下次我们再种东西的时候就可以照着图来种了。"

活动小结

在活动过程中，教师给幼儿创设宽松的环境，允许幼儿自由参与、自主选择合作伙伴。小朋友们自由组合，通过已有经验、口语交流、动手操作共同完成了高粱、谷子的种植活动。孩子们把本次的种植过程画成了种植流程图，这样既可以加深孩子们的印象，也可以帮助幼儿进行经验上的提升。

活动三： 谷子地里的"小客人"（探究活动）

活动目标

（1）能够通过观察发现地里的蚂蚁，并主动探索蚂蚁和谷子的关系。

（2）愿意大胆讨论蚂蚁出现的原因，并尝试用自己的方式探索蚂蚁出现的原因。

活动过程

谷子种下去不到一周的时间就发芽了。岐岐发现地里面有一只小蚂蚁，他指着脚底的方向对我说："老师，我发现蚂蚁窝啦。"其他小朋友也发现了蚂蚁洞（见图4-11）。悦悦问我："老师，为什么地里面会有那么多的蚂蚁啊？"我反问到："你们觉得呢？"轩轩说："因为地里面是它的家。"岳岳说："我觉得是因为它喜欢谷子苗。"悦悦说："对！因为我们的小谷子发芽了，蚂蚁特别的喜欢，所以要来做客来看看。"凯凯说："我觉得是因为这里的土特别的软，所以才会有蚂蚁。"到底为什么有蚂蚁呢？我们都不知道答案，所以我们一起回班去网上寻找答案。

图 4-11 幼儿发现谷子地里出现蚂蚁洞

过了一会儿，岐岐犹豫着走到我身边，手里好像攥着什么东西。看到他的神情，我主动说："宝贝，你的手里好像藏着一个小秘密，你想不想跟我分享呢？"岐岐点点头，张开了手，我们发现是一颗谷粒，小逸说："这不是咱们种的谷子吗，你怎么给挖出来了啊？"轩轩说："对啊，你都给挖出来了，它还怎么发芽啊？"岐岐有些着急地说："我不是故意挖出来的，这是蚂蚁洞里面的。"原来岐岐想看看蚂蚁洞里面是什么样子的，就把蚂蚁洞给挖开了，结果在里面发现了一颗谷粒。岐岐说："蚂蚁是来偷咱们的谷子的。"妞妞说："怪不得有的地方的谷子没有发芽，原来是被蚂蚁偷吃了。"

◎ 活动小结

孩子有着与生俱来的好奇心和探究欲望，中班幼儿对周围的生活更熟悉，他们对事物的探索不仅停留在表层而是会积极地运用感官去探索、去了解新鲜事物，还常常喜欢寻根刨底。在谷子地里发现了蚂蚁这一现象激发了幼儿的探究兴趣，他们提出问题并且进行了猜测和推理，岐岐通过动手操作找到了问题的答案，孩子们最后进行了简单的交流，可以看出孩子们已经具备了初步的探究能力。

面对问题，教师不能包办和代替，大胆的猜测和假设是幼儿真正动脑思考和解决问题的一个重要的过程，因此面对孩子们的"为什么地里有蚂蚁"的问题，教师没有急于给出答案，而是通过反问的形式鼓励幼儿大胆地进行猜想。同时鼓励并为幼儿提供机会进行交流，让每个幼儿都充分表达自己的观点。幼儿通过陈述自己的观点，在交流的过程中不仅能够吸收他人的观点而且能够碰撞出新的想法。

活动四：我给小苗量身高（探究活动）

🍇 活动目标

（1）能够根据自己的想法选择合适的工具，对谷子苗进行测量。
（2）能够用自己的方式记录自己测量的结果。

⊙ 活动过程

孩子们发现谷子苗长得越来越高,诺诺等小朋友想知道小苗究竟长高了多少。小宇说:"老师,我们可以去给小苗量身高吗?""当然可以了。"听到我肯定的回答,他们快速地收集给小苗量身高的"量尺"。诺诺选择的是竹节棍,小宇选择的是胶棒,岐岐选择的是磁力棒。

有过测量经验的诺诺说:"我们应该从小苗的底下开始量,要不然就不准了。"颜颜说:"对,最下面放在土上就行了。""但是不能插到土里。"诺诺补充说。诺诺一手扶着小苗,一手轻轻地将手里的一根竹节棍放到了小苗旁边。为了"精确"地量出小苗的高度,她几次上下调整,最后在竹节棍和土平齐的时候,她把竹节棍和小苗放到了一起。她发现小苗比一根竹节棍要高很多,所以小心翼翼地把一根竹节棍放在了第一根竹节棍上面。她对旁边的颜颜说:"你快看,这棵小苗有两根竹节棍高呢。"

小宇和诺诺一样,他把胶棒首尾相接地连在一起,然后抬起头看着我。我问他:"怎么了?"他说:"老师,我带的胶棒太少了。"原来这里的谷子长得太高了,小宇带的胶棒不够长。颜颜也说:"老师,我带的黑色水彩笔也不够。"乐乐说:"这里的谷子长得太高了,它们都长到我腿这里了。""那我们怎么办呀?"颜颜说。"要不我们回去再拿点儿吧。"乐乐提议道。"不行,竹节棍太多了我们根本拿不了,而且我们也不知道需要多少。"诺诺反对说。"那你说怎么办?"小宇问道。

他们几个站在谷子地里面沉默着,这个时候岐岐说:"这些谷子长得太高了,都到我腿这里了。"听到岐岐这么说,诺诺立刻站到了一棵谷子旁边,然后把谷子的叶子伸长比到自己身上说:"这棵都跟我的腿一样长了。"乐乐说:"这棵到我的肚子这里了。"颜颜说:"是啊,你看这一棵也到我肚子这里了。"诺诺说:"我们都比小苗高,我们可以把自己当'尺子'量量谷子苗有多高。"

◎ 活动小结

幼儿的年龄特点决定了幼儿对周围物质世界的认识是感性的、具体的、形象的,思维常常需要动作的帮助。他们对物质世界的认识必须以事物和材料为中介,在很大程度上要借助于对物体的直接操作。在本次的活动中,教师鼓励幼儿自己选择操作材料,这样有利于调动幼儿的前期经验,使幼儿按照自己的想法思考和解决问题,提高他们参与探究活动的动力,有助于幼儿获得关键经验。

活动五: 浇水可不是一件简单的事(探究活动)

❦ 活动目标

(1)掌握给高粱浇水的方法。

(2)能够通过讨论给高粱浇适量的水。

⊙ 活动过程

孩子们发现高粱苗的叶子更多了,但是地上开始有小的裂缝。乐乐对我说:"老师,我觉得地太干了。""你从哪里发现这一点的呢?"我问。"我看到地上的土都已经干了,有的地方的土已经裂了。"妞妞说："现在温度这么高，肯定得多给它们浇水，咱们都好久没有给它们浇水了。"

孩子们把水壶装满水后开始给高粱苗浇水。乐乐对妞妞说："妞妞，你不能这样浇水，小苗都被你浇出来了。"乐乐对其他小朋友说："你们看妞妞浇水浇得太高了，小苗都被冲跑了。"妞妞有点尴尬地站在那里。乐乐认真地对她说："你应该蹲下来轻轻地浇水。直接往小苗上浇水，小苗会被冲出来。浇水可不是一件简单的事，你看我是这么浇的。"只见乐乐蹲了下来，然后轻轻地倾斜水壶，水慢慢地流了下来。他对妞妞说："你看这样就不会把小苗浇出来了。"妞妞说："我们应该给它们浇多少水啊？"颜颜说："对啊，万一浇多了怎么办？"乐乐说："你一棵浇一会儿就行了，每一棵都要浇水。""多久算是一会儿啊？"颜颜反问道。"你心里数几个数，到了就可以停了。""那就数十个数吧，数到10我们就停，然后浇下一棵。""好啊，好啊，1、2、3……"孩子们齐声数着数，顺利地完成了给高粱浇水的任务。（见图 4-12）

图 4-12　幼儿给高粱浇水

◎ 活动小结

在活动中，教师要给予幼儿出错的权利，把幼儿的错误作为了解他思维线索的机会和背景。不要为了得到老师认为正确的答案去追问幼儿，过于急迫的追问往往会使幼儿变得谨小慎微，只敢说教师认为正确的东西。在活动中，我们更多地放手，让幼儿自主自发地发现问题并尝试解决；鼓励幼儿通过同伴合作、交流，在不断的经验冲突、观点碰撞中获得解决问题的新思路。

活动六：　小谷穗的变化（连续观察活动）

❀ 活动目标

（1）能够在连续的观察中发现小谷穗变化的过程，并进行记录。

（2）喜欢参与观察活动，能够对谷穗持续进行观察。

⊙ **活动过程**

6月22日，我们来到自然小镇观察谷子和高粱，孩子们发现谷子抽穗了（见图4-13）。他们迫不及待地围着谷子穗不停地看着。一一说："老师，小谷子抽穗了，它是直直的。"轩轩说："我看见它上面有一些小点点。"彬彬说："上面还有一些小毛毛。"一一悄悄地问我："老师，我可以摸一摸小谷穗吗？""当然可以。"一一伸手轻轻地摸了摸谷穗，然后对旁边的轩轩说："有点儿扎手，可能是因为有那些小毛毛。"轩轩说："小谷子抽穗了是不是就快要收获了？"彬彬说："不是吧，不可能这么短的时间。"一一说："我觉得也是，

图4-13　幼儿发现谷子抽穗

它现在还是绿色的呢。""那我们过几天再来看看吧。"轩轩有些失望地说。

6月26日，我们再一次来到自然小镇。一一赶紧跑到上次观察的谷穗旁边，她喊道："轩轩你快来看，小谷穗长长啦！"轩轩赶紧跑过去看，"是啊，几天没见，都长这么长了。"彬彬也走了过来："我觉得它们长得没有那么挤了。"我问彬彬："之前是长得很挤吗？"他说："对啊，之前那些一颗颗的都是挤在一起的，现在都长开了。"一一又摸了摸谷穗，然后对轩轩说："我发现上面的毛毛好像变得更扎手了。"

7月2日，孩子们继续来观察谷穗，这一次孩子们发现谷穗好像长弯了。一一说："你们看，小谷子是不是长弯了？"轩轩赶紧走过去看："是啊，它怎么弯得这么厉害？"一一伸手扶着谷穗："那是不是要断了，我们是不是应该给它扶正了？"两个小朋友伸手扶着谷穗，"可是我们也不能一直扶着吧，一会儿我们该走了。""它为什么弯了呢？""是不是因为之前下雨把它压弯了？""应该不是，你看其他小的穗也没有弯啊。""我们上次看的时候你发现它弯了吗？""好像有一点点，我可以回去看看记录本上画的。"

回到班里，他们马上找出了记录本。一一和轩轩发现在之前的记录当中谷穗已经有一点弯。一一把今天的发现也画到了记录本上，她说："每一次都不一样，我过几天再看看它还会不会有什么变化。"轩轩走到了我的面前，好奇地问我："李老师，为什么小谷子会弯呢？是因为生病了吗？"我们上网查找答案，通过搜索得知，谷子慢慢成熟了，谷粒渐渐饱满，谷穗会变得很重，所以才会变弯。

7月3日，果果说："李老师，谷穗弯了之后是不是就可以收获了？"孩子们一听特别开心。究竟能不能收获呢？我也不确定，于是我们决定扒开谷粒看一看是不是已经长大了。桐桐小心翼翼地从谷穗上抠下来一颗小谷粒，然后用力捏了捏，谷粒被捏破了，桐桐说："里面好像已经长谷子了。"小宇一听也想试试，他也抠下来一个，捏在手里，然后说："我这个怎么没有，好像只有一层皮。"果果也说："我这个也没有，好像是空的。"轩轩说："是不是有的已经长了，有的还没有长啊？""到底什么时候才能收获啊？"彬彬问道。"我回去问问爷爷吧，我爷爷种过呢。"天天说。第二天一大早，天天来到幼儿园对小朋友们说：

"我爷爷说，等谷穗变成黄色的时候才可以收割。""那我们就继续等着吧。"桐桐、小宇、岳岳点点头表示赞同。

◎ 活动小结

《3~6岁儿童学习与发展指南》指出，幼儿"能对事物或现象进行观察和比较，发现其相同与不同。能用图画或其他符号进行记录"。在本次的活动中，幼儿通过连续的观察，发现谷穗的不断变化。通过幼儿的描述，我们可以看出，他们在观察的过程中开始注意对细节的描述，例如"谷穗上有小毛毛""小毛毛变得更扎手了"。教师在活动中给幼儿提供了安全、放松、支持性的心理氛围，使幼儿能够更加大胆地去探索，充分调动看、摸、闻等多感官参与。同时，观察记录表也成了调动幼儿前期经验、帮助幼儿自主提升关键经验的有利中介。幼儿在翻看观察记录表的同时，对谷穗的整个生长过程有了从笼统到具体、从模糊到准确的逐步提升。由此可见，观察记录表的正确投放，能让幼儿更加自主地进行探究和发现，从而实现真正、主动的经验建构。

活动七： 高粱穗和谷穗的不同（观察活动）

❤ 活动目标

（1）能够通过多感官探索发现高粱穗和谷穗的不同。

（2）能够用自己的方式记录自己的发现。

◉ 活动过程

幼儿发现，高粱也悄悄地长出了穗穗。果果说："谷穗是弯的，高粱穗是直着往上长的。"小朋友们听说之后赶紧跑过去看，真的是这样。岳岳踮起脚跟看着高粱穗说："高粱穗有一点点打开的样子。"阳阳说："高粱穗打开就像扫帚一样。"岳岳说："就跟孔雀开屏一样。"小朋友的发现吸引了更多小朋友的兴趣，他们纷纷低下头认真地观察着。莹莹说："谷穗刚开始也是直的，是长大了之后才弯的。"小凯说："谷穗只有一根，高粱穗打开之后有很多根。"小逸说："我有一个特别的发现，高粱穗一开始是包在里面的，但是谷穗不是。你们快点儿过来看！"小朋友们赶紧跑过去，顺着小逸手指的方向看，果然高粱穗包得严严实实的还没长出来呢。小逸请我用相机把这个发现记录了下来。发现了这么多的不同，孩子们格外兴奋。我对孩子们说："你们发现了这么多不同的地方，你们刚才都是用眼睛看到的。除了用眼睛看，我们还可以怎么观察呢？"果果抢着说："我们还可以摸一摸。"——说："我知道，谷穗有点儿扎手。"（见图4-14）岳岳说："我去摸摸高粱穗。"在老师的帮助下，岳岳成功地摸了摸高粱穗，他说："高粱穗不扎手，我感觉有点滑滑的。"（见图4-15）

回到班里后，孩子们把今天的发现用绘画或者照片打印的方式放在表格里面进行记录，他们说一定要把自己的发现保存起来。

◎ 活动小结

《幼儿园教育指导纲要》指出，幼儿"能运用多种感官，动手动脑，探究问题"。因此，在幼儿的一日生活中我们要多给幼儿多感官探索的机会，鼓励幼儿通过看、摸、听、闻等

图 4-14　幼儿发现谷穗有些扎手

图 4-15　幼儿发现高粱穗比较光滑

多种方式，用眼睛、双手、耳朵、鼻子等各种感官充分地感受、体验和探究。幼儿通过这样的方式能够与环境、材料产生积极的相互作用，从而使幼儿的活动更加丰富和深入。

（五）活动总结

一个学期的种植活动告一段落，但是孩子们的探究之路还在继续向前迈进着。一次偶然的体验馆之旅打开了孩子们探索的大门。

通过本学期的种植活动，孩子们认识了高粱、谷子种子，了解了高粱、谷子的生长条件和生长过程，他们通过连续观察发现了高粱、谷子的异同点并能够对生长变化进行记录。但是目标的实现其实远远不够，因为我们在活动的过程中孩子们会随时提出各种问题，而这些问题又会成为我们新的探索点。于是，我们意识到，对于种植活动，我们应时刻牢记"探究""自主"这两个关键词，让幼儿自主、亲历种植过程，在保护幼儿的好奇心、激发其探究热情和积极性的同时培养幼儿实事求是的科学态度，使幼儿形成科学的思维方式。在种植活动中，我们充分发挥幼儿的自主性，引导幼儿主动参与播种、照顾等整个种植过程，观察植物的变化，记录其生长变化过程，大大激发了幼儿的种植兴趣，增强了幼儿的责任心和坚持性。通过种植活动，幼儿也掌握了一些简单的观察方法，如：用眼看——观察高粱、谷子的外观、颜色等；用手摸——感觉叶子、谷穗粗糙还是光滑；用鼻子闻——闻闻高粱和谷子是否有味道；等等。孩子们还掌握了种植工具的正确使用方法。在活动中，能够主动利用工具照顾谷子和高粱；当小苗长高时，幼儿会用测量工具进行测量和记录；当地里长出了小草的时候，幼儿通过观察能够区分草和小苗并除草；当小苗生长得过密时，通过家长助教活动幼儿学习了间苗、定棵的方法。

回顾整个活动过程，我们有些许遗憾。首先，面对孩子们千奇百怪的问题，教师虽然尽可能地把握教育时机，为幼儿提供自主探究的机会，但是还是会有疏漏，或是急于问题得到解决而直接给出答案。在接下来的活动当中，我们应该更加耐心地对待孩子们的每一个问题、每一次的探究，用发展的眼光对待孩子们的每一点滴的进步，专注于过程而非结果。其次，在活动中由于幼儿数量较多，因此无法确保每名幼儿都能够得到自主探究的机会。在接下来的活动中，我们会结合幼儿的兴趣点和个体差异更多地采用小组探究、分时段观察的方法尝试解决。最后，在活动当中，尽管教师为幼儿提供了种植工具、记录单等多种支持材料，但是材料的提供是基于教师的经验，幼儿只是片面地接受。今后我们会充分尊重幼儿的自主判断和选择的意识，让幼儿自己来选择材料和决定用材料干什么，观察记录的设计会建立在幼儿的想法基础上通过集体讨论加以完善。

（北京市昌平区回龙观镇中心幼儿园　李晨曦）

四、美丽的凤仙花（大班）

（一）主题来源

春天万物复苏，我和孩子们到自然小镇游玩。一股扑面而来的香味吸引了孩子们的注意，原来是大二班种植的百合开花了。花朵白白的，散发着浓郁的香味。"百合花好漂亮啊""你们闻闻，好香啊"。孩子们一边欣赏，一边争先恐后地议论起来，还提出也想自己种花试试。那种什么花呢？有的孩子说想种玫瑰花，有的孩子说想种喇叭花，还有的想种向日葵。于是大家一起收集资料，分享讨论，从安全性、季节性、周期性等因素进行考虑，经过商讨和挑选，最终我们决定种凤仙花。

（二）主题目标

1.情感目标

（1）体会种植凤仙花的乐趣，欣赏不同种类凤仙花的美。
（2）主动发起并乐意参与关于凤仙花的探究活动。
（3）愿意与同伴、教师分享交流自己的探究和发现。

2.认知目标

（1）探究凤仙花的生长条件，了解凤仙花的生长周期及变化过程。
（2）了解植物和人类的关系，懂得关心爱护植物。

3.动作技能目标

（1）在种植凤仙花的过程中收集问题，能根据观察结果进行猜想和假设，并尝试制定相关观察实验方案，进行对比观察和实验，并用自己的方法进行记录。
（2）在凤仙花相关的活动中，进行分工、合作，能够小组共同完成任务，遇到困难能够想办法解决。
（3）能有序、连贯、清楚地讲述、分享自己的想法。
（4）能够利用凤仙花染色的特性进行艺术创作。

（三）活动预设

本班幼儿从小班开始，就不断地参与种植活动，在其中进行多样的体验、尝试，通过教师的引导和帮助，孩子们积累了丰富的种植经验，初步具有了探究意识和能力，经过三年的成长和进步，他们的探究能力不断增强，探究活动的设计及开展也更具有自主性和科学性。结合幼儿现有水平、凤仙花生长周期生长习性及幼儿的兴趣点，挑选适宜的植物，开展了此主题种植活动。活动前期，组织幼儿认识并观察花种的相同与不同点，发现室内外温差对种子发芽的影响；中期照顾凤仙花的过程中，开拓对凤仙花品种的认知，认识花的结构；后期凤仙花开花后，指导幼儿根据花的特性开展一系列与花做游戏的活动，如染指甲、扎染等。

（四）活动实施

在主题活动进行过程中，首先教师进行主题前期预设。随后在具体实践活动中，一方面沿着预设脉络落实活动，另一方面伴随幼儿兴趣和关注点生成新的活动内容。整个活动从3月到7月，沿着凤仙花生长周期和变化，进行了近一学期，结合探究、谈话、区域等多种形式开展了丰富多彩的活动。

活动一"哪些花适宜种植"、活动三"自然角（区域活动）"、活动四"为什么室内种植的凤仙花先发芽"和活动五"凤仙花发芽的实验设计"，来源于思维导图的第一分支"种植凤仙花"。活动中孩子们进行讨论，挑选适宜的花朵进行种植；认识种子、掌握种植方法；通过室内外的对比实验了解温度、水分、土壤等条件对凤仙花生长的影响。活动二"图书区"、活动六"叶子不一样"、活动七"认识花朵"和活动八"花开花谢"来源于思维导图的第二分支"照顾凤仙花"。活动中孩子们认识不同种类的花朵，了解花的结构。活动九"用凤仙花染指甲"、活动十"美工区"和活动十一"拼插区"来源于思维导图的第三分支"我和花儿做游戏"。活动中孩子们了解凤仙花的特性尝试进行染色，并能根据花朵的外形尝试进行拼插等，如图4-16所示。

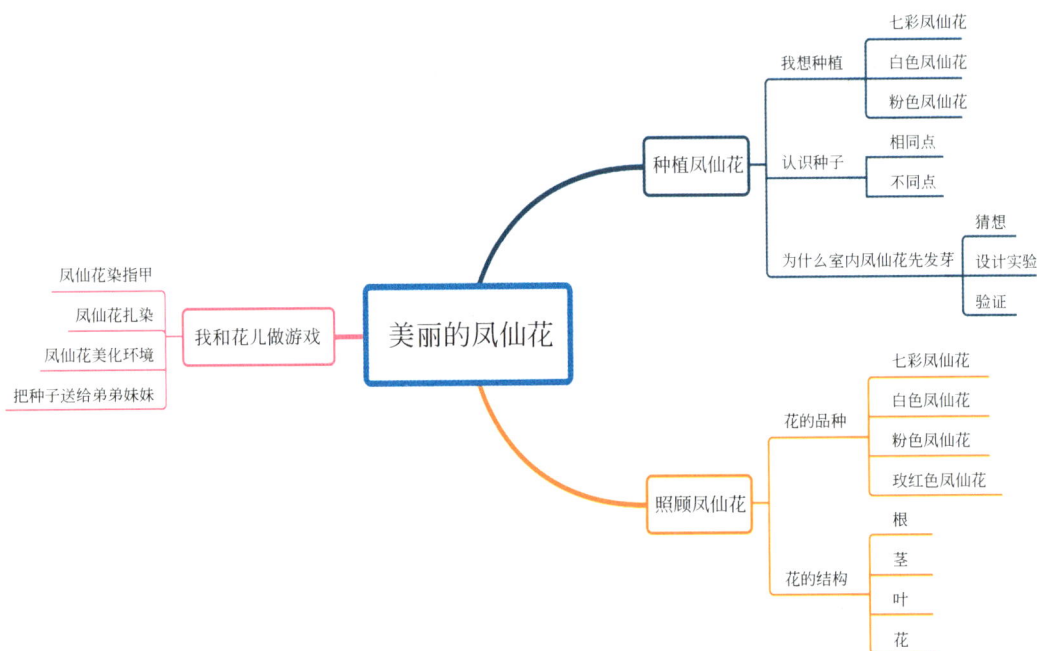

图 4-16 "美丽的凤仙花"活动实施

活动一：哪些花适宜种植（谈话活动）

🍇 活动目标

（1）能清晰大胆地与同伴交流和分享自己的选择和原因。

（2）能细致地观察，并商讨做出决定。

◉ 活动过程

决定种花后，孩子们兴奋不已，但是种什么花呢？小朋友们的想法和意见都不同，于是我们进行了讨论。

豆豆第一个发表了自己的想法，他说："我想种玫瑰花，玫瑰花很漂亮。"萌萌听后接着说："我想种百合花，百合花多香啊。"浩宸说："我想种指甲花，它能染指甲。"润润说："我想种向日葵，向日葵里面还有瓜子呢。"听到孩子们各自发表着自己的想法，我问："你们想种这么多的花，那什么样的花更适合我们种植呢？"孩子们听了，纷纷开始思考，沐瑶说："不能种玫瑰花，它上面有刺，会扎手，有危险。种在小镇里小班弟弟妹妹碰到了更危险。"可馨紧跟着说："要挑选适合现在这个季节种植的花，不然活不了就失败了。"浩宁小声地说："向日葵我们中班种过了，种些没种过的吧。"小雨说："对，要种些我们没种过的，最好能在咱们毕业前开花，不然我们看不到的。"

梳理孩子们的讨论意见，我们一同制定了四条挑选标准：第一，安全性；第二，季节适宜性；第三，周期性；第四，没种植过的。应该挑选种植过程中没有危险、适宜这个阶段种植、在毕业前可以开花且之前没有种过的花。根据这四条标准，玫瑰不符合第一条，向日葵不符合第四条，剩下的百合花和指甲花，百合花生长需要的温度条件要求更高，北京的春天还比较寒冷，不能满足种植百合花的需要。最终，凤仙花成为商讨确定的结果。

◎ 活动小结

在这四条标准的基础上，孩子们经过商量、讨论和分析，最终选择种植指甲花。通过查找相关资料，我们了解到指甲花的学名叫作凤仙花，非常适宜在春季开始种植，发芽后3个月左右就可以开花，花期持续一两个月，我们不仅在毕业前能看到盛开的花朵，还能继续照顾和欣赏。

活动二：图书区（区域活动）

🍇 活动目标

（1）认识了解不同品种的凤仙花，了解、分享凤仙花的相关知识。

（2）发现不同种类凤仙花的相同与不同点。

🔖 材料投放

师幼共同收集与凤仙花有关的图片、图书及幼儿自制图书。

◉ 活动过程

决定种植凤仙花后，《美丽的凤仙花》主题活动随之开展起来。孩子们收集了很多与凤仙花相关的书籍、图片，教师也投放了凤仙花相关的材料、绘本。通过自主阅读、师幼共读，我们了解到凤仙花原来有很多品种，如白色凤仙花、粉色凤仙花、七彩凤仙花、玫红凤仙花等。

◎ 活动小结

在图书区中，孩子们通过收集资料、分享阅读，对凤仙花有了更多认识，特别是孩子们了解到凤仙花有很多品种，这不仅丰富了孩子们的经验，也引发了他们新的问题和想法——种植不同品种的凤仙花，于是在随后的活动开展中，我们又种植了其他种类的凤仙花。

活动三：自然角（区域活动）

❤ 活动目标

（1）了解凤仙花的种植条件，观察发现不同种类凤仙花种子的相同与不同点。

（2）分组种植凤仙花，体验动手的快乐。

（3）敢于大胆猜想，并能用图画或其他符号进行记录。

✎ 材料投放

不同品种凤仙花的种子、花盆、土壤、铲子、水壶。

● 活动过程

自从知道凤仙花有很多品种后，孩子们便发动家长，收集了不同品种凤仙花的种子，通过观察，孩子们发现白色凤仙花的种子小，彩色凤仙花种子大，粉色凤仙花的种子跟它们比不大也不小。接下来孩子们根据兴趣选择，自愿分小组分别种植了四种凤仙花。随后小组之间相互交流经验，原来凤仙花在种植过程中不同于以往种植的蔬菜，它需要提前浇水，然后再挖坑播种，因为凤仙花的种子比较小，后浇水会将小种子泡烂，成活率降低。自然角种植后，孩子们又分组在自然小镇里也同时种植了四种凤仙花。

◎ 活动小结

通过这样一次持续的观察、种植活动，孩子们总结道："虽然都是凤仙花，但也有不一样，就像我们小朋友，有的长得高，有的长得矮，有的长得胖，有的长得瘦，是不同的。"种下种子后，孩子们还大胆猜想了哪种凤仙花先发芽，并用绘画的方式记录了自己的猜想和理由，期待我们的凤仙花快快发芽！

活动四：为什么室内种植的凤仙花先发芽？（探究活动）

❤ 活动目标

（1）能用对比实验的方法验证对凤仙花发芽情况的猜想。

（2）了解温度、水分、土壤等条件对凤仙花生长的影响。

● 活动过程

在种植前我们一同收集、查阅关于凤仙花的资料，孩子们知道凤仙花发芽需要 10 天左右的时间。室内的凤仙花第九天就已经发芽了，可是室外的凤仙花在第 10 天的时候仍然没有任何变化，孩子们都开始担心室外种植的凤仙花是否能够发芽，还有的孩子猜想室外的凤仙花种子可能都死了，但是大家商讨过后仍然决定继续等待和观察。一直等到第15 天，室外的彩色凤仙花终于发出了小芽，孩子们在惊喜之余又有了新的疑问，为什么室内的先发芽室外的后发芽呢？

轩轩说："应该是屋里暖和，外面冷，所以屋里的先发芽了。"沐瑶说："对，外面有风，冷，所以屋里的先发芽。"小雨说："不对，应该是屋里经常浇水，外面不经常浇水，所以屋里的先发芽。"浩宁说："是屋里的土干净，而且有营养，外面的土里有小虫子。""你们的猜想都很好，但是我们怎么能知道到底是什么原因引起的呢？"我问。"可以做实验。"孩子们异口同声地回答。经过孩子们的讨论，我们结合土、水、温度这三种猜测的原因分成了三组进行实验。首先孩子们先将自己猜测的原因和根据原因设计的实验方法画了下来，然后再收集材料进行验证。猜测"土"组的孩子，一盆放上营养土，一盆放上普通土，保证温度和水一致；猜测"水"组的孩子，种植的土和温度保持一致但浇水量不同，一盆一周浇一杯水，一盆一周浇两杯水；猜测"温度"组的孩子，土和浇水量保持一致，让温度不同——一盆放在室内，一盆放在室外。经过两周的观察记录，孩子们发现营养土和普通土里种植的凤仙花同时发芽；每周浇一杯水的发芽了，每周浇两杯水的至今没发芽；室内种植的先发芽，室外种植的后发芽。（见图 4-17）

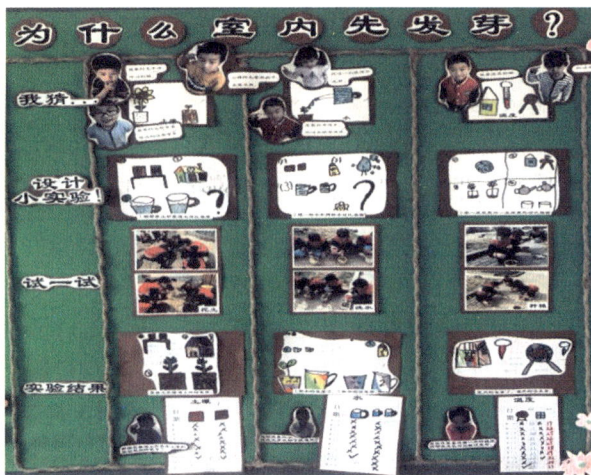

图 4-17　孩子们猜想并设计的实验

◎ 活动小结

一次实验的结果具有偶发性，因此，后期我们又做了一次实验，并综合得出结论：凤仙花喜欢温度更高一些的环境，因此室内种植的凤仙花会先发芽；凤仙花喜欢水，但是过多的水也会影响凤仙花的生长。

活动五：凤仙花发芽的实验设计（集体教学活动）

◉ 活动目标

（1）能大胆进行猜想、设计自己的实验并用图画或其他符号记录。

（2）喜欢参与设计实验，并能与他人合作与交流。

✳ 活动准备

凤仙花发芽图片、黑色水彩笔、纸。

☝ 活动过程

1）观看图片，引出活动内容

（1）谈话导入。

师：我们种植的凤仙花有变化吗？你们有什么新发现？

（2）观察图片，发现问题。

2）大胆猜想，充分表达自己的想法

（1）教师提问：为什么室内的凤仙花先发芽？

（2）集体讨论：室内凤仙花先发芽的原因。

（3）小结。

师：你们猜测温度、土壤、水量等这些都可能是影响种子发芽的因素。

3）设计实验方法

（1）提问引导幼儿设计实验方法。

师：那我们怎么才能知道到底是什么原因呢？用什么办法验证你们的猜想呢？

（2）幼儿讨论实验方法。

（3）分组设计实验。

（4）分享交流自己设计的实验方法。

4）延伸活动

师：我们都设计了实验方法，接下来我们就要根据每组设计的实验方法准备材料，然后进行实验！

◎ 活动小结

在本次教育活动中，孩子们敢于大胆猜想室内凤仙花先发芽的原因，并根据猜测的土壤、水量、温度等可能的原因设计实验，尝试运用图画或其他符号进行记录，喜欢参与设计实验，并能与同伴合作与交流，分享自己的发现，整体活动达成了本次活动的目标。

活动六：叶子不一样（探究活动）

🍇 活动目标

（1）能用图画或其他符号将自己的发现记录下来。

（2）通过对比观察发现叶子生长的不同，认识了解对生、互生、簇生、轮生的生长方式。

☝ 活动过程

距离发芽又过去了一周左右的时间，凤仙花从之前的只有两片叶子，变成了现在有许多片小叶子。孩子们观察发现，新长出来的叶子和之前的叶子是不同的，下面的两片叶子是圆圆的，边缘是光滑的，而新长出来的叶子是长条形的，边缘是锯齿状的。不仅如此，浩宁还提出了一个新发现："凤仙花下面的叶子是两片对着长，上面的叶子是一上一下地长。"这一发现，让孩子们都非常惊讶。依轩问："那其他的凤仙花叶子是怎么长得呀？别的植物呢？""是不是也是这样长？""不会吧？"孩子们对于这个问题都提出了自己的想法，于是我建议："你们可以去观察一下，去验证自己的猜想。"孩子们自主分成了三组，一组观察小镇里的植物，一组回班在植物角寻找其他植物，还有一组去幼儿园的院子里观察，并将自己的观察记录下来，然后进行集体分享。（见图4-18）

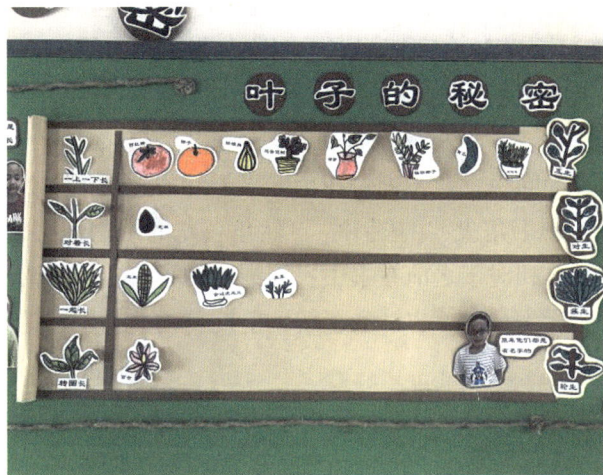

图 4-18　孩子们根据叶子的特征进行分类

◎ 活动小结

通过三组的观察分享，孩子们发现植物的叶子生长方式都不一样，他们还根据叶子生长的样子起了名字，如一上一下长、对着长、一起长、转圈长，并根据起的名字给它们分了组，叶子一上一下长的有西红柿、黄瓜、姑娘果、柿子树、马齿苋菜、绿萝、袖珍椰子、金钱草，叶子对着长的有芝麻，叶子一起长的有玉米、韭菜、金边虎尾兰，叶子转圈长的有百合花。随后具有探究精神的孩子们还和爸爸妈妈一起查了叶子的相关资料，发现叶子的生长状态都是有名字的，一上一下长叫互生，对着长叫对生，一起长叫簇生，转圈长叫轮生。在这样一系列对叶子的观察、探究、发现活动中，孩子们对植物叶子的生长方式有了新的了解。

活动七：　认识花朵（谈话活动）

◎ 活动目标

（1）认识了解凤仙花的结构。

（2）能仔细观察，并大胆表达自己对花朵的发现。

◎ 活动过程

5月27日，凤仙花的叶子旁边长出了一个个绿色水滴形状的小球，上面还有一些短短小小的绿色枝条，孩子们说那一定就是凤仙花的小花苞。6月10日，那一个个绿色的小花苞真的开出了一朵朵美丽的小花，凤仙花终于开花了。

豆豆一边指着一朵花一边兴奋地说："你们看凤仙花的花瓣一片一片的，有很多片。"萌萌说："不同品种的凤仙花，花瓣颜色都不一样。"我问："除了花瓣你们还认识什么？"萱萱说："里面黄色的是雌蕊，旁边的是雌蕊。之前收集资料的时候我妈妈告诉我的。"浩宁说："按照我们植物角那个花的结构图，下面那个绿色，托住花瓣的叫花托。"宁宁指着花朵的下面说："绿绿的棍是花茎。"浩浩紧接着说："我还知道根呢，就在这下面。"我忙问：

"那花托两边的小叶子是什么?"孩子们你看看我,我看看你,回答不上来。这时浩宁又去看植物角"花的结构图",他的行为吸引了许多小朋友一起参与研究。对照结构图,孩子们讨论认为,应该就是"萼片"。浩宁激动地指着图片上的"萼片"两个字大声说:"老师,就是这个什么片,我们不认识这个字!"我笑着说:"花托两边的小叶子叫萼片,又叫花萼。你们找到的答案非常正确。"

◎ 活动小结

起初,我本想通过提问引发孩子们对花朵的兴趣和关注,没想到孩子们对花朵结构竟然有这么深的了解,在图书角投放的图书、自然角"花的结构图",这些隐性教育内容的价值原来这么大。同时,相对于之前在书中、墙饰上的了解,这次活动,孩子们将书本上的知识充分运用到了实际生活中,也让我了解到前期与幼儿一同讨论、收集资料也是非常重要的环节。

▤ 活动八: 花开花谢(探究活动)

◉ 活动目标

(1)感知凤仙花的生长变化过程。

(2)了解凤仙花的繁殖方式,进一步了解凤仙花的结构。

◉ 活动过程

孩子们在欣喜于凤仙花开花之余还期盼着花朵长得更大一些,这样就可以摘下几朵,来尝试染指甲。可是在开花后的第八天,孩子们发现原本盛开的好几朵大一些的花朵都开始发黄变蔫了,这到底是怎么回事呢?孩子们又讨论起来。

小雨说:"是不是凤仙花缺水了?应该多浇水。"萌萌说:"你摸土还是湿的,肯定不是缺水了。"宇航说:"那就是太阳太热了,给晒蔫了。"牧林说:"不对不对,凤仙花喜欢阳光,前几天很热,小花也没事啊。"浩宁说:"应该是花期到了。"小雨问:"什么是花期呀?"浩宁说:"我也不知道,应该就是它能活多长吧?"浩宁的回答显然让小雨不是很满意,她问我:"老师,什么是花期啊?"我回答:"每朵花都是有花期的,花期就是花开放的时间。你们想一想,你们见过花会一直都开放吗?"浩浩说:"不是,我们家种的花开了一个月就掉了,现在只剩叶子了。""还有之前大二班种的百合花,也不开了,都没有了。"萱萱说。我说:"对,每一种花都有开放的时间,有的花开的时间长一些,有的花开的时间短一些,这就是花期。所以不是我们照顾出现了问题,而是植物自然的生长规律。""那凤仙花的花期是多长时间呢?"萌萌问。浩宁说:"应该是一个星期吧。"小雨也说:"上星期还好好的,这星期就蔫了,应该就是一个星期。"萌萌想了想说:"今天是开花的第八天,那花期应该就是八天吧。"

◎ 活动小结

我们通过上网查资料,再次确认了孩子们的想法,凤仙花单朵的花期就是一周左右。在接下来的观察中,孩子们还发现了凤仙花"急性子"名字的由来,原来凤仙花落了之后结出一个个绿色的小果实,孩子们无意的摸和碰,竟让这些小果实一下炸开,露出了里面的小花籽，孩子说："原来这个花还有暴脾气，不愿意让别人碰啊。"孩子们将露出的小花籽收集起来，准备毕业时送给弟弟妹妹，让他们也可以尝试种植这种美丽的花。

活动九：用凤仙花染指甲（探究活动）

🍇 活动目标

（1）自主尝试用凤仙花染指甲的方法，观察感受用凤仙花染指甲时染色的过程。

（2）体验与同伴一同染指甲的快乐。

◐ 活动过程

凤仙花已经盛开了，孩子们期待已久的"染指甲"活动终于可以开始了。这次不仅是爱美的女孩子很开心，男孩子也同样兴奋好奇。小雨指着凤仙花说："现在花都开这么多了，我们摘一些回班染指甲吧！"哲伦听到后问："怎么染呀？是不是直接把花瓣贴在指甲上就可以了？我觉得就像我妈妈做的美甲那样有个假的指甲一贴就好了。"昊宁不同意："不对！小时候我姐姐用凤仙花染指甲，是把花瓣砸成泥，然后堆在指甲上，再用叶子把手指头包上，待一会儿再拆开就行了。"萌萌听到后说："要不咱们按昊宁的办法试一试？"哲伦还是坚持自己的想法。我提议："我们可以把你们说的每个想法都试一试。"大家听了都很开心，分别行动了起来。

回到班后昊宁在自然角找到了几个浇水的空瓶子，小雨和萌萌把花瓣放进瓶子又找来了最粗的记号笔当工具。都准备好后大家开始砸花瓣，不一会儿花瓣就变成了橘红色的花泥，小雨请萌萌帮忙把这些花泥全都涂在手指甲上，大家非常期待最后的效果。哲伦则是直接把花瓣贴在自己的指甲上就像妈妈做美甲那样。就这样过了大约10分钟的时间，小雨把手上的花泥全部洗掉后惊讶地大叫："大家快来看呀，我的指甲真的变色了，太神奇啦！"把花瓣洗掉的哲伦指甲依旧是干干净净的，什么都没有。哲伦说："还真不是像我妈妈美甲那样，看来昊宁的办法才管用。"其他小朋友看到后非常兴奋，大家都用凤仙花把自己的指甲染上了漂亮的颜色。（见图4-19）

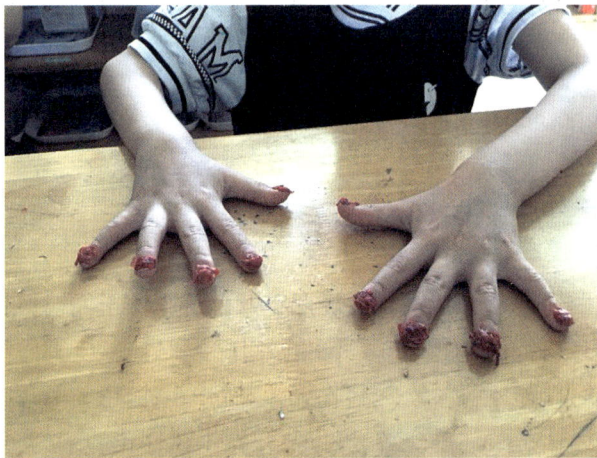

图 4-19　用凤仙花染指甲

⊙ **活动小结**

本次活动完全是由幼儿自主选择、操作及实施的，是幼儿自主发起的一个生成活动。孩子们通过协商、讨论，每个小朋友都发表了自己的想法，在不知道哪种方法可以成功的时候，我建议两种方法都试试。最终大家通过亲身验证发现，把花瓣捣成泥覆盖在指甲上，能够用凤仙花给指甲染上颜色。

活动十：美工区（区域活动）

🍇 **活动目标**

（1）了解凤仙花的特性，尝试染色活动。

（2）了解折纸符号，学习折叠凤仙花。

🐚 **材料投放**

手绢、不同厚度的纸张、调色盘、凤仙花花瓣、工具、折纸。

☞ **活动过程**

孩子们自从知道用凤仙花可以染色后，便开始尝试用不同的方法用凤仙花进行染色创作。有的孩子直接用重物把花压在纸上，一段时间后，就会印出一个完整的凤仙花轮廓，有时还能看到花瓣上的纹路；有的孩子用工具将花捣碎或者过滤出花汁，然后用画笔、毛笔等蘸着花汁进行绘画；还有的孩子直接将纸巾或手绢折叠好后蘸上花汁进行扎染。为了增加孩子们的活动兴趣，引导幼儿的活动丰富深入，教师还在区域中投放了不同厚度、材质的纸张和布料，让孩子们尝试在不同材料上进行染色、创作活动。

⊙ **活动小结**

在美工区的活动中，孩子们通过不断的尝试、探索，发现了很多的小秘密，如：颜色浅、薄的纸张和布更容易上色，而且上色后很漂亮；颜色深、厚的纸张和布上色需要的时间久一些，而且染色后颜色不鲜艳。我相信通过自己不断尝试探索出来的发现，比直接的灌输和传授，更能让孩子记忆犹新。

活动十一：拼插区（区域活动）

🍇 **活动目标**

运用拼插玩具拼出不同种类花的外形特征。

🐚 **材料投放**

5000片拼插玩具。

☞ **活动过程**

开展凤仙花的主题活动后，特别是中后期花开以后，孩子们对凤仙花的花朵保持着高涨的兴趣，于是教师在拼插区中投放了"5000片拼插玩具"，孩子们结合凤仙花，开展了拼插花朵的活动。同时教师还将大家一起收集和看到的凤仙花的图片投放进区，有时孩子们还将植物角开放的凤仙花搬到拼插区进行观察，根据凤仙花的结构——花瓣、花蕊、花托、花萼、茎及叶子，选择合适的材料进行拼插。孩子们拼好后，会互相比较，看看谁拼得更像。

◎ 活动小结

通过不断尝试和反复拼插，孩子们渐渐能熟练地拼插出凤仙花，随后除了继续拼插凤仙花外，还尝试挑战拼插别的花朵，如玫瑰、百合等。再后来孩子们的作品也从刚开始的一朵花、一束花变成有情景的拼插，如拼插花园、花坛等。

（五）活动总结

在《美丽的凤仙花》主题活动开展的过程中，孩子们表现出良好的学习品质和状态，能积极主动地参与活动，甚至发起活动、组织活动，在实践中学会观察、思考、讨论、合作、分享、交流，并对新鲜事物、发现的问题提出质疑，保持着旺盛的好奇心和求知欲。

在持续的活动中，孩子们还形成了善于观察、乐于思考、敢于提问的良好品质。在发现问题后，孩子们不仅能将观察到的现象结合实际进行大胆猜测，还会通过设计实验和亲自参与实验的方法将他们的猜测进行验证。整个探究过程都是孩子自发生成的，因此他们参与的积极性更高，收集材料、进行实验时更细致和专注。在孩子们设计验证"为什么室内凤仙花先发芽"的实验中，我故意提出疑问"为什么进行温度实验，还需要浇相同的水和放同样的土"时，孩子们告诉我，如果水和土不一样，那就不知道到底是不是温度的原因了，问到其他两个组的时候，也得到了相似的回答——如果想确定是不是因为某个原因，那在实验中就要保证其他的几种因素相同。由此可见，孩子们对科学实验的严谨性是有意识的，而且要求非常高。这让我们感到很惊喜，他们在解决问题时，能全面考虑，甚至连花盆都要选择同样大小的。

在整个主题活动开展的过程中，孩子们不仅知道了种植凤仙花的方法，还了解了温度、水分等环境条件会对凤仙花生长产生影响，如：室内温度高，室外温度低，室内的凤仙花就会先发芽；凤仙花喜欢水，但是过多的水也会影响凤仙花的生长。通过与其他植物进行对比观察，知道叶子生长的不同形态，了解叶子对生、互生、轮生等不同的生长状态。活动中，他们大胆表达，积极分享，阐述自己的想法时思路日渐清晰明确，有理有据。活动后期，孩子们不仅体会了收获的喜悦、用凤仙花染指甲的快乐，而且在自己精心种植、照料的植物发芽成长开花时充满成就感。花儿作为美的代表，被幼儿认识、欣赏、再现和表达，因为花儿的染色特性使其成为幼儿进行艺术创作的优秀原材料。自己种植培养的凤仙花见证了孩子们的辛勤与汗水，在他们心中一定是开得最美丽的花朵。我们作为教师，能够见证、支持、陪伴孩子们和他们的凤仙花一起茁壮成长，是一段美好而又幸福的体验。

（北京市昌平区回龙观镇中心幼儿园　黄晓菲　宸茜）

五、探索玉米的秘密（大班）

（一）主题来源

清明和谷雨期间，老师和孩子们一起讨论有关种植的话题。

老师："在小镇里咱们种什么东西合适呢？"

多多："我喜欢西红柿。"

棒棒："能不能种水果？"

雅涵："咱们种点儿玉米吧，我奶奶昨天就种了。"

然然："也可以种点小麦，咱们还能做点面包。"

……

通过讨论孩子们想到了西红柿、小麦、玉米、葡萄等。经过查资料和网上调查，结合小镇资源及季节特点，孩子们一致同意种春小麦和玉米。经过集体投票，更多小朋友喜欢种玉米。由此"探索玉米的秘密"主题活动产生了。

（二）主题目标

1. 情感目标

（1）感受种植玉米带来的乐趣及成就感。

（2）喜欢参与写生活动，运用绘画的形式表达玉米的特征及对玉米的喜爱之情。

2. 认知目标

（1）了解玉米的食用价值，知道玉米对人类身体的好处。

（2）通过观察、比较、分析，了解玉米不同生长阶段的特征与生长周期变化。

3. 动作技能目标

（1）能够用数字、图画、图表或其他记录方式记录玉米的生长变化过程。

（2）能与同伴分工合作照顾玉米、解决玉米种植活动中遇到的问题，并进行分享交流，大胆表达自己的想法。

（三）活动预设

大班幼儿喜欢亲近自然，主动探究。本班幼儿入园初期就开始进行种植活动，积累了一定的种植经验。本活动的开展结合了幼儿的现有水平，玉米的生长周期、对环境的适应能力，幼儿的兴趣点。活动一"我们想种什么"来源于思维导图的第一个分支，激发幼儿参与种植活动的情感。活动二"玉米怎么种"目的是调动幼儿已有经验，来源于思维导图的第二个分支。种植中，幼儿通过记录等形式发现玉米生长中的外形变化，从而发现问题并产生活动三"玉米苗变色了"，其来源于思维导图的第三个分支。在收获玉米的活动中，幼儿通过观察又发现新问题——"玉米穗是什么"，其来源于思维导图的第四个分支。幼儿通过猜想并验证的形式寻找问题的答案。"玉米如何脱粒？""玉米怎么吃？"因此也产生了相应的活动，其来源于思维导图的第五、第六个分支。最后孩子们一起收获玉米并对成熟的玉米进行了制作美食等一系列探究活动。

（四）活动实施

在玉米种植活动开展中，我们前期进行了预设，后期结合预设活动与幼儿一同开展实践活动，还结合实践生成新的活动内容。整个活动从 3 月到 7 月，开展半个学期，根据玉米生长周期变化，结合探究、谈话、区域等形式一共开展了十多个活动（见图 4-20），本次主题案例重点选择了 8 个。

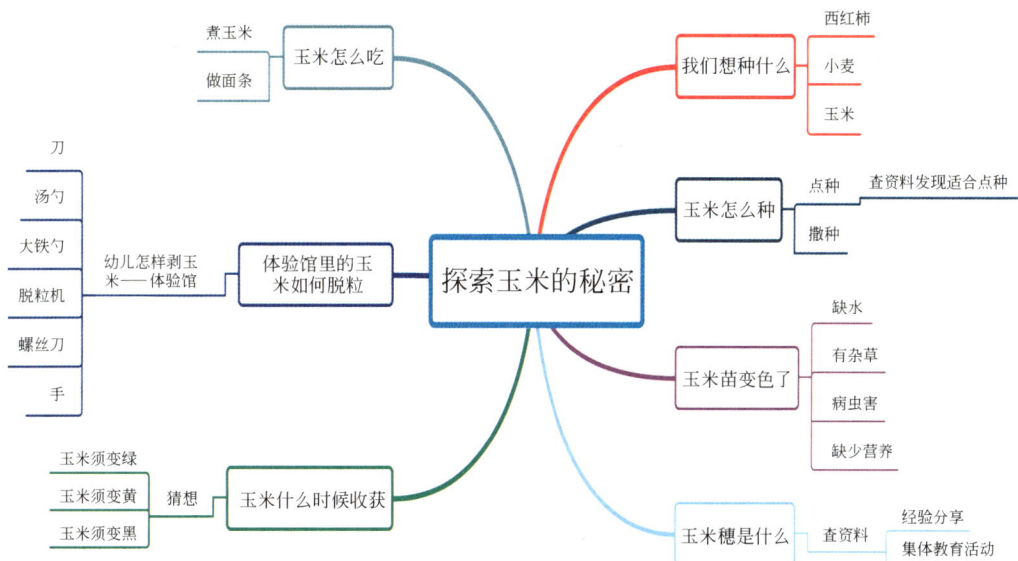

图 4-20 "探索玉米的秘密"活动实施

活动一：我们想种什么（谈话活动）

🍇 活动目标

（1）对种植活动感兴趣，敢于表达自己的想法。

（2）喜欢参与讨论活动。

◉ 活动过程

3 月 28 日，我和孩子们一起讨论种什么。我说："孩子们，谷雨时节了，咱们班需要在小镇种东西，你们想种什么呢？"

多多说："我喜欢西红柿。"棒棒说："能不能种水稻？"雅涵说："咱们种点儿玉米吧，我奶奶昨天就种了。"然然说："也可以种点小麦，咱们还能做点面包。"我说："你们的想法都很好，但是种植的食物需要符合季节特点。"一诺说："老师，我们可以投票决定种什么。""这个主意好，我们来投票。"

孩子们通过贴小贴画的方式进行投票，投票结果是玉米得票最多，孩子们最后决定在小镇种植玉米。

🕐 活动小结

孩子们根据自己的喜好结合季节特点，最终通过投票的形式，确定了种植玉米。此次活动不仅锻炼了幼儿解决问题的能力，也让幼儿将数学运用到实际的生活中，最终通过统计与点数确定了要种植的农作物。

活动二： 玉米怎么种（探究活动）

活动目标

（1）通过多种形式感知自然测量。

（2）探究玉米的种植方法，体验种植玉米的乐趣。

活动过程

3月31日，孩子们的种植经验越来越丰富。我问孩子们："我们怎么种玉米？"天天说："种玉米要点种，老师。""为什么要点种，还有其他方法吗？"我问。乐天自信满满地说："玉米种子大，需要点种。"多多说："还有撒种。"经过讨论，孩子们分为两组，一组按以前的方法进行撒种，很快就种植完了。另一组点种，很快尝试点种的一组遇到问题——点种要种多少粒呢？浩浩说："我爷爷告诉我了，三粒就行了，四粒也可以。"

孩子们商讨后进行小组分工合作，天天、浩浩、大宝一组，天天是小组长，三人忙得不亦乐乎。他们对坑与坑距离多远和挖多深的问题比较感兴趣，就这个问题他们讨论起来。浩浩说："一个坑和一个坑离多远，挖多深，要想办法量出来。爷爷说咱们是小孩，种的时候要量好了，别乱挖。"天天说："可以试试用工具量，用尺子吧，先想想玉米长大以后它的根可以伸多远。"浩浩说："好像不远，我拔过玉米，差不多就这么远。"他用小手比画着。天天说："不行，你手太小，我觉得用脚量比较好。你把脚放这里，走一步，大概就差不多了。"浩浩说："那咱们量量我这一步多长吧，我也感觉差不多。"他们一组最终决定用步子测量距离。测完距离测深度。天天想到了用自己的小手，他拿起两粒玉米种子，放进挖好的坑里，坑大概可以埋下自己的拳头。经过一番讨论后，浩浩负责挖坑，天天负责放种子，大宝负责埋土，三人配合默契。很快，孩子们轻轻松松地将玉米种好了，高高兴兴地期待着玉米发芽。

活动小结

在种植活动中，培养幼儿自主探究的品质。天天和浩浩两位小朋友在种玉米过程中能够自主解决遇到的问题，借助前期经验，探究适宜的种植工具和玉米种植方法。幼儿在活动中能够根据已有经验自己探索尝试，建构新的种植经验。幼儿以自己的步子和拳头进行测量，并用尺子做精确确认，这种测量方法代表了幼儿可以利用自然测量找出自己想要的答案。教师对孩子们的种植行为要加以总结，帮助幼儿梳理种植经验。

活动三： 玉米苗变色了（探究活动）

活动目标

（1）能大胆猜想玉米苗变色的原因。

（2）了解温度、水分、土壤等条件对玉米苗生长的影响。

活动过程

4月14日，孩子们一起到小镇来观察玉米，孩子们很惊喜地看到一颗颗的种子破土长出了绿绿的幼苗。孩子们细致地观察着一株株小绿苗。"玉米苗是嫩嫩的绿色，真好看。""它的叶子长长的，还有一点白白的，是它的叶脉吧？"悠悠忍不住摸了摸叶子说，"玉米叶子卷卷的。"浩浩惊讶地说："好奇怪，为什么有的小苗的根是紫色的，有的小苗的根是绿色的？"浩浩的声音吸引了其他孩子,他们纷纷寻找紫色和绿色的根,发现还真是这样。大家纷纷讨论起来："你们快来看，只有最小的苗才是绿色的，长大一些苗的根会变成紫色。""这棵小苗的根是浅紫色。""这棵小苗是紫色的根。""这棵小苗最小了，这棵小苗是绿色的根。"

我问他们："为什么玉米苗的根会变颜色呢？"孩子们立马安静下来，不知道怎么回答我的问题。杰杰说："是不是生病了呀？"浩浩说："是不是土里的营养少了,它就不绿了？"悠悠说："你们看这个叶子卷，底下是紫色的，这个也是，这个也是。"孩子们似乎发现了问题，决定把这些变紫色的玉米苗记录下来。有的画下来，写上日期；有的让老师拍照打印出来，拿回家查资料。孩子们积极寻找原因，为玉米苗解决问题。经过孩子们查找资料，原来孩子们的猜测是有道理的，玉米苗变颜色的原因是玉米苗生病了，是土里的营养不够，缺少"磷"造成的。

◎ 活动小结

《指南》中指出，5~6 岁幼儿能够观察发现事物生长变化中的明显特征，并能够描述这一特征，尝试比较分析事物变化的原因。孩子们在观察玉米的活动中再一次有了新的发现，获得新的经验。在观察与交流中，通过查阅资料，分享经验从而得出结论。

教师需要梳理孩子们在活动后的知识经验，以大班幼儿年龄特点为主，创造适宜的环境，引导幼儿用多种形式进行记录，并引导幼儿做好下一步的活动计划，从而有利于幼儿积累经验，提升探究能力。

活动四： 玉米什么时候收获（探究活动）

◉ 活动目标

（1）能用图画或其他符号将自己的发现记录下来。

（2）通过对比观察发现玉米穗颜色的变化。

◉ 活动过程

7 月 1 日，孩子们来到自然小镇，发现有的玉米秆上结出了玉米，但不知道是否成熟。在观察中，孩子们发现每个玉米的头上都有须，而且须的颜色不一样，为此孩子们进行了激烈的讨论。有的说："我猜玉米须变黑，玉米就成熟了。"有的说："我猜是黄色的玉米须时成熟。"还有的说："绿色的玉米须时玉米成熟。"

为此孩子们分别按猜测自愿进行分组。第一组将玉米皮撕开一点儿后观察，发现绿色玉米须时没成熟，玉米粒非常小。第二组将玉米皮撕开一点儿后观察，发现黄色玉米须时玉米没成熟，但玉米粒开始饱满，有充足的水分。第三组撕下玉米皮后观察发现玉米成熟，玉米粒坚硬，于是孩子们得出结论：黑色的玉米须时，玉米成熟。

◎ 活动小结

幼儿能够自己主动动手去操作，经过讨论达成一致意见。合作学习，充分锻炼了孩子们的解决问题的能力与探究的能力。孩子们能大胆推理玉米须颜色与玉米是否成熟有直接

关系，并敢于验证猜想结果。

教师在活动过程中要给孩子们充足的探究时间与空间，相信孩子，尊重孩子，这样他们才能找到答案。

活动五： 玉米粒都是双排的（集体教学活动）

◆ 活动目标

（1）能大胆进行猜想、设计自己的实验并用图画或其他符号记录。

（2）喜欢参与讨论，并能与他人合作与交流。

✳ 活动准备

黑色水彩笔、纸。

☛ 活动过程

1）谈话导入，探究剥玉米粒的方法

教师提问："怎样剥玉米？"

天天说："我用手就可以把玉米剥下来。"多多说："我见过孙老师用一个棍子，把玉米粒弄下来。"恬恬说："玉米粒都一排一排的，我用手就能把一排玉米粒剥下来。"

小结：玉米可以用手剥，也可以借助工具。

2）细致观察玉米，发现不同

老师问："你们都发现了什么？"

果果说："我发现我的玉米有 14 排。"悦悦说："我的是 16 排。"元宝说："我的有 12 排。"

3）发现问题：玉米都是双数排吗

我问："玉米棒上都是双数排吗？我们把所有的玉米都数一数。"

我给大家准备了记录单，供大家记录结果。结果发现，玉米排列都是双数的。

4）提出新的任务

（1）调查玉米粒为什么是双数排。

（2）试着寻找单排数的玉米。

小结：通过记录单显示，玉米是双数排的。这和玉米的基因有关。

◎ 活动小结

幼儿在剥玉米粒的过程中，发现玉米粒的特点之一：玉米粒的排列是一排一排的，并且是双数。针对"为什么玉米粒都是双数排"进行了系统的查阅资料，最后确定这一特点与玉米的基因有关。幼儿逐渐形成了遇到问题—讨论—查资料进行验证的探究习惯，也为幼儿日后自主学习奠定了基础。

活动六： 写生玉米（集体教学活动）

◆ 活动目标

（1）积极参与写生活动，体验绘画过程中的乐趣。

（2）通过观察玉米，尝试表现玉米的外形特征。

✳ 活动准备

白纸、水彩笔。

☷ 活动过程

1）谈话导入，激发幼儿写生玉米的兴趣

（1）从自己的角度观察玉米，了解写生的含义

教师："今天我们来到小镇观察玉米，请小朋友选择一个你喜欢的位置坐下来，从你自己的角度去观察玉米。"

（2）师幼共同观察玉米，感受其结构特征

教师："你们都观察到了玉米的什么，像什么？"

幼儿："我看见了玉米的叶子，长长的，弯弯的。""我看见了玉米的杆，直直的。""我看见了最上面的玉米穗，像花一样。""我发现了玉米的根，很像蜘蛛的脚。""我发现了玉米，像一个小宝宝，还长着黑色的头发。"

2）提出要求，幼儿开始写生

（1）绘画的先后顺序

① 教师提问："请小朋友们观察你所看到的玉米。如果有遮挡住的部分，想一想先画什么，后画什么。"

② 师幼小结：绘画时先画前面没有遮挡的玉米，再画挡在后面的玉米。

（2）幼儿进行创作，教师巡回指导

① 引导幼儿细致地观察，表现玉米特征。

② 鼓励幼儿尝试用遮挡的方式构图。

3）作品展示，欣赏与评价

将作品集中在一起展示，教师提问："你喜欢哪幅作品？喜欢它的什么地方？"

◎ 活动小结

幼儿能根据自己的角度对玉米进行写生，并对玉米进行细致的观察，通过绘画的形式表现出来，能体现前后玉米的遮挡关系，并能合理地构图，发展了空间和绘画能力。

活动七： 体验馆里的玉米要脱粒（体验馆活动）

🍇 活动目标

（1）能清晰地与同伴交流自己选择工具的原因。

（2）能细致地观察，并商讨做出决定。

✳ 活动准备

玉米、螺丝刀、大铁勺、石头、脱粒机。

☷ 活动过程

7月12日，孩子们来到自然体验馆。食品加工组的幼儿遇到了一个大大的难题：玉米粒怎样才能剥下来？为此孩子们进行了激烈的讨论。有的说："用手剥、用锤子砸、用大石头砸。"有的说："用刀切、用螺丝刀扭。"还有的说："用脱粒机、大铁勺或汤勺把玉米拍下来。"

基于猜测，孩子们分别找工具进行验证。豪豪发现自己的刀不能把玉米粒切下来，钧钧也觉得自己的饭勺不好用。就在这时，大家看到嘉赫用螺丝刀很轻松地把玉米粒撬了下来，果果选用的脱粒机速度也非常快；抠玉米粒的孩子抱怨抠得手指都疼了，拿大铁勺的幼儿发现玉米粒总是飞溅到地上。通过体验和尝试，孩子们认为螺丝刀和脱粒机是最好用的工具，适合把玉米粒脱下来。

◎ **活动小结**

幼儿在体验馆针对使用不同的工具如何有效地剥玉米粒进行了全面的探究，通过实践总结出螺丝刀和脱粒机是最好用的工具。这次活动也让我们更多地读懂了幼儿的自主学习全过程。

活动八：玉米怎么吃（体验馆活动）

🍇 **活动目标**

（1）探究玉米面面条的制作方法。

（2）在活动中，通过观察、比较、尝试解决问题。

❀ **活动准备**

玉米、石碾、压面条机、盘子、擀面杖。

☛ **活动过程**

结合二十四节气中的夏至，今天我们来到了自然体验馆做好吃的玉米面面条。基于前期孩子们有丰富的剥玉米经验和制作美食经验，所以孩子们对制作环节非常熟悉。

在石碾区，悠悠发现新问题："玉米面磨得不均匀，这样还能做成面条吗？"孩子们分析了出现这种情况的原因。有的说："我们的工具可能不行。"体验馆孙老师说："你们需要再坚持一下，需要反复磨制。"听了孙老师的建议，悠悠坚持着用石碾磨面（见图4-21），反复地研磨和筛选。在研磨中，孩子们观察到不同的石碾缝隙不一样，磨出来的面粗细程度不一样，需要反复的研磨和筛选才可以（见图4-22），缺少一个环节都不行。

图4-21　磨制玉米面

图 4-22　研磨并筛选玉米面

面和好了，又产生新的问题：如何制作面条呢？有的孩子说："可以用手擀面。"有的说："可以用机器压面。"最后孩子们分为两组进行尝试。机器组：幼儿把面团放进压面机里，用了很大的力气压出了一半的面条，压面条成功，粗细适中。手工组：基于幼儿平时在角色区的经验，先把面条擀成大面片，然后一条条地切下来，孩子们费了很大的力气终于做完，但是粗细、薄厚不均。两组都制作出了面条，哪一种面条更好吃呢？

最终经过煮面环节，孩子们认为用机器制作面条，速度快，面条容易煮熟；而手工擀面，由于面条粗细不均，有的面条煮出来还没有熟，影响了口感。

◎ 活动小结

通过种植到收获玉米，再把玉米磨成玉米面，这一次次的体验与解决问题，丰富了幼儿种植的经验，最终孩子们通过制作面条的活动，吃上了美味的面条，那种感受真是别有一番滋味在心头，因为那是汗水和智慧的结晶。

（五）活动总结

明确幼儿关键经验，结合主题目标与活动，促进幼儿科学探究能力的提升。整个主题活动，教师给予孩子们一个轻松自由的探索环境，师幼共同开展了一系列的玉米种植活动。

从第一次种植玉米，到玉米播种、出苗、长大，孩子们既发现了照顾玉米的方法，还在照顾玉米、开展玉米探究的活动中，观察到了玉米不同于其他植物的生长特点以及生长变化，能比较玉米与其他植物之间的不同点，如生长阶段的明显特征，根茎叶、生长环境、生长周期，果实的特征，还有更多关于玉米种植的科学经验。在探究玉米的后期阶段，我们进行了孩子们最期待的玉米磨面活动，孩子们了解了玉米的食用价值，知道玉米对人类身体的好处。在玉米磨面活动中，对于玉米磨面活动过程探究主要有方法与工具的探究。通过活动，幼儿的专注力、探究力、解决问题的能力、思考的态度都发生了很大变化。孩子们在种植活动中有了比较完整的探究思路，能够懂得从问题出发,制订简单的计划和方案,组织同伴分享和讨论，并通过小组去调查资料，做好小组分工，最终找到解决问题的答案。

（北京市昌平区回龙观镇中心幼儿园　刘丹　齐亚男）

六、棉花大变身（大班）

（一）主题来源

　　春天，万物复苏，绿油油的小镇充满着生机。依托幼儿园自然教育的背景，幼儿园种植活动广泛开展。在新的种植活动开展前，孩子们已有的种植活动为接下来的种植提供了很好的前期经验，而一些基础的种植内容，已经不能满足幼儿现有的需求。因此，在新的种植活动开展前，我们选择了很多植物的种子，如棉花、向日葵、小麦、菜花等，供幼儿选择，果不其然，孩子们选择了"奇特的"棉花种子进行种植。随着种植棉花活动的具体开展，生成了本次主题活动。

（二）活动目标

1. 情感目标

（1）体验种植棉花过程的有趣，并在活动中获得成就感。

（2）感受种植活动中与同伴互助、合作、交流的乐趣。

2. 认知目标

（1）认识棉花及棉花种子，了解棉花生长的特性。

（2）了解棉质物品和人们健康的关系，知道纯棉的衣物最健康。

3. 动作技能目标

（1）能够独立完成种植活动，并细心地观察、照顾自己的种植物。

（2）能够细心观察、大胆表述自己的种植活动，并积极和同伴分享自己的经验。

（3）能积极运用棉花制作小饰品，有创作欲望。

（三）活动预设

　　在种植棉花活动前，我班幼儿已经有了丰富的种植经验，从小班开始的种植快菜，到中班的种植豆类及根茎类的植物，孩子们对于种植活动有着浓厚的兴趣，在这个过程中，孩子们的各项能力都得到了相应的发展，例如种植技能、责任感、细心及耐心的提高。在本次活动前，我们调动了孩子们的相关种植经验，提供了相应的棉花标本及棉花制品供幼儿观察，让孩子们对棉花有初步的认识，并且，利用家园共育的方式，发挥家长的作用，请家长与幼儿一起查找棉花种植的相关知识，为孩子的种植活动提供相应的技术支持，有了这些前期预设，孩子们的种植活动会进行得更加顺利。

（四）活动实施

　　本篇案例，从开始的播种到最后的收获，总体通过 7 个活动进行描述，这其中包括种植前的活动准备阶段、种植实施阶段、养护阶段、收获阶段，整个主题活动持续了一个学期的时间。活动中，经过孩子们认真、细致的照顾，从而收获棉花果实，整个活动开展得比较丰富、活泼，充分体现幼儿为活动主体，教师进行支持的教育理念。尤其在每个活动中，当幼儿产生困惑时，孩子们能够主动地寻找答案，不仅使孩子们得到知识方面的提升，也充分提升了孩子们的学习品质。本篇案例中的内容，与图 4-23 思维导图中的分支相联系，案例主要出自种棉花及收棉花环节，其余活动在主题延伸活动中体现。

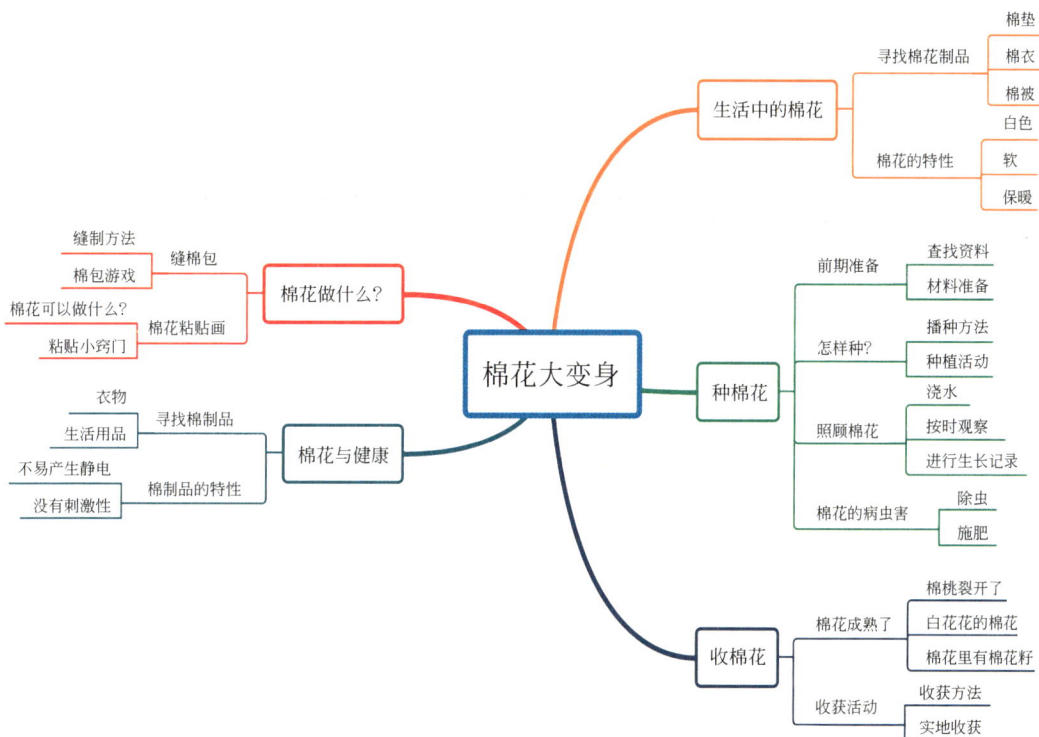

图 4-23 "棉花大变身"活动实施

活动一： 种棉花前奏（谈话活动）

活动目标
（1）对棉花籽进行初步的观察与了解，为种植活动作铺垫。
（2）能够积极讨论、大胆表述自己的想法。

活动过程
春季是播种的季节，尤其在清明前后，我们的种植园又要进行新的一轮种植了。"种什么呢？"我问。孩子们争先恐后地举起小手，想要发表自己的意见。接下来就听到了"白菜""萝卜""芹菜""胡萝卜"等回答。经过一番讨论和投票，孩子们决定种植之前小镇里从来没有种过的棉花。

于是，我们一起在网上找到了棉花籽的图片，孩子们惊讶地说："哇，好漂亮！种子是紫色的呢！""我们从来没见过这样的种子呢！""这种子就是棉花种子呀？"孩子们眼

睛亮了起来，一致说我们就种棉花吧！有的孩子接着问道："棉花好种吗？""棉花种在哪里啊？"我说："老师也没有种过，你们愿意不愿意和老师一起实验一下？"孩子们鼓起掌来，开心地同意了。接下来，我们从小镇的种子库里找到了棉花种子，我把棉花种子分到各个桌子上，孩子们进行观察，并且，我把棉花的解剖图介绍给孩子们认识，孩子们了解了棉花种子的结构。就这样，孩子们认识了棉花籽，打响了我们种植棉花的前奏。

◎ 活动小结

本次活动，教师充分给予幼儿自主选择的权利，并且能够尊重幼儿的意见，鼓励幼儿大胆实施。为了提升幼儿的种植经验，教师也起到了一定的引导作用，使幼儿对种棉花产生兴趣。

活动二：棉花籽晒太阳（科学活动）

🍇 活动目标

（1）了解棉花种植前的一些要求及方法。

（2）知道棉花籽在种植前需要进行晾晒。

🖐 活动过程

孩子们选择了种棉花，可是怎样种呢？在种植前我们要做什么呢？3月22日，我和孩子们一起查找资料，孩子们很快找到了答案——棉花籽在播种前要暴晒三天。我问："为什么要晒呢？"佑佑说："因为棉花籽的皮特别硬，表面上还有一层绒毛，如果马上种，发芽会很慢。"妞妞说："如果棉花苗长得不一样，就不能很好地结棉花了。所以我们要晒棉花籽。"

听到孩子们的回答，我非常欣喜。于是，找了一个阳光比较好的日子，我和孩子们一起把棉花籽晒到了户外，等待三天后的种植。可是，就在那天傍晚，突然下了一场大雨，第二天一早，我们发现棉花籽都泡在了雨水里，孩子们和我一下子傻了眼，赶紧把水倒掉，然后放在太阳下继续晒。潇潇担心地问："李老师，这个种子还可以种吗？"博豪问："它们还会发芽吗？"甜甜说："我们要不要换种子啊？"

孩子们有这么多问题，说明他们在思考。我问："那我们该怎么办？"孩子们想了想，有的说："我们换新的种子吧，重新晒。"有的说："咱们试试这个种子会不会发芽。"有的说："应该不会了，都被水泡坏了。"王博豪说："那咱们就都种吧，看看哪个能发芽。"我问孩子们："你们同意吗？"孩子们想了想，犹豫着同意了。就这样，我们决定种下晒过太阳、泡过水的棉花种子。（见图4-24）

◎ 活动小结

对于棉花，孩子们一无所知，为了能够种植成功，教师与幼儿一起借助各种媒体获得相应的经验，激发了幼儿学习的主动性。并且，在遇到突发情况后，孩子们会进行各种猜想，也并没有慌乱，自己想解决的办法。他们的想法很有效，根据孩子们的想法进行下面的活动，更加能够体现种植活动中幼儿主体地位的意义。

图 4-24　我们要给棉花籽晒太阳

活动三：　种棉花（种植活动）

🍇 活动目标

（1）能够积极参与种棉花活动，并能够尝试用自己的方法进行种植。

（2）能够大胆地发表自己的意见，积极进行尝试。

🐌 活动过程

经过了前期的各种准备，终于要开始种棉花了。3 月 26 日，一大早，带着孩子们来到种植园，站在地边，孩子们凭借已有的经验，很快就准备好了工具，接下来就是种了。我问道："咱们应该怎样种呢？"洋洋说："我觉得这个种子挺大的，可以直接一粒一粒播种。"小东说："我觉得棉花种子和咱们以前种的豆子种子差不多，可以挖坑种。"紫涵说："用小铲挖一条长长的沟，然后撒种子就行了吧？"雅中说："种的时候咱们不能离得太远或者太近，要不棉花长不好。"子洋说："如果拉成沟的话，种子一撒就挨上了，长的时候该互相挤了。"牛仔说："是不是要把土松一松？""我们到底是挖坑好，还是拉出沟好呢？"我问。孩子们想了想，最终选择了挖坑播种。

我又问："我们要挖多深呢？"阳阳说："我觉得和咱们种玉米和豆子的差不多就行了。"果果说："一个手指那么深就行了。"小宇说："我可以用小铲子的尖量一下。""种几粒种子呢？""我们种 3 粒到 4 粒就行了，和豆子、玉米一样吧！"孩子们把以往的经验都用上了，接下来，就是实践了。我一声令下，"孩子们开始种棉花吧！"孩子们马上找到一块地方，蹲下身来，开始干起来。不一会儿，孩子们种完了，把小名签插在坑边，方便自己照顾小苗。（见图 4-25）

◎ 活动小结

本次活动，是本主题活动中最重要的部分，孩子们在种植中，能够进行经验的迁移，把所有的经验应用于种棉花上，如：种几粒种子？怎样挖坑？坑多深？怎样量？等等，孩子们都可以很好地进行操作。在问题的提出上，我能够抓住问题的关键点进行追问，孩子们在问题的回答上能够很好地结合以往的经验。在操作中，幼儿能够很好地使用工具，所有的过程进行得比较顺利；孩子们能互相合作，共同完成任务。

图 4-25　孩子们在整地为播种做准备

活动四：棉花宝宝长多高了（探究活动）

活动目标

（1）能够通过自己的已有经验，用自己的方法对棉花苗进行测量。

（2）能够用数字、符号等方法，对自己的测量结果进行记录。

活动过程

4 月 20 日，棉花宝宝越长越高，有的已经开出了粉色的花朵。琪琪说棉花宝宝好像比她还高呢，米奇说好像只长到了他的肩膀，那到底是多高呢？孩子们觉得需要用工具量一量棉花宝宝到底有多高。于是他们纷纷表达了自己的想法："可以用魔尺量一量，因为魔尺上有好多格子。""可以用彩带量。""可以用水彩笔连起来比一比。"

孩子们带着自己的测量工具来到自然小镇。米奇把魔尺放到地上，让小朋友帮助他把魔尺连接在一起。琪琪说："你们都量歪了，要直直的才行，从土地开始量到最高的地方。我妈妈就是这样给我量身高的。"听了琪琪的建议，米奇赶快调整了一下，最后得出结论，棉花有魔尺的 32 个小方块那么高。知道了琪琪的测量方法，孩子们分别使用自己选择的测量工具对棉花进行了高度的测量，并记录下来，等下周再次测量进行比较。

活动小结

基于已有的经验，大班幼儿对于非标准测量有很好的方法。孩子们在活动中，能够使用相应的方式方法认真地对棉花进行测量，并记录了自己的测量结果，孩子们的能力得到了很好的提升与巩固。

活动五：棉花生病了（探究活动）

活动目标

（1）了解棉花生长过程中的一些病虫害的知识。

（2）能够积极寻找治疗棉花病虫害的方法，并进行尝试。

活动过程

种植活动后我们的棉花苗很快就发芽了。我们发现，被水泡过的种子也发出了芽，孩子们异常欣喜。过了一段时间，棉花慢慢长大了，叶子也开始有了很大的变化。可是，我们所担心的事情也发生了，那就是病虫害。当然，由于幼儿园的种植园尽量避免使用农药，因此这个现象很正常。

5月16日上午，按照常规，我们要照顾棉花。孩子们兴高采烈地来到小镇，刚刚到，博豪就大声地叫起来："棉花叶子上怎么这么多洞啊？"其他幼儿一听，也都把注意力转移到了叶子上，只见棉花叶子上有很多小洞，孩子们担忧地问我："李老师，棉花会不会死？它是不是生病了？""老师，用不用给棉花打药？""怎么打药？打针吗？""棉花还能长大吗？"一个个问题都透着担心。看着孩子们焦急的样子，我马上安抚他们："没关系，咱们的棉花是生病了。只要我们找到合适的方法，给棉花治病，棉花马上就会好起来的！"听到我这么说，孩子们才放了心，继续照顾棉花，也更加认真地观察棉花，看看是不是还有别的病虫害。（见图4-26）

图 4-26　老师和孩子们在讨论如何除虫

回到班内，我和孩子们商量怎样才能给棉花治病。孩子们说："生病了就要吃药吧？""棉花生的是什么病呢？""咱们快去找一些药来给棉花试试。"最后，我们决定先回到家中，和爸爸妈妈一起查找相关的材料，再决定用什么方法给棉花治病。

◎ 活动小结

植物的生长变化是一个需要持久观察的过程，孩子们在每天的观察、照顾过程中，能够耐心地照顾与等待。在发现棉花病虫害后，通过从网上、书籍上寻找到的解决方法，幼儿能够解决种植中遇到的问题，获得相应的经验，这有利于孩子们在今后的活动中积极地应对问题。

活动六：收棉花（实践活动）

◎ 活动目标

（1）能够积极参与收棉花的活动，并乐在其中。

（2）能够与同伴合作进行收棉花活动，知道互相帮助。

活动过程

6 月 24 日，终于到了棉花收获的时候，孩子们可以把大朵的白白的棉花摘下来了。活动当天，孩子们拿着袋子，跃跃欲试。"老师，我们什么时候出发啊？""老师，收完的棉花我可以带回家吗？让爸爸、妈妈看！""老师，我们怎么收啊？会不会，收完了，棉花就死了？"

我们来到了棉花地，孩子们看着白花花的棉花，兴奋不已。老师讲述了基本要求，孩子们就动起手来。孩子们小心翼翼地，把炸开的棉花苞中的棉花，一朵一朵摘下来，生怕把棉花弄脏。孩子们把白花花的棉花装进袋子里，脸上的笑容灿烂无比，孩子们享受着收获的喜悦。一会儿的工夫，孩子们就摘了满满一袋子。这时，佑佑看着高处的棉花，发了愁，"这么高，我们怎么才能摘到上边的棉花呢？"我走到她面前，和几个小朋友讨论着。孩子们说，我们找个梯子吧。于是，我们从保安叔叔那里借来了梯子，一个孩子在梯子上，其余的孩子在梯子下，接住上边的棉花。孩子们一起合作，把所有的棉花都摘完了。（见图 4-27）

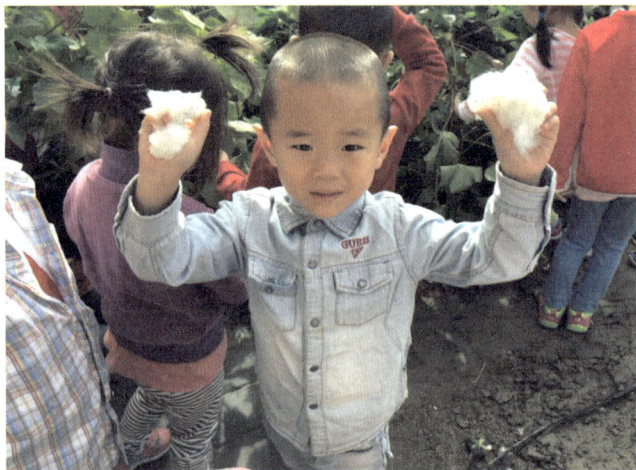

图 4-27　收获棉花一朵朵

活动小结

在种植活动中，幼儿通过长期的照顾，迎来了收获，这种真实的体验使幼儿看到真实的成果，这将是他们在种植活动中印象最为深刻的。孩子们能够积极地参与采摘活动，并能够互帮互助，体现了大班幼儿的学习特点。

活动七：　巧择棉花籽（区域活动）

活动目标

（1）能够发现棉花籽藏在棉花里面。

（2）能够积极动手把棉花籽从棉花中取出。

活动过程

6 月 26 日，棉花都摘完了，回到班里，雅中非常满意地说："真好玩，过几天我们还能去摘，我刚才看到，还有花苞没有炸开呢！"曹子洋说："到时候咱俩看谁摘得多！"这时，佑佑对我说："李老师，我发现，棉花里面有硬的东西，是什么啊？"我拿起棉花看了看，果真里面还有一颗硬硬的东西，于是，我们扒开一看，原来是一颗种子。"哇！太神奇了！"孩子们既惊喜又开心。我说："我们要怎么办呢？"雅中说："我们大家一起完成下一个任务吧！"孩子们一致同意。于是，孩子们一朵一朵地，仔细地把棉花籽全部择了出来（见图 4-28），完成了棉花的收获工作。

图 4-28　孩子们在择棉花籽

◎ 活动小结

在活动中，幼儿能够通过自己的发现，主动进行操作，给整个活动带来了非常好的效果，也给收获活动进行了很好的收尾。这样完整的活动，让孩子们知道种植活动的周期是漫长的，是非常不容易的。

（五）活动总结

孩子们对于棉花的种植活动有着很大的兴趣，我们在种植前期，让孩子们充分地讨论，查找资料，孩子们了解到在种植前，棉花籽要暴晒两到三天，只能在 4 月中旬播种，播种的间隔是 30 厘米，要把土都松开，不要挖坑太深，埋些浮土就可以了。在种植后，孩子们隔两天就去看看种子是不是发芽了，是不是长高了。当看到种子发芽出来后，孩子们兴奋地叫了起来："我们是不是可以用我们自己种的棉花做棉被啊！"多么可爱的孩子们，他们通过种植活动，找到了新的兴趣点和知识点，这是我们这次种植活动中所获得的宝贵财富。

在本次活动中，我们存在一些问题，例如：在寻找棉质物品的时候，对于棉织品幼儿注意不到；在种植活动中，孩子们虽然全程参与了活动，但是，个别孩子的种植方法还需要进行练习，教师在这期间的指导要跟上，以免孩子们出现认知以及操作上的问题。

1. 与区域活动融合

在区域活动中，我们在种植角投放采摘好的棉花，让孩子们可以在休息的时候把棉花里的棉花籽择出来，收集棉花籽，让孩子们知道棉花收集完了以后还不能完全结束，直到取完籽才算结束。在美工区，我们让孩子们画出棉花的生长变化，孩子们还可以用棉花填充自己缝制的各种玩具，让缝制的物品更有立体感。

2. 与日常活动融合

在日常生活中，我们设计了主题活动《棉花变变变》，根据主题活动的进展，让孩子们对棉花有所了解。我们时刻让幼儿关注我们身边的纯棉制品，随时提示幼儿他们在用的物品以及穿的衣服是用棉花制成的；在人们受伤或者去医院打针的时候，用棉球消毒，让孩子们了解棉花在生活中无处不在。

3. 与户外活动融合

在户外活动的时候，教师和幼儿缝制的棉包能够用来进行投掷游戏。幼儿感受到软软的棉包既安全又省力，即使打在身上也不会疼。

（北京市昌平区回龙观镇中心幼儿园　李玉静　路雯清）

七、红豆宝宝和绿豆乖乖（大班）

（一）主题来源

3 月 26 日，我们来到种植园，孩子们看着种植园里各种各样的植物感到非常兴奋，回到教室后依然在讨论着。我问孩子们想在种植园种什么。孩子们各抒己见，其中有一名孩子说："我听奶奶说过三月最适合种瓜点豆，咱们种豆吧！"这一提议得到了其他孩子们的响应，接下来大家用投票的方式决定种什么豆子。经过投票，红豆和绿豆以并列第一的票数获胜，于是我们就开启了"红豆宝宝和绿豆乖乖"的种植探索之旅，大家通过认识、观察、种植、收获、品尝等一系列探索活动来了解红豆、绿豆的特点及生长变化。

（二）主题目标

1. 情感目标

通过认识、观察、种植、收获、品尝等一系列探索活动，感受种子生长的神奇，体验种植带来的快乐。

2. 认知目标

通过认识、观察、种植、收获、品尝等一系列探索活动，了解红豆、绿豆的生长特征以及生长变化。

3. 动作技能目标

在种植红豆、绿豆活动中初步学会使用一些简单的种植工具，提高幼儿的动手操作能力。

（三）活动预设

依据本班幼儿年龄特点、最近发展区，结合红豆、绿豆的生长周期变化，设计了《红豆宝宝和绿豆乖乖》主题活动。活动分为三部分，分别为种豆、戏豆、品豆。通过种豆活动，体验在不同生长环境中种植红豆、绿豆，探索不同环境中豆子的生长变化，从而了解植物生长的相关知识，并从中学会照顾植物，体验种植的快乐，养成良好的学习品质；通过戏豆活动，进行豆子的趣味探索游戏，感受豆子本身的特点及自然物创作之美；在品豆活动中，通过采摘豆子感受收获的快乐，在寻找美食中了解红豆、绿豆与人们生活的关系。

（四）活动实施

《红豆宝宝和绿豆乖乖》种植主题从 3 月开展到 7 月，实施了 5 个月，教师追随幼儿的兴趣生成了一个个活动，通过观察、发现、探究等系列活动的开展，幼儿的兴趣越来越浓厚。活动一至活动三是来自思维导图的种豆分支，主要是种植前的资料收集以及种豆和照顾豆苗的过程。活动四至活动六是来自思维导图的戏豆分支，主要是进行豆子的游戏以及豆子的美术创作活动。活动七和活动八是来自图 4-29 所示思维导图的品豆分支，主要是收获红豆、绿豆并进行相关美食制作，了解红豆、绿豆药食同源的作用。根据实际情况以及幼儿兴趣点，活动中种豆和戏豆部分环节并行开展。

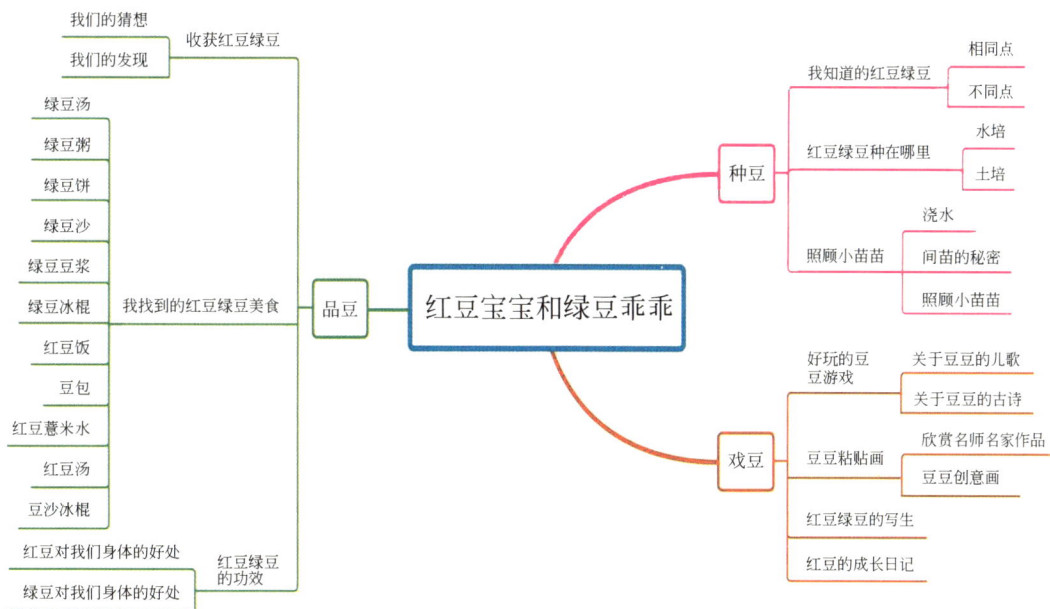

图 4-29 "红豆宝宝和绿豆乖乖"活动实施

活动一： 种豆的秘密（探索活动）

活动目标
（1）了解豆子生长所需要的基本条件，尝试进行种豆活动。
（2）探索豆子在不同环境中的生长过程，体验种植的乐趣。

活动过程
确定了种红豆、绿豆后，孩子们从家里带来了豆子。通过观察，他们发现两种豆子的

外形比较相近，只是颜色不一样。通过查找资料，他们发现两种豆子的营养价值不一样。为了探索更多关于红豆、绿豆的秘密，孩子们进行了豆子的种植活动。种植前他们对豆子种在哪里进行了商讨，有的孩子认为应该种在土里，有的认为应该种在水里，于是根据孩子们的猜想分成两组同时进行种植，比一比谁的豆苗长得快。

4月9日，孩子们进行了选种，挑选出了比较饱满的红豆、绿豆种子，一颗颗小豆子圆滚滚的，他们小心翼翼地将选好的种子放到盒子里。

通过前期上网收集资料，查阅书籍，孩子们了解了在土里种豆要采用"点种法"，要挖一个不深不浅的小坑，然后放三四颗种子，再把土盖好，不能用力按土，要经常为种子浇水。在水里种豆需要将豆子放在盘里，铺上吸水纸或布，每天用喷壶喷水。4月10日早上，两组孩子进行了豆子的种植活动，分别将豆子种在了土里和水里，两组孩子在照顾豆宝宝的过程中对其进行观察与记录。

4月12日，小朋友们惊喜地发现水里种的豆子有的已经破皮裂开了，而土里种的豆子还没有任何迹象。4月14日，水里种的豆子大部分都裂开了，个别已经有小芽快要冒出来了，此时土里种的豆子依然没有变化。4月17日，水里种的豆苗已经长得有手掌那么长了，而土里种的豆子刚刚破土。虽然第一组的豆苗长得慢，但小朋友们并没有放弃，反而更加悉心地照顾豆苗。4月20日，土里种的豆苗长得有食指一样高了，很苗壮，此时水里种的豆苗已经弯了腰，显得没有生气，而且越来越细，几乎不再生长了。4月21日下午，孩子们发现水里的豆苗已经泡烂了，有轻微臭味散发出来。

孩子们很好奇，为什么同时种下的豆子明明刚开始在水里种的长得快，最后反而土里种的越长越高越长越苗壮，水里种的却烂了。大家带着疑问去查找了资料，才知道原来水分充足豆子就会发芽，水培的豆子，初期生长快，但是等豆苗长到一定程度后，没有足够的营养就会变得生长缓慢，最后就会因为泡久腐烂；土培的豆子，前期生长虽然慢，但是持久生长，长到后期，靠从土壤中吸收养分，便能越长越壮。

通过查阅资料孩子们还知道了原来泡出的豆苗就是豆芽，是可以炒来吃的，于是有了经验的孩子们又进行了泡豆，这次大家将泡出来的豆芽做成了美味的炒豆芽菜，大家吃得可开心了。

◎ 活动小结

幼儿进行了水培和土培的种豆实验，通过两种种植环境的对比观察，幼儿发现水培的豆子长得比较快，但是很细；土培的豆子长得虽然慢但是生长得很苗壮。在相关资料查阅中，幼儿还知道红豆、绿豆有较强的适应能力，对土壤要求不高，生育期短，可以点种，而且红豆、绿豆有很高的营养价值，对我们身体非常好。通过此次种植活动增加了幼儿的种植经验，让幼儿体验到了种植的乐趣。

活动二：小苗长在一起了（探究活动）

🍇 活动目标

（1）观察豆苗的生长过程，学会初步的记录方法。

（2）能够与同伴合作进行间苗活动。

活动过程

4月24日，我们再次来到种植园照顾植物。孩子们发现种豆苗的地非常干，苗和苗之间挨得非常近，有的甚至长在一个坑里，大家看到后觉得豆苗太多了，会影响豆苗的生长。孩子们回家后请教家长，家长们提供了宝贵的种植经验：豆苗长得多就需要间苗了。于是我们进行了间苗活动，孩子们从家里带来了花盆，相互合作进行移苗，把长得多的苗移到花盆里回家养。

第一次间苗后，家长志愿者发现豆苗依旧很茂密，于是她带着孩子们进行了二次间苗。间苗后很多幼儿将移出的豆苗养在了家里，还经常和同伴分享自己的豆苗生长情况。

活动小结

幼儿善于观察，发现小苗和小苗之间挨得非常近，幼儿根据已有经验和查阅资料得知小苗长得密会影响豆苗吸收营养。在家长们的帮助下幼儿知道了间苗对植物生长的作用，获得了相关种植经验。

活动三： 不一样的叶子（探究活动）

活动目标

（1）发现两种豆苗叶子的区别，了解植物生长的变化。

（2）喜欢参与种植活动，体验劳动带来的快乐。

活动过程

4月26日，孩子们来到种植园，发现红豆苗绿豆苗都长出了叶子（见图4-30），大家觉得两种豆苗长得很像，如果不看种植牌都有些分不清了。几天后叶子变得越来越大，又长出新叶子，孩子们开心地把新发现记录下来。

4月29日，豆苗叶子变得更大了，孩子们观察后发现红豆苗叶子比较圆、比较大，而绿豆苗叶子比较细、比较尖，有了这个发现后大家能够快速辨别出红豆苗和绿豆苗。

图 4-30　左边红豆苗，右边绿豆苗

点点小朋友发现了和小豆苗长得不一样的小苗，通过孩子们的观察与分析，他们认为长在豆苗旁边的是杂草。有小朋友说杂草长得多就会和豆苗争抢营养，豆苗就会长得很慢。

于是大家进行了除草活动。

◎ 活动小结

在活动中幼儿通过观察发现了红豆苗和绿豆苗的区别，能够将发现进行记录。在除草活动中，有了照顾、爱护豆苗的意识。此次活动培养了幼儿的观察能力，丰富了幼儿的种植经验，激发了幼儿探索大自然奥秘的欲望。

活动四： 豆豆粘贴画（区域活动）

🍇 活动目标

（1）认识多种豆子，了解各种豆子的特点。

（2）充分发挥创造力和想象力，利用豆子制作粘贴画。

🌏 活动过程

孩子们从家里带来了各种各样的豆子进行观察。这些五颜六色的豆子真漂亮，孩子们想用豆子做一幅漂亮的粘贴画。他们根据自己的喜好进行制作，将豆子粘贴在纸上。为了创作出更加精美的豆子粘贴画，大家在网上查找了很多资料，发现了张景林大师创作的《五谷画》，通过欣赏与学习，孩子们感受到了不同美术表现形式的美。从最开始单一粘贴，逐步开始制作有规律、有对称、有创意的豆子粘贴画。

◎ 活动小结

欣赏名家作品之前，幼儿粘贴的都是局部，甚至没有规律；欣赏名家作品后，幼儿开始用对称、规律、配色来呈现自己的新发现。在这个过程当中，幼儿构图、色彩和内容表现的方式都发生了变化。通过这样的活动，增强了幼儿的美术鉴赏能力，丰富了幼儿美术表现的手法。

活动五： 豆苗写生（探究活动）

🍇 活动目标

（1）细致观察红豆苗绿豆苗的生长变化及特点。

（2）尝试用植物写生的形式进行创作。

🌏 活动过程

5月19日，孩子们带着画板来到种植园地，一个个都很兴奋，小声地议论着一会儿准备画什么。乐乐来到红豆苗绿豆苗旁边，蹲下来认真地观察起来，她一会儿看看豆苗，一会儿摸摸它们的叶子，这时她发现绿豆苗上开出了一朵黄色的小花。（见图4-31）她兴奋得大叫起来，吸引了其他小朋友。一朵淡黄色的小花挂在豆苗上，豆苗花的花瓣是一小瓣一小瓣的，像个小水滴。孩子们开心地用画笔将豆苗描绘下来，写生后孩子们互相欣赏并对对方的作品进行了点评。

◎ 活动小结

幼儿喜欢大自然，对于大自然充满了好奇。通过写生活动幼儿对于豆苗的观察更加仔细，能够将植物的特点描绘在纸上，同时植物写生活动给了幼儿新的创作灵感，使幼儿加深了对豆苗结构特点的记忆。

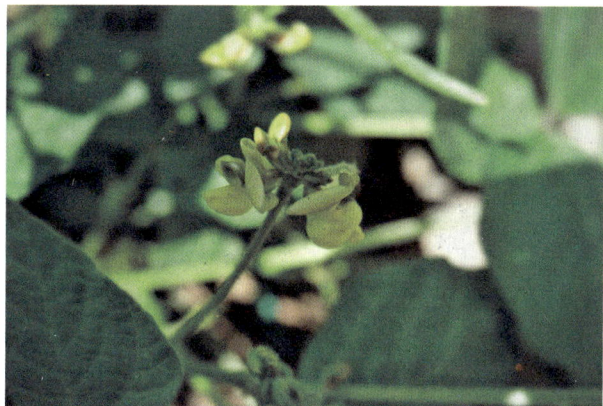

图 4-31　绿豆苗开花了

活动六：　豆豆的成长日记（区域活动）

活动目标

（1）能够用不同形式记录豆子的生长过程。

（2）能够叙述红豆、绿豆的成长过程。

活动过程

孩子们非常喜欢种植豆子活动，要将豆子的生长过程进行记录保存，以便让更多小朋友看到，于是大家分组进行制作。有的将豆子的不同时期生长过程制作成了标本；有的将豆子的生长过程拍了照片并制作成自制图书；还有的将收集的各种豆子的图片做成了图书。他们给这些制作成果起了好听的名字——《豆豆的成长日记》，将这些记录放在了图书区，以便更多小朋友了解红豆、绿豆的生长变化。

活动小结

通过此活动培养了幼儿的记录、整理以及动手操作能力。在制作《豆豆的成长日记》活动中，幼儿能够利用多种形式记录豆子的生长过程，加深了对红豆、绿豆生长过程的记忆，巩固了关于种豆的经验和知识；同时制作的自制图书能帮助其他幼儿了解关于红豆、绿豆的秘密。

活动七：　豆荚破了（探究活动）

活动目标

（1）了解红豆荚、绿豆荚的特点。

（2）了解红豆、绿豆的采摘方法，尝试进行采摘活动。

活动过程

5 月 26 日，孩子们来到种植园，在照顾豆苗时孩子们惊喜地发现豆苗上长出了绿色的豆荚（见图 4-32），豆荚细细的、弯弯的，像小月牙一样。他们猜想是不是可以摘了，有的小朋友说可以，有的说不行，要等长大一些才能摘。到底豆荚长成什么样才可以摘呢？孩子们回家查找了资料，通过资料分享大家知道了原来要等到豆荚变成黑褐色才能采摘，之后他们每天都在期盼着豆荚变色。

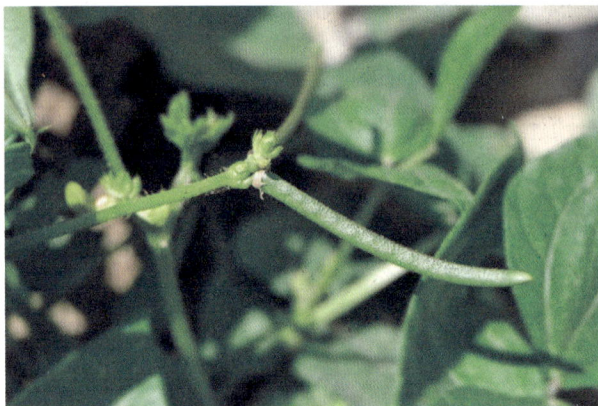

图 4-32　豆荚长出来了

就这样一天天过去了。有一天孩子们来照顾豆苗时发现地上有几粒豆子，仔细一看原来是豆荚破了，豆子们从里面跑出来了。豆苗上的豆荚大部分都变成了黑褐色，小豆豆们终于到了"破壳而出"的日子啦！孩子们开始了摘豆荚的活动，可是刚一碰豆荚就"咔嚓"一声破了，豆豆们一个个掉在地上，很多小朋友的豆荚都破了，豆荚为什么会破呢？有小朋友说是因为豆豆长大了撑破了，有小朋友说是因为太阳把豆荚晒裂了。怎么摘豆荚才不会破呢？孩子们思考起来，有的小朋友说小心一点儿摘，有的小朋友说用剪刀剪，于是他们分组合作，有的组小朋友更加小心地去摘豆荚，有的组小朋友在地上放了个桶，一个人摘豆荚一个人捡掉下的豆子，还有的小组拿了小剪刀小心地将豆荚剪下来装在簸箕里，孩子们忙得热火朝天。家长们知道了孩子们种的豆子收获了，也带来了一些经验和资料，原来豆荚破裂还因为它在进行种子的传播，为了让豆子散落到地里生根发芽继续生长。另外未变色的豆荚需要在太阳下进行晾晒才可以取豆，只有黑褐色的豆荚里才有成熟的豆宝宝。

6 月 25 日，所有的豆荚都被采摘下来，孩子们将豆荚进行了晾晒，然后将红豆绿豆从豆荚里取出分别装进了罐子里。

◎ 活动小结

通过摘豆荚活动，提升了幼儿解决问题的能力；在采摘过程中孩子们相互商讨，合作能力得到了提高。在种植中幼儿发现了豆荚生长变化的过程，知道了只有豆荚变成黑褐色才算成熟。幼儿在探索过程中不断思考，能够想到利用工具进行摘豆，大大提升了效率。家长参与其中，帮助幼儿获得更多收获豆子的经验。在活动中，幼儿善于发现，乐于探索，体验到了收获自己劳动果实的快乐。

活动八：品豆之味（探究活动）

❦ 活动目标

（1）收集红豆、绿豆的相关美食，并尝试进行制作。

（2）了解食用红豆、绿豆对身体的益处，认识豆子药食同源的特性。

⊙ 活动过程

自从收获了满满两罐的红豆、绿豆，孩子们每天都在谈论着要做什么。他们回家收集了很多关于红豆、绿豆的美食以及制作方法的资料，还进行了分享，有的说红豆可以泡水能够祛除身体里的湿气，有的说绿豆能够熬成汤，还能做成绿豆冰棍和绿豆沙，有解暑、清热的作用，夏天喝最好。有的小朋友建议去生活馆把绿豆磨成面，制成绿豆粉，然后做好吃的豆面饼、绿豆糕，还有小朋友想要把红豆做成豆沙，然后做美味的豆沙包、红豆饼，还可以把红豆做成甜甜的红豆汤。

于是孩子们根据幼儿园现有材料分组进行红豆、绿豆美食的制作。第一组小朋友准备先做绿豆汤，他们在网上找到了制作方法，便开始了制作，洗绿豆、接纯净水，然后将豆子倒进水里熬煮。在熬煮过程中孩子们用期待的眼神盯着锅里，好奇地讨论着绿豆汤的变化。20分钟后随着清香的溢出，绿豆汤熬好了。

第二组小朋友准备用红豆做桂圆红枣红豆汤，准备好材料后将红豆、红枣、桂圆肉放入锅中煮开，一直到红豆变软，最后加入白砂糖搅拌，甜甜的桂圆红枣红豆汤就做好了。

孩子们品尝着自己做的绿豆汤、桂圆红枣红豆汤，感到非常满足！最后大家还把美味分享给了其他班级的小朋友。

◎ 活动小结

随着对制作红豆、绿豆美食的兴趣，后来孩子们还在生活馆的石磨上磨了绿豆和红豆做成了豆面，制作了美味的红豆饼、绿豆糕和豆沙包。在品豆活动中，幼儿不但亲手将自己种植收获的豆子做成了各种各样的美食，体验到了品尝美食的快乐，还了解了红豆绿豆对我们身体的益处，获得了丰富的生活经验。

（五）活动总结

种植活动可以让幼儿在具体的实践活动中获取知识、经验，促进幼儿健康成长。通过此次种豆活动幼儿获得了很多种植经验，知道了如何照顾豆宝宝，有了保护生命、爱护生命的意识。在探索中了解豆子的生长过程，锻炼了幼儿的观察能力、解决问题的能力，培养了耐心和专注力。活动中，幼儿体验了劳动的快乐，促进了幼儿对自然知识的探究和观察兴趣。同时，通过种豆活动，幼儿知道了植物生长不易，要爱惜粮食，爱护环境。

良好的家园关系是我们活动的坚强后盾，此次活动离不开家长的鼎力支持。在活动中种植经验丰富的家长提供了经验和资料还参与其中，使幼儿获得了更多的资源。在制作美食中家长协同幼儿一起探索豆子美食的药食同源功效，家长的支持为幼儿进行种植探索起到了帮助和推进的作用。

在整个种植、收获、品尝红豆、绿豆过程中，教师紧紧围绕幼儿的年龄特点，有效地利用豆子生长的不同时期，借助多种方式激发幼儿的兴趣，细致观察幼儿的举动，教师作为支持者、引导者、合作者、学习者，与幼儿一同学习、一同成长、一同收获。

（华北电力大学回龙观幼儿园　李姗姗）

第二节　秋季学期的种植活动

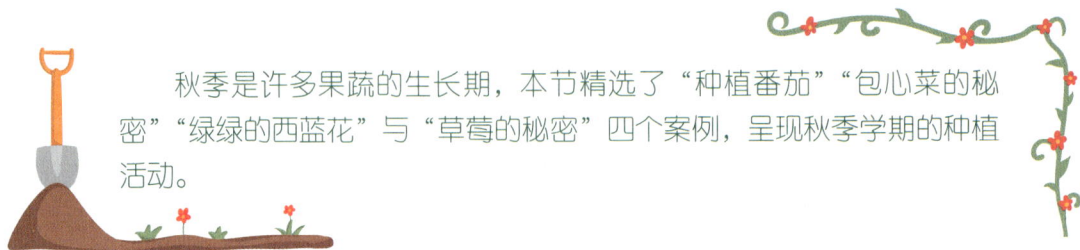

秋季是许多果蔬的生长期，本节精选了"种植番茄""包心菜的秘密""绿绿的西蓝花"与"草莓的秘密"四个案例，呈现秋季学期的种植活动。

一、种植番茄（小班）

（一）主题来源

小班的孩子们在幼儿园三餐中对西红柿情有独钟，孩子们喜欢吃用西红柿制作的各种美食：鸡蛋炒西红柿、西红柿汤、番茄打卤面、番茄大虾，每次只要是品尝西红柿制作的美食，孩子们都吃得津津有味。看到孩子们对西红柿的喜爱，我和孩子们进行了谈话，最后大家决定在大棚种植西红柿，亲自体验、感受、观察西红柿的生长过程，并围绕种植活动开展了"种植番茄"的主题活动。

（二）主题目标

1. 情感目标

（1）喜欢种植西红柿。

（2）愿意参与照顾西红柿的活动。

2. 认知目标

（1）知道西红柿对身体的好处。

（2）简单了解西红柿的生长环境与基本特征。

3. 动作技能目标

（1）能用看、闻、摸、尝等多种方式，感知西红柿的特征。

（2）能够对西红柿进行照顾。

（3）能在艺术活动中大胆表现，用多种方式表达和再现西红柿的特征。

（三）活动预设

活动开展前教师对活动进行了预设：计划活动由教师组织幼儿谈话引发，和幼儿一起聊一聊为什么喜欢西红柿、如何种植西红柿、需要进行哪些准备工作等，引导幼儿将兴趣和注意力由爱吃西红柿转移到种植西红柿上来，并请家长与幼儿一起调查研究收集与西红柿种植的相关资料。随后组织幼儿开展西红柿的种植活动，依照种植、照顾、收获的过程，追随西红柿生长阶段和幼儿兴趣，开展相应的体验、探究等多种形式的活动，丰富幼儿的感受经验。

（四）活动实施

在具体活动实施的过程中，基本按照预设，首先进行了第一板块——谈话活动，随后在谈话讨论基础上开展了第二板块——种植活动，追随西红柿的生长过程，进行了播种、照顾、移苗、搭架子等农事活动，在过程中，西红柿出现了生病的问题，于是生成了第三板块的活动，最终西红柿成熟，完成了第四板块的内容，如图 4-33 所示。

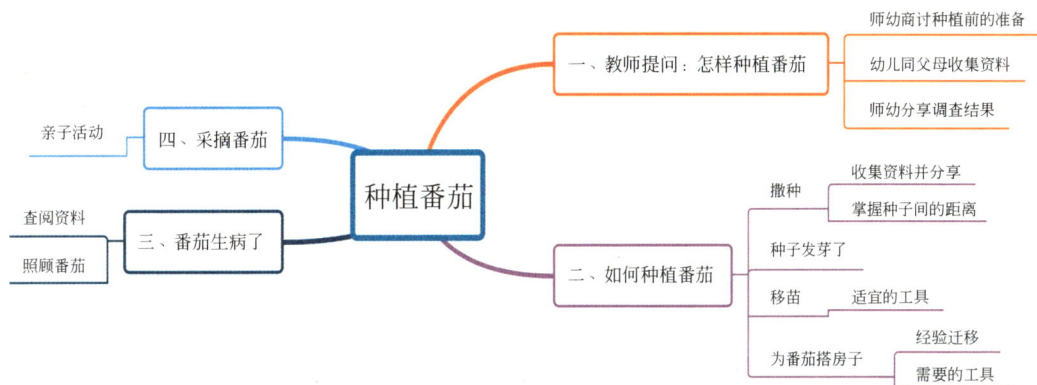

图 4-33 "种植番茄"活动实施

活动一： 怎样种植西红柿（谈话活动）

活动目标
（1）能仔细观察西红柿，并发现其明显特征。
（2）初步了解西红柿的种植方法。

活动过程
决定种植西红柿之后，孩子们兴奋极了，主动讨论应该怎样种植西红柿。萱萱说："我觉得把西红柿直接放土里就可以长出来。"琪琪说："不对，要撒种子才能种的。"萌萌说："可以把小西红柿和大西红柿一起放进去，看哪个可以长出来。"轩轩说："可是把西红柿埋多深呢？"孩子们对于怎样种西红柿的讨论五花八门。考虑到小班的孩子没有什么种植经验，我给孩子们留了一个任务：回家和爸爸妈妈一起收集种植西红柿的经验，第二天大家来分享。

第二天，孩子们纷纷分享自己收集到的经验。佳佳说："在种西红柿之前要把种子消毒，用温水浸泡就可以。"洋洋说："在种植之前，先把土松一松，种子不需要撒很深。"萱萱说："我们两三天来给种子浇一次水，等种子发芽后可以移到别的地方去。"轩轩说："等它长大了还需要搭架子。"萌萌说："我们需要多来看看它，除杂草，浇水。"孩子们你一言我一语地分享着自己收集的经验。

◎ 活动小结

通过和孩子们的谈话，可以感受到他们对种植西红柿都有浓厚的兴趣。在老师布置任务之后，孩子们参与度非常高地完成了任务，和爸爸妈妈一起查阅了解种植西红柿的资料，也说明父母对于我们种植西红柿的活动非常支持。

活动二： 自制图书（区域活动）

🍇 活动目标

（1）喜欢和教师、其他小朋友一起看图书，知道爱护图书。

（2）喜欢自制图书，愿意讲述与西红柿相关的内容。

🌎 活动过程

我们的《种植番茄》主题活动开展起来，为了让孩子们能更直观深入地了解西红柿，孩子们和家长收集了与西红柿有关的书籍，并将收集的相关经验整理绘制成自制图书，投放到班级图书区。教师也投放了相关的材料、绘本，如《番茄乐园》等，通过师幼一起共同阅读，保持幼儿对种植西红柿的兴趣，支持幼儿了解更多有关西红柿的知识。

◎ 活动小结

孩子们通过阅读、收集关于西红柿的资料，能了解西红柿的生长环境、如何照顾等知识，也强化了自己种植西红柿的意愿，为后期活动开展打下了良好的基础。

活动三： 如何撒种（探究活动）

🍇 活动目标

（1）猜想并尝试通过自己的经验确定种子间距。

（2）喜欢承担撒种的任务。

🌎 活动过程

今天我们要种植西红柿，来到小镇准备开始撒种。我问道："你们都和爸爸妈妈一起收集了资料，到底怎么撒种呢？"

小鱼儿说："撒种的时候不能挨得太近，以免小苗长出来很挤。"汐汐说："要小心撒到坑里，不能扬，然后再用土把种子盖上。"宁宁说："撒完种子要用脚踩一踩，把土踩实，这样种子就不会露到外面了。"我说："你们说得都很不错，接下来请小朋友们撒种。"

在孩子们撒种之前，农场管理员已经帮助孩子们整好了土地。孩子们拿到西红柿种子，小心翼翼地托在手上，生怕把种子掉到地上。然后排着队把种子放到地里，嘴上还数着自己放了几颗种子。放好种子后，用手把旁边的土拢过来，盖在种子身上，用脚把地踩平踩实。（见图4-34）

◎ 活动小结

在撒种之前，家长和孩子们一起查阅了资料，丰富了幼儿的前期经验；小朋友们一起分享自己找到的资料，鼓励幼儿大胆地表达自己的想法，孩子们在互相交流中增长了知识，为撒种活动进行了充分的经验准备。幼儿的种植经验不丰富，活动中教师大胆放手，让幼儿根据自己的想法，确定撒种的数量和间距，在种下种子的同时，也在孩子们心中埋下了

图 4-34　幼儿尝试自己撒种

科学探究的种子。

活动四：种子发芽了（观察活动）

活动目标

（1）能仔细观察西红柿幼苗并发现其明显特征。

（2）掌握照顾小苗的基本方法。

活动过程

播种后，孩子们一直惦记着种的种子有没有发芽，所以我们决定到小镇一探究竟。到了小镇，佳佳最先感觉到很热，着急将外套脱掉，一边脱一边说着："真热啊！真热啊！"到了小一班的菜地，几名小朋友不约而同地说："发芽啦！发芽啦！"（见图4-35）几名小朋友走到过道上，小鱼儿小心翼翼地抚摸着小芽，生怕一个不小心伤害了它们。其他小朋友也纷纷蹲在小苗旁边，又是摸一摸又是看一看。经过几分钟的观察，我问道："孩子们，西红柿的芽长什么样子？"佳佳说："像一颗一颗的小豆豆。"小鱼儿说："像绿色的小草。"然然说："像我的小手指甲。"我说："你们的想法都很棒！这是什么？"我指着一棵小小的，跟西红柿苗不一样的草问。安宝说："它和咱们的西红柿不一样。"佳佳说："这是杂草。""杂草长在这里会怎么样呢？"我问。小鱼儿说："会影响西红柿苗的生长。"然然说："奶奶说要除草。"然然的想法得到大家的赞同，于是大家分头行动，在西红柿地里寻找杂草，耐心地将杂草都拔掉了。

活动小结

通过谈话我发现，西红柿苗在每个幼儿心里都是不一样的形象，有的认为像小草，有的认为像豆子。小朋友发散思维，把小苗形容成了各种各样的东西。在这个过程中，一方面，我试图通过问题引导孩子们关注、观察西红柿苗并进行表达，倾听他们的想法；另一方面，我尽量以提问的形式与他们交流，把思考问题的空间留给孩子们。孩子们之间你一句我一句地交流，提升了他们的想象能力。

图 4-35　西红柿发芽了

活动五：移苗（探究活动）

🍇 **活动目标**

（1）了解移苗的方法。

（2）能够选择适宜的工具给西红柿移苗。

● **活动过程**

　　西红柿苗越长越大，小镇管理员告诉我们该给西红柿移苗了，于是我们一起来到小镇。负责管理小镇的保安叔叔热心地为我们演示如何移苗，孩子们学得格外认真。我问孩子们："孩子们，保安叔叔刚才教我们的，你们学会了吗？"孩子们异口同声地回答："学会啦！"我说："那我们开始吧！"我和几位家长先将土翻松，然后小朋友们用小铲子在地上挖了坑，为移苗做好准备。一会儿工夫孩子们就累得满头大汗，佳佳整个后背都湿透了。我问她："佳佳，你累了吧，要不你先去休息一会儿吧？"她擦了一下额头上的汗，摇摇头说："老师，我想把西红柿苗种完。"然后，她像捧着宝贝一样将西红柿苗放进坑里，学着保安叔叔的样子，一只手扶着小苗，另一只手在小苗边上培土。再看其他孩子，他们同样小心又认真的样子让人感动。这时绿萝大喊："老师，我们还没给小苗浇水呢！"在他的提醒下，我和孩子们一起为西红柿苗浇了水。

　　第二天我们再去看西红柿苗。"哎呀！不好啦！西红柿苗好像快要死了！"小可大叫着。我一看，可不是嘛！昨天刚栽的西红柿苗，现在都耷拉脑袋了。可欣难过地说："难道西红柿真的死了吗？"佳佳举着手着急地说："老师，西红柿没死！昨天我跟妈妈说我在幼儿园栽西红柿了，我妈妈告诉我，刚栽的西红柿会蔫的，因为不适应，它需要缓一缓，再过两天就好了。"

🕐 **活动小结**

　　在移苗的过程中，孩子们学习得有模有样，十分认真。孩子们全情投入，有着非常好的坚持性，即使累得满头大汗、后背都湿了，还是要坚持完成，让人动容。第二天再去观察西红柿苗的时候，佳佳提供的知识让我刮目相看，当我再去查找资料时发现，真的如她所说，西红柿移苗后需要"缓苗"。别看是 3 岁的孩子，他们的坚持性和知识量不容小觑。

活动六：为西红柿搭房子（体验活动）

🍇 活动目标

（1）了解为西红柿搭架子需要的工具和基本方法。

（2）在老师的帮助下，能完成搭架子的任务。

⊙ 活动过程

这天我带孩子们来到小镇，看到西红柿苗长得越来越高，孩子们十分开心。很快有小朋友发现了问题。然然说："小苗长高了，可是长太高了都歪了，我想让它直直的。"在他的提示下，大家都注意到了这个问题。"你们有什么好办法吗？"我问。皮皮说："把它扶起来，扶着直。"然然不同意："等咱们走了就又倒了呀！"佳佳说："可以用绳子把它拴起来，这样它就可以顺着绳子长了。"菲菲说："我奶奶家种过西红柿，我看到过奶奶拿竹竿搭架子，然后再拴上绳子，这样西红柿可以直着长得越来越好。""原来你们都很有经验啊，那谁的方法好一些呢？"佳佳说："拴绳子为什么不行呢？"菲菲有模有样地给佳佳解释："它要是不愿意顺着绳子往上长，还是会低头的。"佳佳似懂非懂。其他孩子都同意搭架子，我说："咱们试一试搭架子的方法吧。"然后小声对佳佳说："你也可以选一株苗试试你的方法，看看西红柿愿不愿意顺着绳子往上长。"佳佳开心地笑了。

随后在小镇管理员的帮助下，我和孩子们讨论搭架子需要的工具和材料。在自然创意馆，我们准备了竹竿和绳子，我还单独指导佳佳准备了她需要的绳子。所有材料准备好之后，我们共同完成给西红柿搭架子的任务。旭旭边搭架子边说："西红柿，我们在帮你盖房子搭架子，希望你长得越来越高。"（见图 4-36）

图 4-36　幼儿尝试为西红柿搭架子

◎ 活动小结

本次活动来源于孩子们自己发现的问题——想让西红柿小苗直直的，通过讨论决定搭架子。其中一名幼儿没有和大部分孩子达成一致意见，没有被其他小朋友说服。作为老师，应该尊重每个幼儿的想法。在尝试的过程中，佳佳发现，拴一根绳子的效果不好，不能让小苗一直直起来。我不直接否定幼儿，不强制幼儿少数服从多数，为幼儿创造条件进行多样化的尝试和探索，给予幼儿更多的尊重和理解。

活动七：照顾生病的西红柿（探究活动）

活动目标

（1）对西红柿的变化产生兴趣并有探究欲望。

（2）愿意想办法照顾生病的西红柿。

活动过程

孩子们很想去小镇看看我们种的西红柿长得怎么样了，于是，我带着孩子们去自然小镇。刚到小镇就听到几个孩子大声地说："快看快看！我们的西红柿都长这么高了，我都看到红色的西红柿了！"我回身对孩子们笑着说："你们眼神可真好，这么远都能看到咱班的西红柿红了。"孩子们腼腆地笑了。

孩子们兴奋地讨论着。有的孩子说："我这棵西红柿树上结了很多西红柿。"有的孩子说："我这棵树上的西红柿都红了。"有的说："这棵只有一个西红柿红了，别的都是绿色的。"源源突然跑过来问我："老师，红色的西红柿可以摘下来吗？"我说："可以啊，如果成熟了，今天我们可以先收获一部分。"于是源源就摘下来一颗红色的小西红柿，他摘下来后突然嚷道："你们快看，这个西红柿生病了！"（见图4-37）孩子们都跑过来看源源手里的西红柿。可欣说："咋这么大洞？是不是让太阳给晒坏了？"翔翔说："应该是虫子咬的。"汐汐说："西红柿生病了，我们应该给它治病。"元元说："你们快看，那个大西红柿也坏了！"顺着他手指的方向看去，一颗大的西红柿还没红透，也有一个大洞。骏骏说："为什么我们的西红柿坏了啊？"我说："骏骏给小朋友们提了一个问题——为什么我们种的西红柿坏了呢？今天老师留一个作业，请大家回去和爸爸妈妈一起查一查资料，明天告诉我们你的收获。"

图4-37　我的西红柿生病了

活动小结

孩子们发现有几个西红柿长了黑洞，他们提出了疑问，老师没有直接给予孩子们正面的回答，而是把问题抛给了孩子们，让他们自己去查阅资料来寻找答案。采取这样的方式不一定能得到准确的答案，但是从中幼儿能够动脑筋想办法尝试找原因，通过查阅资料能丰富幼儿的经验，从而在孩子们心里种下科学的种子。

活动八：采摘西红柿（亲子活动）

🍇 活动目标

（1）知道西红柿的生长乐趣，爱护西红柿。

（2）从亲子活动中获得幸福感，体验收获的快乐。

◉ 活动过程

孩子们看到西红柿逐渐长大，很多西红柿变红了。思思摸了摸说："老师，这个西红柿好硬啊。"萱萱也摸了摸说："这个西红柿好鼓啊。"然然跑到我面前问："老师，西红柿都熟了吧，我们是不是可以采摘了？"我笑着回答："是啊，你们把西红柿照顾得这么好，现在到了可以摘的时候了。"孩子们都十分兴奋。琪琪说："老师，我想要爸爸妈妈来看看，帮我一起摘。"佳佳说："我也想！我也想！"很多孩子都想让家长来一起采摘，为了满足孩子们的愿望，我决定开展一次亲子活动。

第二天上午，很多家长都来了，和孩子们一起采摘西红柿。采摘之前，佳佳的妈妈给小朋友们讲了讲如何采摘西红柿，如：不能使劲拽，摘的时候用手轻轻一扭西红柿就会脱落。接下来就开始摘西红柿了。家长和孩子们都十分认真，有说有笑的，没一会儿我们就摘了一大盆西红柿，很多小朋友迫不及待地想尝一尝自己亲手种的西红柿。

🕐 活动小结

通过孩子们对西红柿一直细心地照顾，终于等到采摘的时候，孩子们高兴不已。开展亲子活动是为了促进家园共育，拉近孩子和家长之间的距离。

（五）活动总结

《番茄乐园》主题活动的开展，使幼儿感受到了大自然中植物的美，认识了常见的几种西红柿，知道了西红柿的基本结构，了解了西红柿的生长环境。孩子们不仅体验到了活动的乐趣，而且增长了知识，各个领域都得到了不同程度的发展。

孩子们在种植中掌握了基本的种植方法，体验了种植的快乐，并进一步激发了幼儿对植物的兴趣，也让我进行了反思。平时带孩子们去自然小镇的时候，对于孩子提出的问题，作为老师不应该直接给出答案，而是把问题抛给孩子，让孩子们自己去寻找答案。

在撒种之前，家长和孩子一起查阅资料，能丰富幼儿的前期经验。在今后的探究活动中，我会给幼儿更多的机会去发现和探索周围的事物和现象，使幼儿提升参与探索活动的兴趣，让幼儿带着问题去认识和感知事物的特征。在植物角的材料准备方面要更丰富，使幼儿通过观察和探索感知不同植物种子的外形特征。应该将幼儿的发现及时地记录下来，推动班内活动的开展，同时也鼓励班中其他幼儿积极观察和探索生活中的事物和现象的联系。

通过此次主题活动我深深感到：教师要善于观察幼儿，发现幼儿平常生活中的真实需要与兴趣点；在追随幼儿的兴奋点，生成教育活动内容时，教师要针对幼儿的问题、需要，

及时给予应答与支持，这样，才能为幼儿创造有利于幼儿主动探索、积极成长的环境，为幼儿的终身发展奠定良好的基础。

（北京市昌平区回龙观镇中心幼儿园　田莹　宸茜）

二、包心菜的秘密（中班）

（一）主题来源

4~5 岁幼儿对感兴趣的事物能仔细观察，运用多种感官或动作去探索、发现其明显特征，并能尝试发现事物间的异同和联系。结合孩子们的年龄特点，我们设计了本次的主题活动。有一个小朋友从家里带来了圆白菜，孩子们对于要一层一层剥开的圆白菜很感兴趣，有的小朋友提出还吃过一种紫色的菜跟这个很像，但是没有这个好吃。还有的小朋友提出这个像球一样的菜是不是从小时候就是球，引起了大家的好奇。通过孩子们积极讨论，能感受到他们对包心菜很感兴趣。通过讨论后，我和幼儿们一致决定本学期尝试种植包心菜，调动幼儿的多种感官，了解紫甘蓝和圆白菜的特点与生长过程，进而培养幼儿从小爱吃多种蔬菜的好习惯。本次活动我们从 10 月一直开展到了次年的 3 月。

（二）主题目标

1.情感目标

（1）在种植、照顾紫甘蓝和圆白菜的过程中，萌发爱劳动的情感。

（2）通过收获包心菜，了解收获的方法，体验种植成功的喜悦。

2.认知目标

（1）积极参与种植活动，了解两种包心菜——紫甘蓝和圆白菜的特点与生长过程。

（2）能够运用多种感官感知紫甘蓝和圆白菜的特征及生长特点。

3.动作技能目标

在种植、照顾紫甘蓝和圆白菜的过程中，掌握正确的种植方法与相关种植工具的使用方法，并积极参与讨论，大胆发表自己的见解。

（三）活动预设

本次《包心菜的秘密》主题活动主要包括 4 条线索：首先是让孩子们"认识种子"，了解紫甘蓝和圆白菜种子的相同与不同点；其次是开展"快乐种植"，了解种植蔬菜的方法和工具的使用；再次是"我来照顾"，从中可以引发孩子们观察两种蔬菜的生长过程，了解照顾植物的方法；最后是"快乐收获"，发现蔬菜成熟的样子，了解蔬菜的营养价值，知道多吃蔬菜对身体好。

（四）活动实施

在活动开展的过程中孩子们的兴趣很浓厚，每一次看到植物的变化孩子们都很兴奋，并对两种蔬菜进行比较，发现相同与不同点。由于是第一次种植紫甘蓝与圆白菜，对于这两种蔬菜的种植方法不是很了解，我们请来了本班农场主进行家长助教活动，带着孩子们一起种植。在植物生长的过程中，孩子们看不到植物发芽、变化时，想要放弃，但是我觉得这是一个很好的教育契机，可以培养孩子们良好的坚持性和忍耐力，我鼓励孩子们坚持照顾，从而引出了鼻涕虫、小草和植物的区别等随机的教育活动。在孩子们坚持不懈的四个半月里，我们的蔬菜终于成熟了，孩子们快乐地采摘，主动为小兔子晒菜叶，能够看出孩子们感受到通过自己的努力获得了成功的喜悦。

在本次活动实施案例中，活动一"这是什么种子"，来源于思维导图中的第一个分支"认识种子"，了解紫甘蓝和圆白菜种子的特征和区别；活动二"挤在一起的小幼苗"和活动三"紫甘蓝的小秘密"来源于思维导图中的第三个分支"我来照顾"，了解植物生长的过程和生长所需的条件；活动四"相亲相爱的包心菜"来源于图 4-38 所示思维导图中的第四个分支"快乐收获"，了解收获植物的方法和体验收获的快乐。

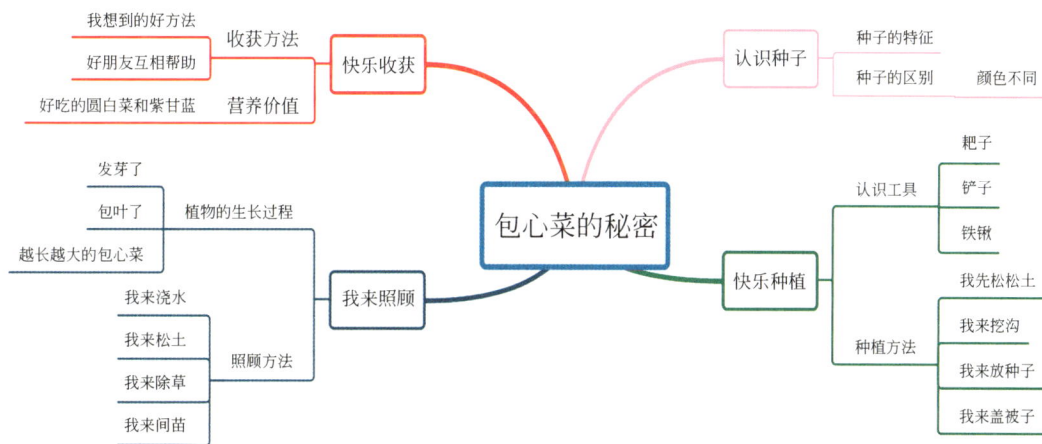

图 4-38 "包心菜的秘密"活动实施

活动一：这是什么种子（集体教学活动）

活动目标

（1）对包心菜产生好奇，并提出相关问题。

（2）能够对紫甘蓝和圆白菜进行观察比较，发现其相同与不同点。

活动过程

10 月的一天，孩子们商定本学期要种紫甘蓝和圆白菜后，我拿了这两种菜的种子放到了自然角，然后在瓶子外边贴上了相应的图片，想看一看他们的表现。一会儿，好奇心很强的豆豆来到了自然角，拿起了种子看了看，用很吃惊的语气叫了旁边的松子，两个人拿着种子看了又看，不一会儿又围过来一些小朋友，他们展开了讨论。于是我拿出了这两种蔬菜的实物，让孩子们先摸一摸然后闻一闻，孩子们对圆白菜都不陌生，但是认识紫甘蓝的很少，通过本次活动大家对这两种菜都有了简单的了解。

为了让孩子们能够进一步了解包心菜，并且能够对它们产生更浓厚的兴趣，我们第二天邀请了家委会的妈妈们来幼儿园制作好吃的紫甘蓝和圆白菜。有的妈妈准备了凉拌紫甘蓝，有的是蔬菜沙拉，还有的是炒二丝，让孩子们不仅品尝到了好吃的圆白菜和紫甘蓝，还能让孩子们在味觉上再一次感受圆白菜和紫甘蓝的不同。

◎ 活动小结

对于孩子们的好奇心我们要多加保护，并且提供充足的条件满足他们，让他们做一个敢问敢想敢做的孩子。活动中通过看、摸、闻、尝等多种方式对这两种蔬菜进行观察，使孩子们更进一步了解了这两种菜的区别与共同之处。孩子们能够大胆猜测自己不了解的事情，想办法去解决问题；遇到不懂的事情时孩子们能够及时地提问并且积极地寻找答案。

活动二： 挤在一起的小幼苗（小组教学活动）

❤ 活动目标

（1）初步了解包心菜的生长变化及其种植的基本条件。

（2）在观察中发现包心菜的生长变化，并大胆发表自己的见解。

◉ 活动过程

有了家长的参与，孩子们探究种植圆白菜与紫甘蓝的兴趣更加浓厚。12月份天气很冷，但是我们的种植大棚中很温暖。来到种植园，他们会自觉地走到菜地的两边，认真观察小幼苗。孩子们纷纷说小幼苗又长高了，小幼苗的叶子变大了；用手比画着说小幼苗的叶子以前是这样的，现在是这样子的。正在其他孩子热烈地回答我的问题时，琳琳发现有的小苗挤在了一起，随后其他孩子也发现了有的地方小苗挤在了一起（见图4-39），有的地方却很空。我趁机和孩子们讨论小苗的生长条件，让他们通过自己的探索去发现小苗长在一起会不易生长的道理。他们会把自己和爸爸妈妈查找到的答案进行分享——小苗们不喜欢挤在一起；他们还会迁移经验——之前种植的萝卜挤在一起的时候就不长了，所以小植物们都不喜欢挤在一起。

图4-39 孩子们发现小苗挤在了一起

◎ 活动小结

幼儿的发现来自他们细心的观察，在观察的过程中产生了思考进而提出问题。在幼儿遇到问题时我并没有立即给出答案，而是让他们先讨论，并提出让他们自己想办法去寻找问题的答案。这样做的目的在于让幼儿带着疑问主动思考、主动探索，有助于提高幼儿采取多种方式解决问题的能力，通过自己想办法得到问题的答案更有助于加深幼儿对答案的认识。

活动三： 紫甘蓝的小秘密（小组教学活动）

🍇 活动目标

（1）进一步感知包心菜的生长变化及其基本条件。

（2）能根据观察结果提出问题，并大胆猜测答案。

◉ 活动过程

12月的一天，大家又来到种植园里照顾包心菜，有的小朋友浇水，有的除草，大家忙得不亦乐乎。没过几分钟，听到了孩子们的争吵声，原来是姗姗在松土的时候不小心把紫甘蓝苗弄断了，大家觉得姗姗把小苗弄死了，都在抱怨姗姗不小心。姗姗觉得自己很委屈，小声地说："我不是故意的。"我知道孩子不是故意的，大家也原谅了姗姗。孩子们要散了，但是我觉得要让孩子们了解植物的生命力是很顽强的，所以我抛出了一个问题："今天不小心弄断的小苗怎么办呢？"大家听到了我的问话回到了我身边，和我一起想办法救紫甘蓝。最终姗姗决定把紫甘蓝带回去重新种，试一试可不可以救活它。她的这个想法令我欣慰，我知道她是一个很有爱心的孩子。在回班的路上，她一直小心翼翼地捧着紫甘蓝，恐怕再次伤到小苗。回到班中她把小苗种到了花盆中，很精心地照顾，最终救活了这棵紫甘蓝。

之后每天姗姗都会精心地照顾紫甘蓝，忽然有一天她跑来告诉我们："紫甘蓝开花了！"孩子们都跑去看，果真花盆中的紫甘蓝开花了，竟然没有包球。孩子们很想知道这是为什么，但是经过讨论没有人知道原因。我们征求了大部分孩子的意见，决定再养养看，最后孩子们发现这棵紫甘蓝的花枯萎了，可是也没有包球。孩子们纷纷采取了行动，有的回家和爸爸妈妈一起查阅电脑，有的请教我班的小镇农场主，最后孩子们经过多方面调查，发现紫甘蓝过多浇水，并且在花盆中的土营养不够，就会出现这样的结果。

◎ 活动小结

在此次活动中，我庆幸自己尊重了姗姗的选择，我也很欣慰孩子们能够那么富有爱心地照顾着我们的蔬菜。放手让孩子们去探究、去寻找答案，他们的印象会更深刻，并提高敢想、敢说、敢做的能力。

活动四： 相亲相爱的包心菜（集体教学活动）

🍇 活动目标

（1）能对紫甘蓝和圆白菜的生长过程进行观察比较，发现其相同与不同点。

（2）掌握收获包心菜的方法，并乐在其中。

⊙ 活动过程

　　紫甘蓝和圆白菜成熟了，我们要准备收获了。当到了种植园地的时候，我们一起看了看种植园里的所有蔬菜，经过与其他蔬菜进行对比，孩子们发现圆白菜和紫甘蓝是包球菜，外形很有特点并且颜色也很好看。大家都在忙着收获紫甘蓝，很用力地从地里拔出来，然后满怀笑容地放入筐里。就在这时，浩云小朋友竟然在一边看着，一会儿走到琳琳身边，帮着她一起拔紫甘蓝，一会儿又走到睿睿身边帮着她拔紫甘蓝，不一会儿又来到了顶顶身边，竟然拿起一颗紫甘蓝与顶顶的紫甘蓝一起撞了起来，还不时地发出呵呵的笑声。我对他的举动很好奇，就问他："你在干什么呀？"他说我在帮小朋友们把紫甘蓝上的土撞掉。孩子们的想法太奇特了。（见图 4-40）

　　接下来又发生了一件令我意想不到的事情。浩浩也是采摘圆白菜的孩子，在采摘完后，他蹲在了一旁，开始剥叶子，一边剥一边招呼小朋友们跟他一起剥。我问他在做什么，他告诉我，这外边的叶子没有用，我们可以剥下来给小兔子吃，而且要去晒一晒再喂给小兔子，以免小兔子拉肚子。他说这是他自己看到小兔子介绍上说的。大家听到后都跟着浩浩一起剥叶子、晒叶子，准备喂给小兔子。（见图 4-41）

图 4-40　孩子们感受到收获的快乐

图 4-41　浩浩正在给小兔子晒叶子

◎ 活动小结

　　当孩子们在活动过程中产生一些想法时，作为老师应尽量帮他们实现。浩云想到了能把紫甘蓝上的土撞掉的办法时，我满足孩子的想法，并跟着孩子一起探索；浩浩富有爱心，愿意为小兔子晾晒菜叶，我就支持孩子的自发探究过程，鼓励幼儿自主决定，从而增强其自尊心和自信心。

（五）活动总结

　　本月我们开展了《包心菜的秘密》的主题活动，活动中让孩子们积极思考和探索，仔细观察两种包心菜的生长特征和种植方法。通过本次活动，我们不仅培养了孩子们善于观察、积极动脑的好习惯，而且培养了孩子们的坚持性和持久力等。通过家园配合共同种植蔬菜和制作美味的食物，让孩子们对蔬菜更感兴趣，逐渐培养幼儿爱吃蔬菜的良好的饮食习惯。

1. 促进幼儿积极探索与发现

从本次种植活动中，孩子们学会了怎样播种植物、怎样使用工具、怎样照顾植物，等等，从中孩子们体会到了快乐、收获了种植的经验。每次去照顾植物时孩子们的兴致都很高，每次去观察植物的时候他们都有各种各样的问题，在这个过程中，他们不断发现问题，尝试解决问题。在这个过程中，孩子们通过自主观察与分析，了解了包心菜的生长过程和生长条件及照顾方法；老师在观察与引导孩子的过程中，充分利用活动让幼儿发现问题并尝试自己解决问题。

2. 促进幼儿好品质的发展

从本次主题中能够看到每个孩子的闪光之处，如：富有爱心的浩浩、乐于助人的浩云、知错能改的姗姗，还有善于发现问题的豆豆等，从中孩子们能够发展良好的品质。通过一个个的活动，培养了孩子们的爱心、耐心、细心，使孩子们善于观察、仔细思考，这是活动的核心。

3. 促进家园合作共育

我们开展了亲子游活动，参观种植大棚里的圆白菜和紫甘蓝，让孩子们对圆白菜和紫甘蓝有一个初步了解。我们还请了家长助教来到幼儿园教孩子们怎样种植、怎样照顾植物、怎样使用工具等，活动内容多样，丰富了孩子们的种植经验，也增进了家园的联系。家长走进课堂，与孩子们、老师们共同学习，共同成长。

（华北电力大学回龙观幼儿园　梁梦　李艳云）

三、绿绿的西蓝花（中班）

（一）主题来源

新学期开始了，"舞着秋风，合着蝉鸣"，我们开始了种植的活动。孩子们开心地和老师一起来到自然小镇，讨论种植什么蔬菜。他们说着自己喜欢种植的蔬菜，有的说："我想种白菜。"有的说："我想种土豆。"有的说："我想种西蓝花。"孩子们你一言我一语争论起来，为此我们进行了投票。通过孩子们的选择我们最后决定种西蓝花。本班幼儿处在中班年龄阶段，孩子们乐于参与种植活动，可以进行对比观察。小班的时候已经参与过简单的种植活动，对种植有了初步经验。本次主题活动将从中班幼儿年龄特点出发，帮助他们获得更多的种植经验，相信在这个活动中孩子们能够有新的发现。

（二）主题目标

1. 情感目标

（1）观察西蓝花的生长变化，体会植物成长之趣。

（2）愿意参与西蓝花的种植活动，激发幼儿对植物的爱护之情。

2.认知目标

（1）了解西蓝花生长的完整过程。

（2）学会随季节变化照顾西蓝花的多种方法。

3.动作技能目标

（1）能主动参与种植活动，学会观察和记录西蓝花的生长情况。

（2）尝试在品尝会、拓印等多种活动中，运用多种形式表达自己对西蓝花的发现。

（三）活动预设

从幼儿兴趣出发，开展此种植主题，充分利用种植活动拓展幼儿生活和学习的空间，让幼儿在种植过程中认识自然。本主题预设周期为三个月，主题活动从三方面入手：①了解西蓝花，认识种子和工具；②照顾西蓝花，这个活动主要让幼儿实施操作，解决种植过程中的实际问题；③收获西蓝花，是主题中的延伸活动，让幼儿感受收获的乐趣。

（四）活动实施

本次活动从谈话活动开始，让幼儿积极地表达自己的想法，与思维导图中的第一个分支"了解西蓝花"相互呼应，这一部分主要是为了确定幼儿喜爱种植什么，以及教师在种植前对幼儿种植经验的了解。第二个分支"照顾西蓝花"的目的是体现幼儿动作技能的发展以及活动中的探究和思考，从种植中的问题入手，逐步探索，由易到难，环环相扣。第三个分支"收获西蓝花"是主题活动的最终部分也就是"全收获"阶段，不仅是获得食物，更重要的是收获之后我们还能做什么，教师如何引领幼儿进行活动的收尾、回顾以及延伸。图4-42的思维导图帮助教师把控活动整体过程，使得从9月到次年2月每一阶段的活动清晰明了。

活动一：播种前我们需要做什么？（谈话活动）

● 活动目标

（1）能清晰大胆地与同伴分享自己的想法。

（2）能细致地观察，通过讨论与协商做出决定。

● 活动过程

9月的一天，通过投票我们决定种植西蓝花，孩子们非常高兴，积极表达着自己的想法。关于种之前我们需要做什么准备孩子们进行了讨论。哲哲说："在播种前我们需要翻地。"甜甜说："我们需要一些工具。"我问："我们需要什么工具？"孩子们争先恐后地表达。瑶瑶说："需要小铲子、小锄头，还有耙子。"萌萌说："西蓝花的种子需要泡一泡。"亮亮说："种子上面的土要埋得浅一些，要不然种子长不出来，会闷死。"

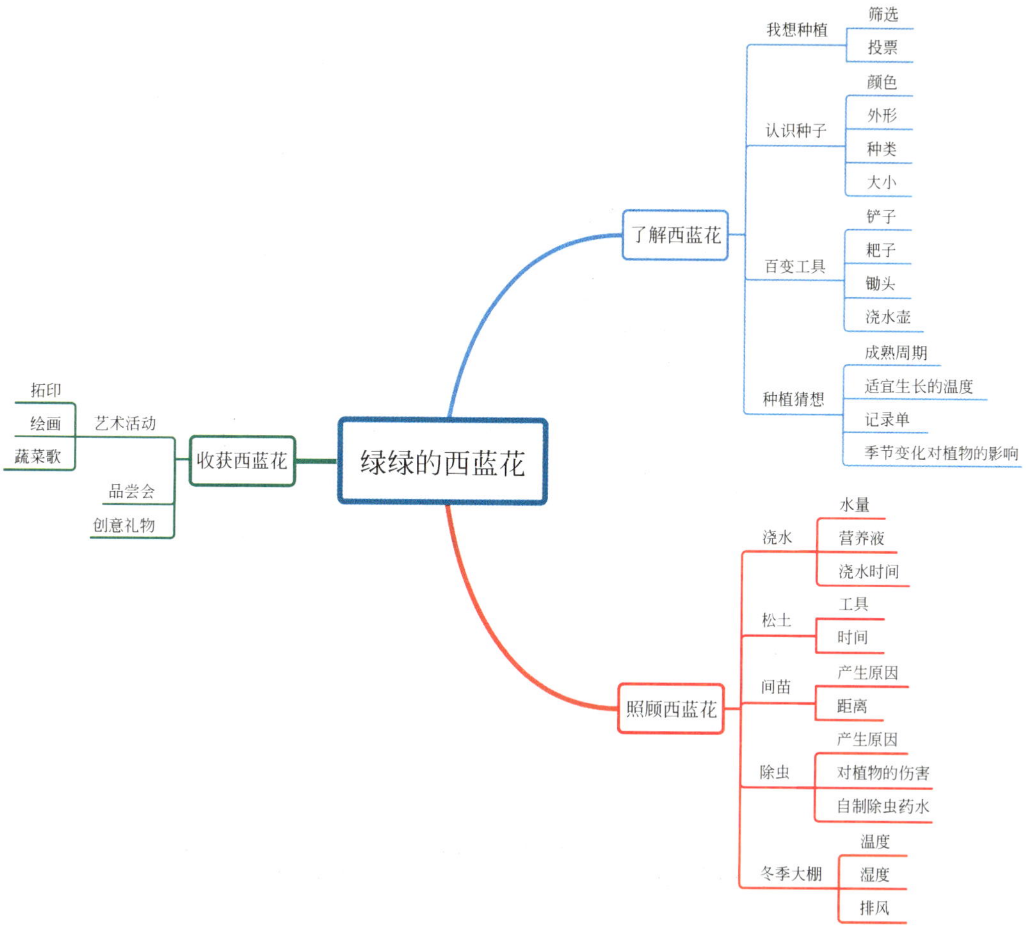
绿绿的西蓝花
了解西蓝花
我想种植
筛选
投票
认识种子
颜色
外形
种类
大小
百变工具
铲子
耙子
锄头
浇水壶
种植猜想
成熟周期
适宜生长的温度
记录单
季节变化对植物的影响
照顾西蓝花
浇水
水量
营养液
浇水时间
松土
工具
时间
间苗
产生原因
距离
除虫
产生原因
对植物的伤害
自制除虫药水
冬季大棚
温度
湿度
排风
收获西蓝花
艺术活动
拓印
绘画
蔬菜歌
品尝会
创意礼物

图 4-42 “绿绿的西蓝花”活动实施

活动小结

在讨论中，能够看出孩子们有一些种植经验，知道在种植前需要做好种植的准备。通过孩子们的讨论，我们一起进行梳理：首先要准备好种子，并将种子进行浸泡；其次，要准备好翻地的工具；最后，种植时要把种子埋得浅一些，以利于种子更好地发芽。

活动二：制作西蓝花绘本（图书区区域活动）

活动目标

（1）用绘画的方式自制西蓝花书籍。

（2）愿意与他人交谈，喜欢讨论关于西蓝花的生长情况。

材料投放

师幼共同收集西蓝花照片、绘本及亲子自制图书。

活动过程

开展《绿绿的西蓝花》主题活动以来孩子们热情很高，能够和爸爸妈妈一起从网络上下载关于西蓝花的图片，并且能够进行亲子制作图书。（见图 4-43）在区域活动的过程中会互相进行交流，通过这些图片和自制图书，我们了解了西蓝花是甘蓝的变种，都是由无数的小花系密集而成，西蓝花为绿色或者紫绿色，营养价值是菜花的三倍。孩子们收获了种植的经验，也了解了西蓝花的相关知识。

图 4-43　亲子自制图书

◎ 活动小结

在这个活动中家长非常支持我们的工作，能够和孩子一起制作绘本，在绘画的过程中孩子们了解了西蓝花的生长过程，丰富了视野。在交流的过程中孩子们的语言能力得到了提高，能够尝试用完整的句子进行表达。

活动三：　泡泡小种子（自然角区域活动）

☘ 活动目标

（1）能对西蓝花的种子和菜花的种子进行对比观察，发现其相同与不同点。

（2）能感知和发现泡制的西蓝花种子的变化。

✎ 材料投放

西蓝花种子、菜花种子、水、泡制种子的器皿。

➤ 活动过程

1）观察种子

孩子们之前对西蓝花种子和菜花种子特别好奇，于是我给孩子们找来了这两种种子，孩子们凑了过来，认真地进行了观察。西蓝花的种子是扁扁的、棕色的，菜花的种子是黑色的、颗粒状的。通过观察，孩子们还发现菜花的种子小，西蓝花的种子大。接下来孩子们根据兴趣分成了两个小组：一组是西蓝花组，另一组是菜花组。孩子们在种植前特意选择了大的种植器皿，他们说这样可以多放一些土，种子有了呼吸的空间，就能够更快地发芽了。

2）泡制种子

泡过的种子先发芽还是没有泡过的种子先发芽呢？孩子们进行了猜想，并在纸上进行了记录，以便后期进行验证。孩子们小心翼翼地将西蓝花的种子放到盛水的器皿中，并用木棍进行搅拌尽量让种子分开一点儿，他们说："这样能够让种子进行呼吸。"

◎ 活动小结

在区域活动中，孩子们自由进行尝试，他们更加愿意根据自己的喜好进行实验，并能够按照实验的步骤进行活动。他们喜欢对比观察，发现相同与不同点，并且愿意用自己的语言去表达，表达能力和观察能力得到了进一步的提升。

活动四：西蓝花移苗实验（探究活动）

🍇 活动目标

（1）了解移苗知识和方法。

（2）能自己动手移栽小苗。

🌳 活动过程

1）观察小苗情况

今天我们一起来到了自然小镇，9月末的西蓝花种子已经发芽，长成小苗了。孩子们看到长出的小苗非常兴奋，乐乐说："小苗也太多了吧，密密麻麻的。"美美说："就跟小朋友排队似的，一个接一个。"我也参与到他们的交谈中："小苗生长得非常紧密，能长好吗？"浩浩说："不行，太挤了。"我说："它们之间的距离太近了，需要移苗。你们知道如何移苗吗？"

2）了解移苗知识和方法

通过移苗演示和讲解，孩子们了解了什么是移苗。孩子们仔细观察之后，我问："谁来说一说老师是如何移苗的，都使用了什么工具？"萌萌说："今天我们给小苗搬家，是把小苗从土里移出来，需要用小铲子将小苗旁边的土弄松。"亮亮说："不能伤到小苗的根部，动作要轻轻的，然后再把它栽在花盆里。"我接着问："小苗有可能在移动的过程中死掉，我们用什么方式能够保障移栽成功？"孩子们异口同声地说："注意不要把根弄断。"

3）动手移栽小苗

孩子们开始了移苗。他们轻轻地用铲子对小苗进行松土，然后用手轻轻地刨开小苗根部的泥土，慢慢地把小苗挖出来，然后种到花盆里面。在移苗的初期孩子们也会不小心把小苗的根部弄断，通过不断地尝试，移苗工作顺利地完成了。

◎ 活动小结

在这个活动中，孩子们学习了移苗的方法，观察小苗的根系，了解了根对植物的重要性。同时懂得了关爱植物，能主动在言语交流中寻找经验，尝试解决移苗过程中的问题。每一次的观察，每一次遇到的问题，每一次的讨论交流，都是幼儿经验的分享、整合和重组，这一过程促进了幼儿的认知和交往能力的发展。

活动五：陌生的客人"蚜虫"（探究活动）

🍇 活动目标

（1）对叶子上面的小虫子产生好奇，通过观察与分析解决问题。

（2）通过简单的调查收集信息，制作除虫的药水。

⊙ 活动过程

1）发现小虫子

10月中旬我们一起来到了种植园地，我们播种的西蓝花、菜花长出了小小的叶子。涵涵边看边说："老师，这个叶子有小洞。"他的话吸引了周围的小朋友，大家纷纷观察叶子的变化。尧尧说："老师，是不是小虫子吃了叶子？"凯凯大声说："我发现了小虫子，叶子被小虫子袭击了！"（见图4-44）我蹲下，和他们一起仔细观察了起来。我们检查每一片叶子，发现这些叶子的背面有很多白色的小虫子。美美问我："老师，这是什么虫子啊？"我说："我也不能确定，我们回去一起去查查资料吧。"

图4-44 发现叶子被虫子咬坏

2）了解小虫子

回到班里，孩子们迫不及待地对我说："老师快点儿查资料吧，我们想知道那是什么虫子。"于是我打开电脑，和孩子们一起查找这种小虫子的名字。经过搜索和比对，我们发现这是一种微小的蚜虫，虽然很小，如果不除去的话，会危及植物的生长。涵涵说："老师，我们怎么才能消灭小虫子呢？"我把这个问题留给孩子们，让孩子们回家查询，并制作一瓶药水。

3）制作除虫药水

第二天一早，乐乐告诉我，他和爸爸妈妈从网上了解到可以喷洒肥皂水，他们制作了一大瓶。种植时间到了，我们到后院为西蓝花和菜花喷洒了肥皂水，孩子们一边喷一边说："小虫子马上就被我们消灭了！"

◎ 活动小结

探究活动是孩子们最喜欢的活动，因为在探究活动中孩子们可以说出自己天马行空的想法。在这个活动中，孩子们观察得非常仔细，即使小小的蚜虫也能被他们发现。当发现蚜虫后孩子们并没有止步，而是继续查找资料去进行二次的发现，"这是什么虫子，怎样消灭这种虫子？"孩子们开始学习解决问题，在解决问题的过程中非常有信心。

≡ 活动六： 给植物穿衣服（探究活动）

🍇 活动目标

（1）探索为西蓝花保暖的方法。

（2）利用温度计记录大棚内和大棚外的温度。

◉ 活动过程

11月到了，天气逐渐冷了，孩子们穿上了厚一点儿的衣服。我们进行户外活动的时候，芊芊说："老师，小镇里的西蓝花不会被冻死吧？我家楼下的小草都冻死了。"孩子们的疑问使得班级发起了一次实验活动——"给西蓝花、菜花穿衣服"。"穿什么样的衣服呢？"孩子们纷纷说："可以给西蓝花、菜花套塑料袋。""可以盖被子。"我好奇地问："怎么盖被子呢？会不会压坏植物呢？"乐乐说："可以搭一个白色的罩子，我冬天和妈妈去采摘过草莓，就有一个大罩子。"

通过幼儿的表达能够看出孩子们是有一些经验的，于是我们一起到种植园地去进行操作。孩子们用自己的方法逐一尝试，通过尝试孩子们发现套塑料袋太麻烦了，而且套上一会儿就发现塑料袋有了雾气，一阵大风就吹走了。给植物盖被子更不行了，刚刚盖上去，植物就快被压歪了，而且无法固定。看来我们只能搭大棚了，可是大棚那么大，我们怎么弄呢？孩子们说："让保安爷爷、爸爸妈妈来帮忙。"于是我们发起了全园的活动——"植物冬季安家"。几天后搭起了大棚，孩子们终于安心了。

户外游戏结束后我们走进大棚，孩子们大声说："这里面好暖和啊！"我说："你们知道这里面和外面相差多少度吗？"孩子们说："不知道，应该有很多度。""里面像春天，外面像冬天。"我问："有没有什么工具可以量一量温度？"亮亮说："体温计。"我说："有一种测量气温的叫温度计。"孩子们积极地说："我家里有，我可以带来。"

第二天孩子们带着温度计来到大棚，我们发现大棚内有15℃，而室外才有5℃。孩子们感到非常神奇——大棚内的温度可以很好地保护西蓝花宝宝了。

◎ 活动小结

了解到植物在冬季的生长变化后，孩子们着急了。通过这个活动感受着虽然季节会影响植物的生长甚至会将植物冻死，但是我们可以想办法来保护它们。孩子们的发现和思考在他们的讨论中表达着、碰撞着，他们寻求着解决问题的办法，同时感受着实验的乐趣。

活动七：量量"它"的身高（探究活动）

◉ 活动目标

（1）能动手动脑探索测量的方法和工具，并积极进行尝试。

（2）能通过绘画的形式自己制作测量的尺子。

◉ 活动过程

1）西蓝花冒出了小花球

我们来到了种植园地，孩子们兴奋地指给我看。子仪开心地说："老师，西蓝花的叶子长长了。"我说："你知道它长了多少吗？"孩子们摇摇头。这时悠然有了新发现："老师快来看叶子里面！"我走过去，顺着孩子手指的方向发现在叶子包裹的中心位置，西蓝花冒出了小小的头儿。孩子们兴奋地说："好可爱啊！"

2）量一量

孩子们蹲下去认真地观察，天天说："它的花球有多高？"我说："我们可以测量，我

们用什么测量呢？"孩子们想到，可以用尺子，可以用线，班里植物角有卡通尺子。于是我请孩子们到班里准备工具，"一会儿我们一起量一量吧，看看谁的方法好"。

不一会儿孩子们拿着自己选择的工具开始测量，并且把自己测量的数据进行了记录。记录好后，我们回到班里进行了分享。分享过程中我们发现大家测量的结果存在不同，是什么原因让我们的测量结果不同呢？有的孩子说："是因为我们用了不同的测量工具。"有的孩子说："是因为我们测量的地方不同。"

孩子们发现了不同的测量工具和不同的测量方法会影响最后的结果，如何统一呢？孩子们说："我们要投票，选出一种测量工具。"能够看出孩子们已经懂得如何解决分歧了。通过投票，大家决定用自己制作的卡通尺子进行测量。（见图4-45）

图4-45　孩子用自制尺子进行测量

◎ 活动小结

观察植物的时候，孩子们经常会用语言去表达："这个长高了，这个长大了"，但是当我问孩子西蓝花长高、长大的原因时，他们说不出来。当我们进行测量活动时，孩子们积极地寻找测量工具，发现物体的变化可以用数字、形状去描述，对环境中各种数字、形状的含义有了进一步探究的兴趣。孩子们非常认真地进行交流，并且学习用投票的方式解决问题，这个活动增强了幼儿的学习能力和解决问题的能力。

活动八： 美丽的西蓝花（亲子活动）

◎ 活动目标

（1）用西蓝花进行创作，感知作品的美。

（2）用西蓝花制作美食，体验收获的快乐。

◎ 活动过程

西蓝花在我们的精心爱护下，收获了，孩子们采摘后更加有了自己的奇思妙想，他们的目的并不都在品尝西蓝花上面。孩子们开心地拿着一棵棵的西蓝花回家了，回家后孩子们和家长一起进行了各种亲子活动，并且用照片和视频记录了亲子活动。

1）花束组

想不到小朋友用西蓝花制作成了好看的西蓝花花束，孩子们利用彩纸进行包装，并让爸爸妈妈帮助进行修剪，西蓝花变成了大花朵，特别好看。

2）拓印组

之前我们用苹果进行过拓印活动，孩子们这次用西蓝花也进行了拓印。孩子们准备好颜料和彩纸，自己设计好就开始行动了。在拓印的过程中，孩子们发现西蓝花特别适合拓印出花朵，还可以用西蓝花给人物拓印裙子。

3）美食组

还有的小朋友回家后和爸爸妈妈一起制作了西蓝花美食，家长说孩子舍不得吃，在爸爸妈妈的劝说下才开始吃，吃完后都说自己种的味道就是不一样。能看出孩子们对自己种植的西蓝花的情感。

◎ 活动小结

收获后的喜悦让孩子们开始思考，能够去做什么，仅仅是做美食来品尝吗？当然不是，还可以用西蓝花表达对美的诉求，用西蓝花去表达内心的喜悦。于是孩子和家长一起齐上阵完成了这些活动，为西蓝花的种植活动画上了圆满的句号。

（五）活动总结

中班的幼儿非常喜爱种植，乐于参与种植活动。更重要的是他们学会了对比观察和使用工具，这与幼儿喜爱大自然、喜欢探究是分不开的。在整个活动中教师和家长起到了很好的辅助作用，当幼儿遇到解决不了的问题时，教师和家长会给幼儿提供相关的思考线索，并鼓励幼儿大胆尝试。

1. 发展幼儿的科学探究能力

在《绿绿的西蓝花》主题活动的开展过程中，发展了幼儿的科学探究能力，更重要的是使幼儿感受了探究的过程。这个过程从认识种子开始一步一步走到收获西蓝花的欣喜，孩子们进行猜想、提问出题、实验、验证结果，还学习做简单的记录。这离不开孩子们的积极探索精神，更离不开老师们的引导和帮助。

2. 知道植物的生长变化，学会解决种植中的问题

种植前期我们一起认识了西蓝花的种子，知道在种植前我们要做什么准备。我们翻地并施肥，让土地更加适合种子的生长，幼儿在这个过程中了解了各种辅助的工具。种植中期我们的西蓝花受到了虫害，尤其是前期的小苗受虫咬，幼儿非常心疼，老师和孩子们上网查找是什么虫子，并且自己配好除虫的药进行喷洒。在我们的精心照顾下我们打败了小虫子，同时发现了新的问题——西蓝花的小苗生长得比较密集，于是我们为小苗进行间苗和移栽，在我们的不懈努力下，我们的西蓝花又能继续健康地生长了。

3. 了解季节对植物的影响

天气逐渐转冷怎么办？西蓝花会不会被冻死？孩子们热情地讨论了起来，盼望着种植

园地能安装大棚，为西蓝花驱走严寒。种植园地有了防风挡寒的大棚后，我们又进行了讨论和对比观察，孩子们用温度计测量大棚内外的温度，发现了明显的温差，在此基础上幼儿通过进一步的思考、实验，了解到植物的生长和季节是分不开的，我们可以通过一些方法和工具去保护植物，使季节变化对植物的影响减弱。

4. 珍惜劳动成果，发现美，展示美

幼儿种植的西蓝花成熟后，我们进行了品尝、拓印、制作花束的活动，孩子们享受着收获西蓝花的快乐，在这些活动中充分体现出了孩子们的爱和他们的创造精神，幼儿在活动中感受美、表现美、创造美。

在活动的过程中，幼儿对种植活动一直保持着兴趣。幼儿能认真倾听老师的讲解，并按照要求独立完成，也能有自己新的发现，并和老师、同伴一起进行交流和实践。在种植活动中，我们能看到孩子们不断在进步、不断在学习自主探究和种植，由原来的"老师我不会"到现在的"老师我要试一试"，他们通过探究具体事物，解决了种植过程中遇到的问题。敢于去表达自己的发现，和同伴、老师进行交流。学会了查阅资料，按照设计的步骤进行操作。孩子们敢想敢做，享受了收获的喜悦，获得了满满的成就感。

在整个主题活动开展的过程中，孩子们感受着收获的不易。从担心种子的发芽，到小虫子的袭击，到小心翼翼地移苗，这里面渗透着孩子们的爱与奉献，更收获了知识，并在收获的过程中积累了经验。只有在自己的一番辛勤劳动后，才能真正体会到"汗滴禾下土"的不易，从而更懂得珍惜。希望孩子们能从小亲近自然，敬畏自然。我会继续陪伴孩子们的种植之旅，将农耕精神和工匠精神融入其中，感受泥土的芳香、生命的破土而出，创造属于孩子们的幸福种植之旅。

（华北电力大学回龙观幼儿园　张静）

四、草莓的秘密（大班）

（一）主题来源

在我们生活环境的周边有着拥有草莓之乡称号的昌平兴寿，在那里每年都会举办草莓嘉年华、农业嘉年华等活动，孩子们在爸爸妈妈的带领下经常会去参观和品尝美味的草莓。新学期伊始，也正是万物生长的好时节，孩子们通过挑选投票，最终确定了种植草莓。5~6岁的幼儿有着强烈的好奇心，他们思维积极、活跃，开始不再满足于追随老师，逐渐有了自己的想法和主见。在种植草莓的活动中，孩子们通过自主查阅、分工合作、观察、照顾，进一步了解草莓的特点和生长变化，并掌握种植、照顾草莓的方法。

（二）主题目标

1. 情感目标

（1）喜欢种植草莓，了解植物和人之间的关系，懂得关心爱护植物。

（2）乐于参与并主动发起关于草莓的探究活动，能进行合作探究，愿意分享和交流自己的探究和发现。

2. 认知目标

（1）通过查阅资料，了解草莓的特点与种植条件。

（2）在对比观察和实验中，探究草莓的生长条件，了解草莓生长周期的变化。

3. 动作技能目标

（1）能根据观察结果进行猜想和假设，并尝试制订关于草莓的观察和实验方案，能收集和用适宜的方式记录种植草莓过程中的问题。

（2）在种植草莓的过程中，学会使用种植草莓的相关工具。

（三）活动预设

本次活动的开展结合幼儿的兴趣、最近发展区及草莓的生长周期变化等，通过前期对草莓品种、种植方法等相关知识的收集，确定适宜种植的品种。在中期孩子们共同照顾草莓，认识草莓的相关结构，再到后期收获草莓，品尝自己种植的成果。

（四）活动实施

在主题活动开展的过程中，我们前期进行了预设，并绘制了思维导图，后期我们结合图 4-46 所示思维导图与幼儿一同开展实践活动。活动一"大家一起种草莓"源于思维导图的第一个分支和第二个分支，前期通过收集草莓的相关资料、交流分享，使孩子们充分地了解草莓的相关知识，为第二个分支种植、铺膜活动奠定了基础。活动二至活动六源于思维导图的第三个分支，此部分让孩子们充分地对草莓的成长进行了观察、探究。活动七源于思维导图的第四个分支，孩子们充分地感受到了收获的喜悦。整个活动从 9 月持续到 12 月共四个月。

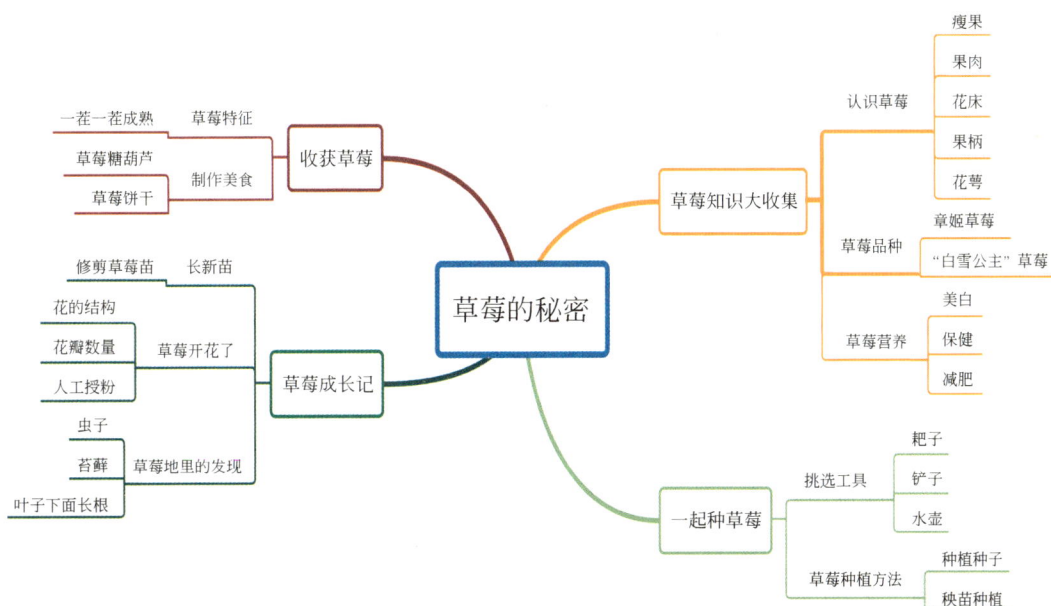

图 4-46 "草莓的秘密"活动实施

三 **活动一：** 大家一起种草莓（探究活动）

🍇 **活动目标**

（1）了解草莓种植的条件，学习种植草莓的方法。

（2）在铺膜与不铺膜的对比观察实验中探究草莓的生长条件。

◉ **活动过程**

在种植草莓前，孩子们进行了资料的收集，通过观看图片等形式进行了分享介绍，认识了草莓的结构、品种。能结合现有的种植条件，根据自己的喜好，挑选适宜的品种。（见图 4-47）

图 4-47 孩子们收集的各种资料

孩子们前期查阅了资料，知道了草莓可以种子种植，也可以秧苗种植。温度在15~25℃最适合草莓生长，还需要做好垄沟，室外更适宜采取秧苗种植。

10 月 11 日这天我们进行了种植草莓活动。由于是第一次种植，我们邀请了有经验的西西姥姥给我们示范和讲解种植和移苗的方法。孩子们听后，很快便分组，按照西西姥姥讲解的步骤开始忙碌起来，整地、松土、做垄沟、移苗。在这一过程中孩子们对是否需要铺膜有了不同的看法，一部分认为铺膜有保温的作用，另一部分认为铺膜会压到小苗。

最终我们分成两组，一组先铺膜，另一组不铺膜，看看哪组的小苗长得好。通过一周的观察发现，铺膜和不铺膜的小苗，没有明显的差异，都是一样的生长。

⊙ **活动小结**

因为有了前期经验和家长的示范，孩子们熟练有序地完成了本次种植活动。在活动中孩子们对于夜晚温度差别的考虑是教师没有想到的，体现了孩子们对草莓苗的关爱与细心。在对比观察铺膜、不铺膜的实验中，教师给予了孩子们充分的自主，让他们大胆地进行尝试，观察发现其中的秘密。通过询问专门种植草莓的叔叔了解到，草莓苗具有一定的抗寒能力，早晚温差不是很大时，铺膜和不铺膜对于草莓苗的生长没有很大影响。

活动二：被拔掉的"草莓苗"（探究活动）

🍇 活动目标

（1）能通过观察、比较发现草莓苗与豆角苗的不同。

（2）能运用多种感官观察了解草莓苗的外形特征。

🌿 活动过程

刚到种植园地，孩子们就发现了草莓苗地里的杂草，于是自发地开展了拔草活动。突然一个声音打破了原有的平静，原来是"草莓苗"被泽泽给拔了，但是小朋友们却对拔的是不是草莓苗有不同的看法。怎么才能确定到底是不是草莓苗呢？孩子们把这棵小苗和草莓苗进行了比较，对比的过程中孩子们发现了叶子的形状、数量、颜色上的区别。草莓苗的叶子边缘是锯齿形的，一根茎上面有三片叶子，茎是红色的；这棵小苗叶子是圆形的，有两片叶子，茎是白色的。到底是不是草莓苗，成为小朋友们讨论的重点。这时种植园地的管理员李老师正好经过这里，我建议孩子们去问问有经验的李老师。李老师拿起小苗仔细地看了看，闻了闻，告诉孩子们这是豆角苗。

◎ 活动小结

在本次拔错"草莓苗"的事件中，教师及时抓住教育契机，运用了提问、追问的方式引导幼儿通过对比发现草莓苗与豆角苗的不同，基本了解了草莓苗的特征。在得知是豆角苗后，孩子们将它重新种回了土里，期盼着它的成长，充分体现了对生命的尊重。

活动三：草莓花有几瓣（探究活动）

🍇 活动目标

（1）认识草莓花，了解草莓花的外形特征与结构。

（2）乐于分享和交流自己观察中的想法与发现。

🌿 活动过程

10月23日，草莓苗开花了，一夜之间竟然有四五朵小花同时开放了。看到孩子们脸上惊喜的表情，我问："草莓花是什么样子的？"孩子们的答案是多种多样的，"它的花瓣是白色的，花心是黄色的""花瓣里面有雌蕊和雄蕊""草莓花有六个花瓣"。还有的孩子发现"这朵花是五片花瓣，很可能是碰掉了一瓣"，这一惊喜的发现一下调动了孩子们的兴趣。于是我再次问道："为什么草莓的花瓣不一样啊？"孩子们有的觉得"是因为小花还没有长大，长大了就是六瓣花了"，还有的认为"应该是它们的小花本来就长得不一样吧？"这时妞妞提议我们可以问一下西西姥姥。姥姥告诉我们，草莓的花瓣通常是5~6瓣的，具体的原因，姥姥也不知道。于是回到班里，我们在网上查阅了关于草莓花的知识，原来草莓花别名洋莓，是蔷薇科草莓属植物中最常见的一种，草莓花的花瓣通常是5~6瓣，有的甚至能达到9片之多。

◎ 活动小结

在活动中教师利用提问的方式，引导幼儿更加细致地观察和认知草莓花的外形特征。

幼儿在表达自己的发现中，充分体现了他们的观察能力很强。在发现花瓣数量不同时，幼儿能进行大胆猜测和讨论，表达自己的想法，并根据猜想寻求解决的方法。

活动四：不速之客——蚜虫（探究活动）

💜 活动目标

（1）知道蚜虫是害虫，了解蚜虫对草莓的伤害。

（2）尝试制定消灭蚜虫的实验方法，并进行验证。

👁 活动过程

1）发现蚜虫

"这朵小花都变黑了。""这朵花的花瓣掉了好几片。""这朵花枯萎了。"随着议论声，孩子们的情绪越来越紧张。

"老师，这儿有好多小虫子!"阳阳有了新发现。"小虫子长什么样?""虫子小小的，有绿色的，有黑色的。虫子太小了，我们看不清楚。"孩子们七嘴八舌地说了起来。于是，他们找来了放大镜仔细观察，发现这种虫子有很多条腿，还有触角，它的身体像小芝麻一样。点点说："这应该是蚜虫，我之前收集草莓资料的时候见过，草莓苗上就爱长这种小虫子。""怎么知道它是不是蚜虫呢?""可以找蚜虫的图片，然后和这个虫子比一比。"西西说。大家都点头表示同意。于是我们在网上查找了一些蚜虫的图片，孩子们发现原来蚜虫有很多种，它们大多都是头部小，腹部大，呈椭圆形的球状。有的有翅膀，有的没有翅膀，身体的颜色也会因为种类的不同和季节的变化变成黄色、墨绿色、红褐色等。孩子将发现的小虫子和蚜虫进行了对比，发现它们的颜色、外形都很相似，但还是不能确定。最终我们请来了有专业经验的金豆爸爸来帮我们进行判断，金豆爸爸告诉我们这就是蚜虫的一种，蚜虫是害虫，会对草莓苗造成伤害。孩子们听到后便开始担心和议论起来，"小花会不会都被吃掉啊?""草莓苗会死吗?""我们应该怎么救它?"于是老师将孩子们的发现和想法发到了家长群，邀请家长们一同参与，帮助我们共同解决这个问题。

2）消灭蚜虫

第二天一早，就看到孩子们手里拿着各种各样的小瓶子。轩轩说："我带的是橘子水，妈妈说用橘子皮泡的水可以驱虫。"阳阳说："我带的是大蒜，蚜虫害怕大蒜的味道，只要把它种在草莓的旁边蚜虫就全跑了。"萌萌说："我带的是洗衣粉水。"晴天说："我也是和妈妈上网查资料查到的用洗衣粉水。"洋洋说："风油精兑水喷在草莓苗上，蚜虫就会被杀死了。"璜璜说："我带的是白酒，我妈妈说以前我姥姥就是拿棉签沾上酒擦有蚜虫的叶子，蚜虫就没有了。"我们进行了分组实验。实验前，孩子们设计了计划表，把组员、使用的方法、怎样实施都画了下来。实验后蹲在两旁认真观察。"你们有什么新发现吗?"我问。晴天说："喷过洗衣粉的小苗下面很多的蚜虫和蚂蚁都死掉了。"宁宁说："擦了白酒的小苗上面的蚂蚁都往下走了。"阳阳说："种大蒜旁边的小苗没有什么变化。"就这样通过一个星期的观察，孩子们发现喷过风油精和洗衣粉的草莓苗从中间开始变黑，旁边的小苗也蔫了;橘子水组、大蒜组的草莓苗上面依然有很多蚜虫，草莓苗没有什么变化;白酒组的草莓苗上面，蚜虫少了很多，草莓苗长得很好，没有被影响。

◎ 活动小结

从发现—认识—消灭蚜虫的整个过程中，孩子们先是了解了蚜虫的一些基本的外形特征，并通过邀请有经验的家长帮助确定蚜虫，接下来又在家长的帮助下一同查找和收集驱除蚜虫的方法。活动中孩子们敢于大胆地进行猜测，并尝试用自己设计的方法驱除蚜虫。家长在本次活动中也给予了我们大力的支持，让孩子们可以在接下来的活动中，亲身设计、参与制作，验证这些方法的有效性。在实验后，孩子们进行了总结，通过对比发现原来白酒对于驱除蚜虫效果是最好的。

活动五： 叶子下面长根了（探究活动）

◎ 活动目标

（1）了解草莓的繁殖方式，认识母株和子株。

（2）喜欢参与探究活动，愿意与同伴进行交流分享。

◎ 活动过程

蚜虫被赶走后，孩子们对草莓苗的照顾越来越细致，每次都会轻轻地翻找靠近土地的小叶子，或观察草莓苗的根部，生怕有遗留下的蚜虫。

"老师，这个叶子下面长根了！""这个叶子好神奇！"看到孩子们好奇和兴奋的样子，我问道："叶子下面为什么会长根啊？"点点说："是不是叶子总是挨着地面，所以就长根了？"妞妞说："可是好多叶子也挨着地面却没长根啊！"我继续问："这个叶子长根的小苗和其他的有什么不一样吗？"西西说："这个小苗枝条颜色是深红色的，其他枝条颜色浅。"轩轩说："它比其他的枝条都长。"点点说："它上面也长了叶子，就是很小。"我继续追问："它为什么会长出这个小枝条呢？"娃娃说："这个是不是草莓苗的小宝宝啊？""它应该也会长大结出更多的草莓吧？"想到我之前在《画说草莓》的书中看到过这个现象，于是我建议："你们可以到《画说草莓》这本书里找一找，可能会有答案。"说完，我们便一同回到班里，找来图书寻找答案。璜璜说："老师，你看，这页里面就有一个叶子下面长根了。"其他的孩子也纷纷指着，认识字的璜璜对其他小朋友说："这个上面写的是子株，我们种下的那个是母株。长根的叶子就是它的宝宝。"这下孩子们更兴奋了，纷纷问我："孙老师，他说得对吗？"我说："璜璜说得非常棒！我们种植的草莓苗就是一棵母株，经过一段时间的生长，就会培养出子株，培育出的子株会先长叶子，如果继续长出根了，就说明它可以独立生长了。"

◎ 活动小结

本次活动中，孩子们通过观察发现了草莓生长的一个特性——草莓在繁殖的时候，会像绳子一样伸展藤蔓，在藤蔓顶端培养出子株，然后再从子株延伸出的藤蔓上再培养子株，就这样一直繁殖下去。在活动中，孩子们对于自己的猜想都表现出了惊喜和期待，并通过在书籍中寻找答案，孩子们得到了验证。了解长根后的子株可以独立生长，孩子们准备将它剪下来，放到班中自然角种植，观察它的变化。

■■■ 活动六：绿茸茸的小草——苔藓（探究活动）

🍇 活动目标

（1）认识了解苔藓的形成及对草莓生长的影响。

（2）尝试用自己制定的方法清除苔藓，照顾草莓苗。

▶ 活动过程

我们再次来到种植园地，映入孩子们眼帘的是一片片绿茸茸的小植物。最先发出疑问的是一一，他一边指着一边说着："快看，这长了好多的小草！"璜璜说："我觉得这应该不是草，应该是有污染的物质，所以把这块地变成绿色了。"晴天说："应该是青苔，在潮湿的地方就会长出来，而且滑溜溜的，人们踩到就会滑倒。"浩宸说："是苔藓，它会在潮湿的地方，而且有的石头上面也有。"璜璜说："会不会是蜗牛和蚯蚓身上流下了黏液，然后就长成了这个苔藓啊？"妞妞说："这个苔藓有的地方是深绿色，有的地方是浅绿色。"洋洋说："这个苔藓会不会招来很多的小虫子？"璜璜说："这个苔藓对草莓有没有影响呢？"就这样孩子们你一言我一语地讨论着，最终也没有讨论出来结果。通过商量，孩子们决定回家去收集资料。（见图4-48）

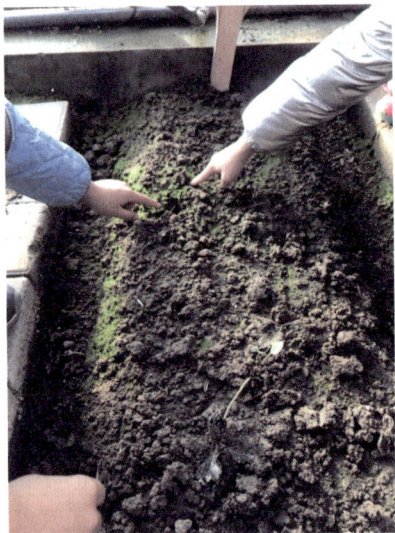

图4-48　孩子们发现了绿油油的苔藓

第二天一早，孩子们纷纷带来了自己收集的资料。原来单独的一小部分苔藓对草莓苗是没有影响的，但要是苔藓覆盖了整个草莓地，就会产生酸性，对草莓苗的根部造成伤害，还会因为大面积的覆盖让草莓苗无法呼吸，因此就要进行清理，而造成苔藓生长的主要原因是很久没有松土，于是孩子们决定要及时给草莓地松土，减少苔藓的大面积生长。

◎ 活动小结

在发现苔藓时，孩子们将原有的经验调动出来，在细致观察的过程中，自发地进行与苔藓相关的讨论，如：它是否会对草莓苗造成影响？整个过程孩子们始终保持着高度的热情，最终通过分析和讨论孩子们了解到了相关的知识，并进行了反思——在今后的活动中不能仅限于观察草莓苗，还要适当地给草莓地松土，以避免苔藓给草莓苗造成影响。

■■■ 活动七：收获草莓（探究活动）

🍇 活动目标

（1）能运用多种感官认识草莓，了解草莓的生长特性。

（2）体会种植草莓的乐趣，并懂得关心、爱护自己收获的成果。

▶ 活动过程

距离种植草莓已经有四个月的时间了，渐渐地草莓开花了，结出了一些果实。（见

图 4-49）我们又一次来到小镇，期待着丰收的喜悦。

"哇，草莓结果啦！""草莓都变红了！""草莓成熟了！"在孩子们兴奋之余，我提出了疑问："你们怎么知道草莓成熟了？""因为草莓变成红色了。""草莓变大了！""这里还有一些小的草莓应该没熟呢。"孩子们七嘴八舌地说了起来。我问："怎么区分成熟和没成熟的草莓呢？"点点说："成熟的草莓变红了，没成熟的是绿色的。"点点说："成熟的草莓大一些，没成熟的小一些。"就这样，孩子们你一言我一语将成熟的草莓和没有成熟的草莓进行了对比。孩子们还讨论了摘草莓的注意事项，如：不能直接拽，以免把草莓叶子拽下来；要一只手扶着草莓的果柄部分，另一只手握住草莓瓣的上面往下轻轻拽。还有的孩子担心拽的时候会把草莓捏坏，于是想到了用剪刀剪下来。讨论好后我们便开始收草莓啦！

图 4-49　草莓结果啦

◎ 活动小结

孩子们每一次来到种植园地，都期待看到草莓的变化。从开始移植草莓苗，到开出第一朵花，结出第一颗果实，再到现在的草莓成熟，孩子们感受着草莓的成长，感叹着大自然的神奇。在这一系列种植的过程中，孩子们通过发现问题、讨论问题、制定方法、解决问题，了解到草莓不是同一时间成熟的，而是根据花开的顺序成熟的，这也是《画说草莓》这本书中介绍的。这次孩子们不仅体会了收获草莓的喜悦，而且品尝了草莓的美味，他们品尝的时候，都是一小口一小口地吃，不舍得一口全部吞下，孩子们说这是他们吃过的最好吃的草莓。我相信，通过孩子们自己付出辛苦、精心照料培育出的草莓，一定会是最美味的。

（五）活动总结

在"草莓的秘密"这一主题开展的过程中，教师始终站在幼儿的身后，让幼儿亲身参与管理。管理环节是让幼儿感受惊喜的过程，也是让幼儿了解草莓的生长变化、发现问题、解决问题的过程。当幼儿遇到自己难以解决的问题时，教师能够敏锐把握问题的中心点，引导幼儿自主尝试寻找办法，辅以师幼合作解决问题，将更多解决问题的机会提供给幼儿，提高幼儿解决问题的能力。

陈鹤琴先生曾说："还原孩子生活的本来面目，给孩子生活原貌，让他在生活中学。""草莓的秘密"这一系列活动的开展，蕴藏着许多学习的机会，教师能够及时发现幼儿感兴趣的事物所蕴含的教育价值，充分利用每一次机会，引导幼儿积极主动地探索。幼儿在不断的观察、比较、发现、猜想、探索过程中，通过与环境的相互作用，经验得到了生成和深化。

"草莓的秘密"这一系列活动的开展给幼儿带来了多样化、多方面的经验。幼儿不仅感受到草莓的生长变化，更是体验到自己动手的乐趣和成功的喜悦，不仅尝试了播种、栽

培、收获的过程体验，还进行跟踪观察、记录，促使幼儿更关注科学探究的过程和事物的变化、体验了成功。这是真正属于孩子们的学习与成长，在他们成长的过程中，我愿意与孩子们同行，与孩子们共同成长。

（北京市昌平区回龙观镇中心幼儿园　孙阳）

第三节　跨学期的种植活动

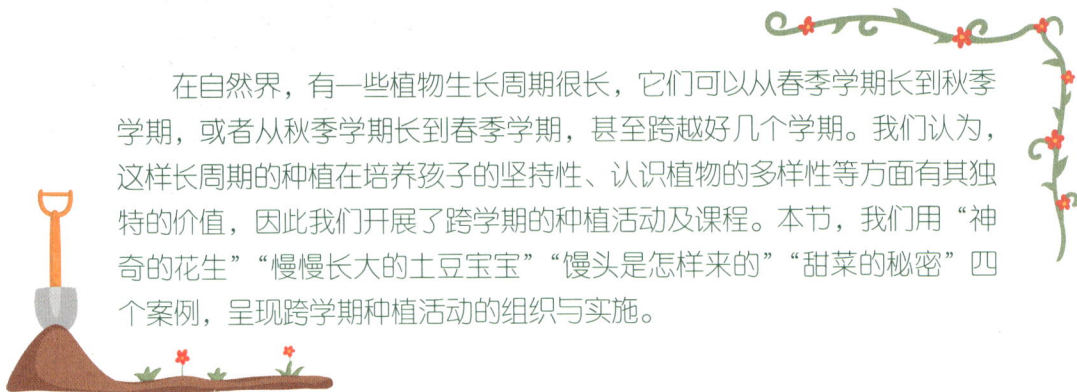

在自然界，有一些植物生长周期很长，它们可以从春季学期长到秋季学期，或者从秋季学期长到春季学期，甚至跨越好几个学期。我们认为，这样长周期的种植在培养孩子的坚持性、认识植物的多样性等方面有其独特的价值，因此我们开展了跨学期的种植活动及课程。本节，我们用"神奇的花生""慢慢长大的土豆宝宝""馒头是怎样来的""甜菜的秘密"四个案例，呈现跨学期种植活动的组织与实施。

一、神奇的花生（中班）

（一）主题来源

在春去夏犹清的季节，孩子们在种植园松土。一个孩子说："我们在地里种点种子吧！"另外一个孩子马上说："该种些什么呢？""种点儿能吃的，比较好吃的东西！"这个提议得到大家的赞同。西红柿、花生、草莓成了孩子们讨论的话题，在激烈的争论中，花生成了得票率最高的，因为孩子们觉得花生很神奇，它跟一般的果实不一样，是埋在土里的。顺应孩子的想法与兴趣我们开展了花生的主题活动，让孩子们通过系列活动，亲身体验感知花生的特征，了解花生的生长过程，体验收获的乐趣。我和孩子们就这样一起踏上了探索神奇花生的旅途。

（二）主题目标

1.情感目标

（1）对种植活动感兴趣，能主动发起对花生的探究活动。

（2）喜欢照顾、保护花生，愿意分享和交流自己的收获。

2.认知目标

（1）感知花生基本外形特征，了解花生的成长过程。

（2）知道照顾花生的方法，能够关注花生的成长变化。

3. 动作技能目标

（1）能利用工具完成花生的播种、照顾和收获。

（2）能有序、连贯、清楚地讲述花生的生长过程。

（3）运用绘画、粘贴等多种形式表达自己对花生的发现和认识。

（三）活动预设

本班幼儿从小班开始，就不断地参与种植活动，进行多样的体验、尝试。通过教师的引导和帮助，孩子们逐渐具有了一定的探究意识和能力。为了继续增强幼儿的探究能力，促进幼儿的科学发展，发起活动《神奇的花生》。本次活动分三个部分：第一部分"花生的秘密"，师幼一起认识、了解花生的特征、生长条件、用途和营养价值；第二部分"花生成长日记"，孩子们通过一起种花生、观察花生生长过程和收获花生，进一步探究、观察花生的生长变化；第三部分"花生变形记"，孩子们通过制作花生美食来品尝其美味，并将花生不能食用的部分变废为宝，感受操作活动带来的乐趣。

本次活动的目的是引导孩子们在实践中学会观察、思考、讨论、合作和分享，并对一些新鲜事物、发现的问题等提出质疑，激发孩子们的好奇心，满足他们的求知欲。

（四）活动实施

本活动从 5 月初进行花生播种开始到 10 月初结束，历时五个月，分为三个阶段，分别为认识花生、种植花生和制作花生，共六个活动：开启探索花生之旅、播种花生、花生发芽了、花生开花了、收获花生和美味的花生。活动思维导图如图 4-50 所示。

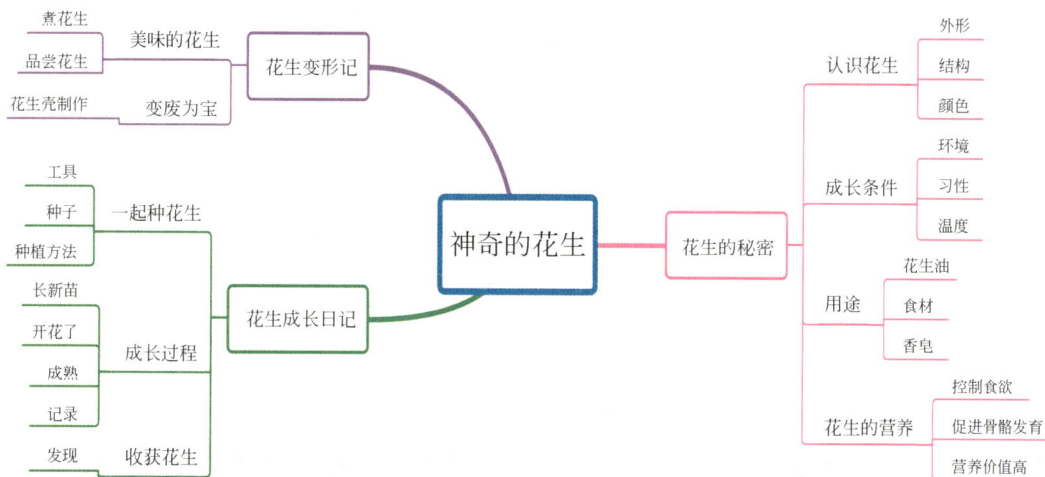

图 4-50 "神奇的花生"活动实施

第一个分支"花生的秘密"展示如何认识花生，第二个分支"花生成长日记"展示如何种植花生，第三个分支"花生变形记"展示如何制作花生。活动一来自思维导图分支"花生的秘密"中"认识花生"部分，主要引导幼儿了解花生的外形、结构和颜色；活动二来自思维导图分支"花生的秘密"中"成长条件"部分和分支"花生成长日记"中"一起种花生"部分，通过播种花生了解花生的生长条件，同时锻炼幼儿使用工具的能力并掌握花生的种植方法；活动三和活动四来自思维导图分支"花生成长日记"中"成长过程"部分，通过观察花生在不同成长时期的情况，进一步了解花生的习性，学会照顾花生的方法并通过多种方式展示自己对花生的认知；活动五来自思维导图分支"花生成长日记"中"收获花生"部分，通过收获的过程，锻炼幼儿发现问题和解决问题的能力，同时通过观察，深化对花生结构和果实的认知程度；活动六来自思维导图分支"花生变形记"，通过加工花生、品尝花生和变废为宝小制作，让幼儿体验收获的喜悦，提高动手能力，积累生活经验，同时锻炼幼儿的想象力和创作能力。

活动一： 开启探索花生之旅（谈话活动）

🍇 活动目标

（1）喜欢种植活动，能够积极参与活动。

（2）愿意与同伴、教师分享交流自己喜欢种植的食物。

☺ 活动过程

确定种植花生后，我和孩子们开启了探索花生之旅。首先，我给孩子们出了个谜语——"麻屋子，红帐子，里面住着白胖子"，让孩子们猜一种常见的食物。艾米认为是土豆，她看见过奶奶把土豆皮削下来，里面是白色的，而且土豆很圆，认为土豆是白白胖胖的。妞妞觉得不是土豆，她认为土豆没有红色的皮，所以她的答案是花生，她告诉大家花生壳剥下来，里面是红色的皮，花生皮再剥下来，里面是白色的花生仁。妞妞说出猜测的理由后，部分孩子表示赞同。我肯定了妞妞的答案，然后总结了花生的壳是硬硬的、麻麻的，里面的花生皮是红色的，花生仁是白色的，巩固了孩子们对花生的颜色、外形、结构的认知。谈话结束后，我进行了活动延伸，通过运用调查问卷的方式鼓励幼儿在家长的帮助下了解花生的用途和营养价值，知道花生对身体的益处。

🕐 活动小结

幼儿的兴趣是活动的起点。在确定种植花生后，我用谜语来导入，调动幼儿的积极性，通过花生的特征来启发幼儿思考。从谈话活动中可以看出，中班幼儿能够抓住关键信息来分析，有些幼儿可以抓住花生的特征反向推理得到正确答案，有些幼儿虽然答案有偏差，但对其他事物的特征也有一定的认识，尝试错误也是一种学习。教师应关注幼儿的学习过程，把幼儿放在主体位置，与幼儿一起发现问题，并采取多种途径如查阅资料、询问家长等寻找解决问题的方法，为幼儿创造自主学习的最佳环境。

活动二： 播种花生（探究活动）

🍇 活动目标

（1）喜欢种植活动，能够体会种植花生的快乐。

（2）能够与同伴分工合作进行种植。

☺ 活动过程

了解花生的秘密后，孩子们来到种植园准备种花生。孩子们分成两组，一组孩子拿着铲子松土、刨坑，另一组孩子拿着种子准备种。第一组的彤彤刨好坑后，第二组的添添数了五颗种子放到坑里，轩轩伸出手指把种子往土里压了压，再用铲子填上土，轻轻拍打。两个小组相互交流经验，发现挖的坑不能太深，覆盖在种子上的土不能太厚，不然种子很难破土而出。（见图 4-51）孩子们重复着相同的动作，配合得越来越默契，不一会儿，花生就种完了。种完花生后，孩子们在浇水的问题上产生了分歧：辰辰认为播种完，应该浇水；玥玥认为不用浇水，原因是昨天晚上刚刚下过雨，泥土里面已经有水了。辰辰坚持自己的观点，他觉得一会儿太阳会把泥土晒干的。孩子们有了分歧后，看向了我。我告诉他们："你们说得都有道理，种子不能缺水，但也不能浇太多水。我们可以少浇一些水，保持土壤湿润。"孩子们点了点头，开始寻找浇水的工具。

图 4-51　播种花生

◎ 活动小结

在种植中，孩子们始终表现出浓厚的兴趣和认真的态度。在浇水问题上，孩子们虽然产生了分歧，但却反映出他们能够根据动植物与环境的关系决定自己的行为。同时，浇水问题也启发了我引导孩子们对种下的花生进行细致的观察，请他们在每天的户外自由活动时间自愿观察种植园中花生的发芽、生长情况以及土壤的干湿程度。

活动三：花生发芽了（探究活动）

☙ 活动目标

（1）愿意照顾植物，体验拔草、浇水、驱虫的乐趣。

（2）能够在种植探究活动中动手动脑寻找问题的答案。

☙ 活动过程

种植一个星期后，户外活动时恒恒突然跑过来告诉我他的新发现：种子发芽了！周围的几个孩子也被吸引过来，我召集孩子们一起去种植园地观察。恒恒说："这个绿绿的就是它发的芽，像草一样。"辰辰问："为什么这边的种子还没有发芽呀？"妞妞指着没有发芽的地方，"因为这边的地有些干，没有浇水，所以还没有长出来。"另一个小朋友连忙说：

"那咱们快给它们浇点水吧!"说完,孩子们看向我。我问:"孩子们,花生地是该浇水了,你们看看,地里面是不是都是花生的芽?"在我的提示下,孩子们发现了跟花生芽一起长出的杂草。我告诉孩子们,如果先浇水,杂草也会跟着花生芽一起生长,它们会夺取花生芽的营养,所以我们要先把杂草拔掉。于是,我引导孩子们清除地里的杂草,并发起了拔草小竞赛(见图4-52),看谁拔得多。在拔草的过程中,有的孩子发现了虫子,借此,我告诉孩子们,植物的生长,除了需要我们为它浇水,还需要我们为它除虫。

图4-52　拔草小竞赛

◎ 活动小结

孩子们对自然界充满好奇心,会用自己的方式去探究并发现其中的奥秘,喜欢探究也是幼儿的天性。从观察中发现,孩子们喜欢接触大自然,对泥土里冒出的花生芽非常感兴趣,并能及时提出问题。一部分孩子还具有了初步的探究能力,能够发现问题并及时解决问题。幼儿是以具体形象思维为主,很多知识不可能单纯依靠教师的讲述来获得,需要幼儿亲历科学探究的活动来获得,因此,教师应引导孩子们去亲身观察,通过观察来解决内心的疑惑,从而获得相关的知识经验。

≡ 活动四: 花生开花了(教育活动)

🍇 活动目标

(1)能够观察花的结构和形态,用多种绘画形式展现。

(2)愿意参与艺术活动,能够对花生开花产生兴趣。

🍀 活动过程

通过前面的活动,孩子们了解了花生的生长过程,天天盼着花生赶紧成熟。花生发芽一个多月后,孩子们发现花生开花了,很是激动,以为再过一些日子就能采摘花生了,但是等来等去,花生还是在开花的阶段。于是我引导孩子们对花生开花周期进行了解,在查阅资料后，孩子们了解到花生从播种到开花只用一个月左右的时间，而花期却长达两个多月。为了激发孩子们的兴趣，我们一起观察了花生的花朵，同时为了让孩子们对花生的花有更深刻的印象，我设计了一次"花生开花了"的绘画活动，以巩固他们的发现。

首先，以谈话的方式导入，进而提出问题：花生的花是什么颜色的？是什么形状的？通过问题引导孩子们回顾花生的开花过程，然后出示图片，验证他们的猜想，并帮助孩子们对花的特征和结构进行梳理和总结。在此基础上，引导孩子们大胆地进行创作，通过巡回指导，引导孩子们关注花朵的大小、方向、高低位置及花瓣、花茎和花叶的不同。对不同能力幼儿，采用的方式也是不相同的，如出示范例图片，降低绘画难度等。孩子们通过自主挑选喜欢的绘画材料的方式来展现对花的不同理解。孩子们完成作品后，通过相互介绍自己的作品提升孩子们的自信心。

◎ 活动小结

《幼儿园教育指导纲要（试行）》指出：教师要根据幼儿的发展状况和需要，对表现方式和技能技巧给予适时、适当的指导。通过绘画活动，教师能更好地了解幼儿之前存在的差异性，从而有针对性地进行指导，发展幼儿喜欢绘画的兴趣，培养幼儿专注的意志品质。与此同时，通过活动还能加深幼儿对花生开花的印象。

活动五：　收获花生（探究活动）

🍇 活动目标

（1）感受团结的力量，体验收获花生的乐趣。

（2）遇到困难时能想办法、出主意，在活动时能够分工合作探究。

🌰 活动过程

9月是新学期的开始，与此同时，孩子们一直惦记的花生也成熟了。我和孩子们一起来到花生地，当他们看到花生时，迫不及待地要动手收花生。这时，我问："我们这么多人都挤到花生地里行吗？怎么做才能又好又快地把花生拔出来呢？"在我的引导下，男孩子们开始商量起来，认为男生力气大，可以负责把花生从土里挖出来，女生力气小，可以负责摘花生。最终，孩子们在商量后分成了男生、女生两个小组。准备好工具后，男生组的添添拿了一把铲子，用力地挖着，但只铲了一层土，一些根茎也随之铲了下来，花生并没有出来。然然认为不要用铲子，用铲子会把花生的根弄断，反而不容易把花生弄出来，他觉得应该用手直接拔。添添解释说他也想拔但是拔不动，只能用铲子铲。正在两个孩子争论的时候，女生组的妞妞提议让幼儿园的保安叔叔帮忙拔花生，并求助了保安叔叔。在保安叔叔的帮助下，男生们用尽全力开始拔花生，女生们也过来帮忙。在图4-53中，霄霄和钦钦一起合作拔了一棵花生，两个孩子都很激动，感受到了合作的力量，其他小朋友也学着他们的样子，开始两两合作地拔花生。所有花生都拔出来后，女生组的孩子们开始摘花生。颖颖发现花生上沾满了泥土，不容易清除，浩浩告诉她把花生在地上磕一磕，泥土就掉落下来了，这说明有些孩子已经具备了一定的生活经验。劳动结束后，我们一起总结了遇到的问题和解决办法。

图 4-53　一起拔花生

⊙ 活动小结

通过本次活动，孩子们体验到了团结合作的力量和乐趣。在拔花生的过程中，他们自己寻找工具并进行尝试，当一个人拔不动的时候，其他小伙伴会主动来帮忙，并发现了：一个人无法完成的事情，可以通过大家合作来完成。整个过程中，孩子们有的拔、有的运、有的摘，分工有序，协作顺利。同时，在这种平等、宽松、自由的氛围中，孩子们通过沟通、交流、学习、互动，提升了经验，提高了解决问题的能力。

活动六：美味的花生（场馆活动）

🍇 活动目标

（1）喜欢制作，能够体会收获的喜悦，珍惜粮食。
（2）知道制作花生的方法，在制作过程中注意安全。

◉ 活动过程

成功收获花生后的第二天，我和孩子们来到了生活体验馆，开始制作花生美食。穿好厨师服、戴好厨师帽，一切准备就绪后，孩子们将不完整的花生挑出去，将硕大饱满的花生放到篮子里。挑好以后，开始洗花生，将洗净的花生交给幼儿园的后勤老师，然后孩子们回到自己的座位上，等待着煮熟的花生。不一会儿，花生的香味飘了进来，孩子们开心地品尝着热腾腾的花生。老师引导孩子们正确的剥花生方法，同时提醒孩子们注意温度，不要将高温的花生放入口中，等花生变凉后才可以食用。为了让孩子们学会分享和提高孩子们的成就感，我引导孩子们将花生打包带回家分享给自己的家人，让孩子们感受自己动手、丰衣足食的喜悦。美味的花生得到了家长们的好评，孩子们也体会到了劳动的快乐，同时由于是自己的劳动所得，孩子们知道了粮食的来之不易。除了品尝花生，我还进一步引导孩子们利用花生皮进行创作，通过"变废为宝"区域活动引导孩子们利用花生壳创作出了各种各样的粘贴画，包括人物、小动物和家具等。

◎ 活动小结

"美味的花生"活动满足了幼儿参与烹饪的愿望，幼儿们通过亲自操作获得对食材、工具的体验。本次活动贴近幼儿，又是幼儿所喜爱的，幼儿在活动的过程中既锻炼了生活能力又体验到了劳动的快乐。"变废为宝"活动让幼儿利用废旧物品来大胆进行创新制作，既培养了幼儿动手动脑能力，又培养了幼儿的创新意识，让幼儿体验到了变废为宝的乐趣。活动后，幼儿体会到劳动的不易，知道应该珍惜粮食，懂得和家人分享，促进了幼儿的社会性发展。

（五）活动总结

在"神奇的花生"主题活动中，幼儿们大胆表达、自己动手、分组合作、尝试使用工具等表现充分展示了幼儿的观察力、表达力和思考分析能力，幼儿们的自主发展意识强烈，教师在活动中很多时候变成了参与者，这正是我们想要看到的结果。通过本次主题活动，幼儿充分体验了科学探究、科学发现的乐趣，发展了幼儿探究与解决问题的能力。幼儿们通过努力，成功地完成了花生种植、照料、收获的全过程，并品尝到了美味的花生，整个过程中幼儿感受到了味道、形状、色彩、重量和数量，深入关注了不同植物的内在结构和特征。主题活动的成果除了收获的喜悦，更多的是丰富的学习和经验，幼儿通过看、摸、听、尝、嗅等感觉通道获得很多新的经验和感受，促进了幼儿的发展。

作为活动的引导者，我们要深入思考教师该为幼儿提供什么样的学习探究环境、提供哪些支持幼儿主动探究与学习的材料、如何有效提问等问题。我们需要进一步对幼儿留心观察，做出专业判断，并通过更多主题活动的开展，验证生活即教育的内涵，更好地促进幼儿发展。

（华北电力大学回龙观幼儿园　穆思宇　李宝佳）

二、慢慢长大的土豆宝宝（中班）

（一）主题来源

班里的种植角陆陆续续开展了丰富多彩的种植活动，这期我们主要观察的是土豆泡水实验。孩子们经过半个月的观察发现土豆在水中也能继续生长，于是在一次区域分享活动中，孩子提出问题——"土豆种在土里也是这样生长的吗？"大家纷纷对他的问题发出了疑问，经过商讨，大家决定对土豆进行细致、深入的探索，由此我们开启了"土豆"种植主题的探究之旅。

（二）主题目标

1. 情感目标

（1）喜欢土豆种植活动，体验种植乐趣。

（2）喜欢探索，对有关土豆的知识感兴趣。

2.认知目标

（1）了解土豆的生长环境和种植方法。

（2）了解土豆的营养，知道简单的健康饮食方式。

3.动作技能目标

（1）使用多种种植工具，尝试通过多种途径种植、收获土豆。

（2）能够和同伴、家长共同制作有关土豆的书籍、手工等物品。

（三）活动预设

幼儿通过观察延伸出新的问题："土豆种在土里也是这样生长的吗？"经过从种植开始，到后期的过程中发现了种种问题，自主寻找解决办法，到最后收获土豆，大家在这过程中收集土豆种植相关资料，为其准备适宜的土地。老师引导幼儿产生种植的欲望，用分享经验的方法引导幼儿发现土豆的不同种植方法：种在土地里、泡在水里。老师在种植活动中鼓励幼儿观察、提问、探索，完成整个种植主题预设的活动。

（四）活动实施

在本次活动开展之前，我和孩子们共同收集了大量的有关土豆种植的信息，孩子们对种植活动比较熟悉。整个主题开展过程中，幼儿参与度非常高，我们鼓励家长参与其中。这次活动从 10 月初一直到第二年的 5 月初，虽然时间持续得比较长，但大家的兴趣并不减少。我们的种植环境非常给力，没有多久就会发现新的变化，这样更能调动幼儿的积极性。在泡水种植中，幼儿发现了土豆的生长点，对这个知识点有了新的认识。在土地种植过程中也接二连三地发现新大陆，通过家园互动等方式有效助力幼儿进一步探究。活动导图如图 4-54 所示。

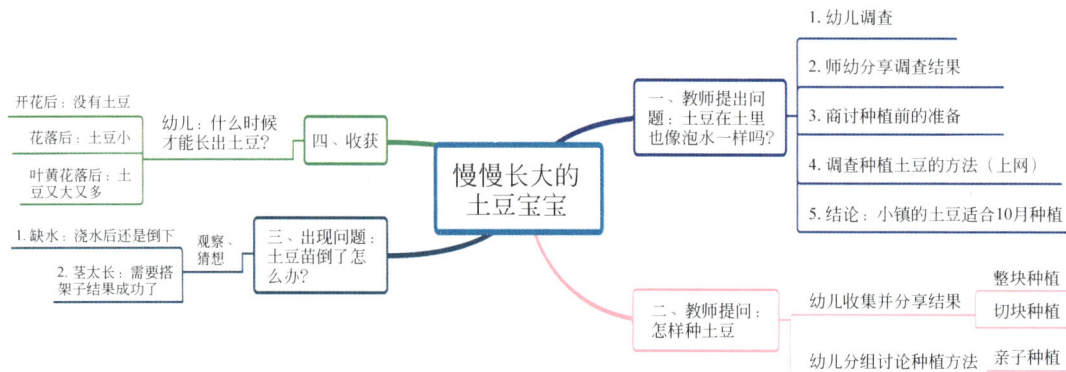

图 4-54 "慢慢长大的土豆宝宝"活动实施

活动一：土豆泡水后为什么坑上又长了芽（谈话观察活动）

🍇 活动目标

（1）对土豆上的坑长出了新芽感到好奇。

（2）尝试寻找相关资料。

⊚ 活动过程

10月18日，孩子们惊奇地发现泡在水里的土豆长了新芽，大家对这个现象纷纷进行猜测。有的小朋友说是因为土豆喝水了就又长了；有的小朋友认为就像我们的头发一样，有营养了就会长出新头发。

经过猜测，大部分孩子认为土豆喝水了就会长新芽，所以大家把土豆从水中拿出来，三天后，孩子们惊奇地发现土豆不仅没有停止生长，反而芽长长了。

问题没有被解决，孩子们很好奇为什么土豆会长芽，于是放学的时候我请教了班里大乐的爷爷。大乐的爷爷是一名大学生物老师，他告诉我土豆的身上那个坑叫生长点，生长点就是可以在适合的环境下继续生长的，所以才会出新芽。得知了这个答案，第二天我请大乐爷爷抽空儿来到班里，晨间谈话的时候他把这个小知识告诉给孩子们，孩子们恍然大悟。

⊚ 活动小结

经过验证，幼儿发现土豆离开水后，新芽依然可以生长，我请教有相关知识经验的家长，得知正确的答案，让孩子们从家长的口中获取新的知识，更容易被记住。

活动二： 种土豆（集体分组种植活动）

⊚ 活动目标

尝试种植完整土豆和切块土豆。

⊚ 活动过程

水里的土豆长得很好，土里的土豆该如何种呢？

10月19日，小朋友们自由分成两个组来种植土豆，一个组决定把完整的土豆种在土里，另外一个组把土豆切开一半种在土里。（见图4-55、图4-56）

图 4-55 完整土豆种植

图 4-56 切块土豆种植

幼儿拿着自己准备好的土豆和家长来到农场进行种植活动，幼儿和家长一起完成了以下几件事。

（1）准备好种植工具——小耙子、小铲子。

（2）挖坑，估算土豆坑之间的距离。

（3）铺草木灰，帮助土豆更好地生长。

（4）盖土。

◎ 活动小结

幼儿前期对水中泡土豆有了简单的认识，相比较土里种植，孩子们感觉自己有了经验，所以我组织幼儿讨论如何在土中种植土豆，结论是以"完整种植"和"切块种植"两种方式为主。孩子们自由分组进行种植，在种植过程中我们采取了亲子种植方式，这样孩子们在参与的过程中也获得了种植技能的经验。

活动三： 土豆苗为什么都倒了？（探究活动）

🍇 活动目标

尝试探索土豆需要架子支撑生长的原因。

🌐 活动过程

3月4日，我们发现土豆的茎长高了很多，但它们都是倒下的，这是为什么呢？

有的孩子猜测可能是因为缺水；有的孩子猜测可能土豆苗长得太高，需要搭架子支撑。大家想到了两个解决办法，一是多浇水；二是给土豆苗搭个架子帮它们站起来。办法想到了，大家赶快去做。认为浇水能让土豆苗站起来的小朋友赶紧去找水壶，关于搭架子我们决定请家长帮忙。

水浇了好多次，土豆苗还是倒着，于是开始实施第二个办法。联系好爸爸妈妈们后我们一起在小镇把架子搭好了，终于苗都站起来了，长得很好。看来土豆苗长高了需要我们帮它做个架子支撑起来。（见图 4-57）

图 4-57　给土豆搭架子

◎ 活动小结

幼儿发现问题后，大胆进行猜测，老师给予支持。幼儿经过初次猜测，进行了验证，发现多浇水不能解决苗倒的问题，于是实施第二个办法，通过操作，发现搭架子的确是好办法，从而帮助幼儿拓展了相关经验。

活动四： 收获土豆的好时机（观察体验活动）

🍇 活动目标

讨论收获土豆的最佳时间，并进行尝试。

🦑 活动过程

有的小朋友发现土豆开花了，认为可以收获了；有的小朋友认为还不可以，等叶子黄了才能收获；还有的小朋友认为叶子黄了花也蔫了才是收获土豆的好时机。到底什么时候收土豆才最合适呢？

12 月 18 日，土豆经过 3 个月的生长，花开得很茂盛，小朋友们来到农场挖土豆，发现没有新土豆长出来。

第二年 3 月，开学没多久，孩子们发现土豆花都没了，这次挖土豆，发现了新长的小土豆，但是很小很小。

4 月 29 日，土豆的叶子都黄了，架子也撤掉了，孩子们兴奋不已地开始了挖土豆活动。大家小心翼翼地刨开土壤和枯萎的叶子，发现地里面有很多很多土豆，原来花没了、叶子黄了才是收获土豆最好的时期。挖土豆的活动特别有意思，孩子们开心至极，同时也验证了原来土豆整个种和切块种都可以结果。

◎ 活动小结

前期的种植土豆活动让幼儿一直保持着兴趣。在临近收获土豆的时候，面临两次的失败，幼儿有些失去信心，但结果没让大家失望，这离不开老师的鼓励。当发现很多土豆的时候，大家都很激动，就这样，我们成功地收获了土豆果实（见图 4-58）。

图 4-58　收获土豆

（五）活动总结

活动从孩子们的喜好入手。活动初期孩子和家长收集有关土豆的知识，虽然在收集资料的过程中有的内容孩子不是很明白，但是他们已经了解了很多有关土豆的知识。接着，我们根据主题内容开展了丰富多彩的活动，孩子们参与了种植、探究、解密等一系列科学种植活动，让大自然的种子深深地埋在了他们心里。通过开展关于土豆的主题活动，孩子们通过不同的形式对土豆有所了解，认识、品尝了不同种类的土豆，家长们非常配合，和

孩子们一起制作的主题图书版面精美、内容有趣。

（北京市昌平区回龙观镇中心幼儿园　张欣）

三、馒头是怎样来的（大班）

（一）主题来源

在幼儿园和家庭中，孩子们经常吃到的主食之一就是馒头。一天早餐时间，萱萱吃着香香的馒头提出了一个问题："白白的馒头是用什么做的呀？"大家争相发表了自己的意见，但是没有得到统一的答案。于是，孩子们去问食堂的叔叔阿姨，他们告诉孩子们馒头是用面粉做的。问题又来了："面粉是什么？面粉是从哪里来的？"孩子们带着疑问回家和爸爸妈妈一起查阅了资料，之后他们把收集的资料带到幼儿园一起分享，知道小麦可以变成面粉。巧的是，幼儿园有的班级已经种植了小麦。于是，孩子们争先恐后地要去看小麦。这时，小麦已经长到小朋友身高的1/2左右了，孩子们决定和种小麦的班级商量，让我们一起参与到小麦的种植观察中来。

（二）主题目标

1.情感目标

（1）体会种植小麦的乐趣，懂得关心、爱护植物。
（2）在活动中体验粮食的来之不易，懂得爱惜粮食。

2.认知目标

（1）在种植小麦的过程中，了解小麦的生长变化与生存环境。
（2）了解小麦与人们生活的关系，知道脱粒、脱壳、磨面、制作馒头的方法。

3.动作技能目标

（1）能通过观察、比较与分析，发现并描述小麦的特征及生长前后的变化。
（2）能用自己的方法验证对小麦的猜想并进行记录。
（3）在探究中能与同伴合作与交流，并与同伴合作解决小麦种植活动中遇到的问题。

（三）活动预设

本班幼儿会主动探究自己感兴趣的事物和现象，能够对周围的事物、现象提出问题，并且积极思考，以自己独特的想法或方式来解决。本次主题的创设是由幼儿的问题引发的，因此在前期预设时包括的内容有观察小麦、收获小麦、制作馒头等，引导幼儿在观察、比较、探究以及解决问题的过程中养成细心、专心、耐心、不怕困难的学习品质。在主题开展的过程中，幼儿爱思考、爱提问，随之而来的新问题产生了，根据幼儿的经验、能力和关注点，后期又生成了"小麦剪断后还能继续生长吗？""小麦脱粒、麦粒脱壳的不同方法""为什么面团会粘手"等活动。通过讨论、调查、观察、探究等多种活动，鼓励幼儿尝试用不同方式发表自己的发现、感受、探索的过程和经验，体验探索、发现的乐趣。

（四）活动实施

本次的主题活动是从馒头引出的，幼儿对制作馒头的食材很感兴趣，经过查阅发现馒头是由面粉制作而成的，在继续调研的过程中，知道小麦可以磨成面粉。于是，幼儿对小麦进行了一系列的观察和探究活动，小麦成熟后，幼儿通过多次的探究活动成功制作出香香的馒头。整个主题实施了一个学期。活动一和活动二来源于思维导图的第一个分支，通过调研知道馒头是怎么做的，了解小麦的生长特点和生活习性。活动三至活动五来源于思维导图的第二个分支，通过观察对比小麦和韭菜，发现其相同与不同点，并通过连续观察、比较与分析，发现小麦生长前后的变化。活动六、活动七来源于思维导图的第三个分支，探究收割小麦、小麦脱粒的方法。活动八至活动十来源于图 4-59 思维导图的第四个分支，探究麦粒脱壳、磨面和和面的方法，体验合作探究和发现的乐趣。

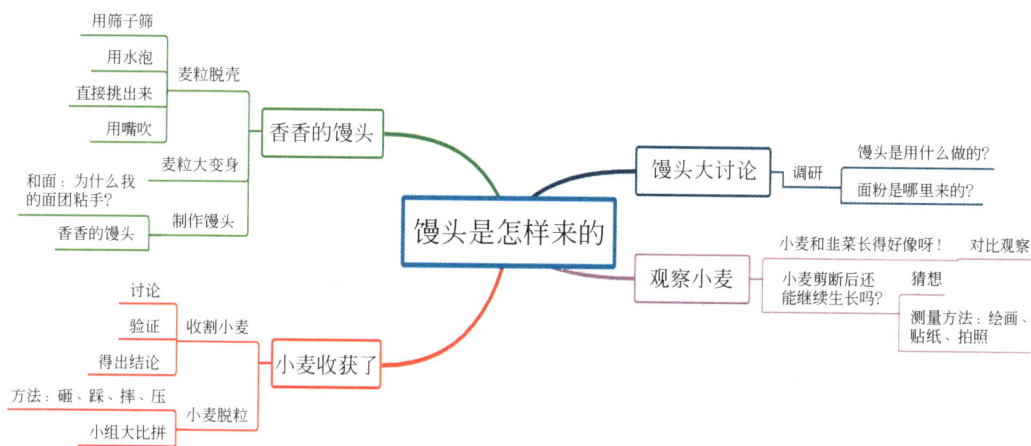

图 4-59 "馒头是怎样来的"活动实施

活动一：馒头是怎么做的？（调查活动）

活动目标

（1）了解制作馒头的方法，能够大胆说出自己的想法，发现问题时愿意向他人请教。

（2）在讨论和查阅的过程中，知道制作馒头的具体材料和制作过程。

活动过程

4月2日，早餐吃的是兔子馒头，孩子们对馒头是怎么做的产生了兴趣。萱萱问："你们知道馒头是怎么做的吗？"欣欣说："我看我奶奶做过馒头，就像我们玩橡皮泥一样，揉呀揉。"一边说着一边配着动作比画起来。天天说："你知道你奶奶用什么东西做的吗？"欣欣抢着回答："我就看见是白色的，摸起来软软的，还有点粘手。"番番说："我也见过奶奶做馒头，好像有白色的粉末，后来就变成圆圆的馒头了。"萱萱说："我们去问问食堂的叔叔阿姨吧。"

于是，几个小朋友跟着班级的保育老师来到食堂，询问了制作馒头的方法和需要准备的材料，原来馒头主要是由面粉制作成的，其中添加了奶和少许的糖，他们回来后和大家

一起分享。孩子们知道了制作馒头的方法后非常开心，有一个问题随之而来——面粉是从哪里来的？

嘻嘻说："肯定是在超市里面买的了。"萱萱说："谁还不知道在超市能买呀，我的意思是面粉是什么变的。""那我就不知道了，我只见过超市里有卖的。"嘻嘻说。"我们怎么才能知道面粉是从哪里来的呢？"欣欣皱着眉头说。萱萱说："我有办法。咱们不是经常和爸爸妈妈一起上网查吗？这次咱们继续去查查，明天看看咱们谁能查到是什么，怎么样？"嘻嘻和欣欣听了表示同意，于是当天晚上他们回家查阅了一番，第二天一早就迫不及待地把自己的发现和小朋友进行分享：小麦可以变成面粉。

◎ 活动小结

本班的幼儿开始对制作食物的食材产生了好奇和疑惑，同伴间探讨制作馒头的方法，但由于幼儿的生活经验有限，因此在幼儿产生分歧时，教师选择给幼儿提供机会，让他们用自己的方法去寻找答案。

在本次活动中，幼儿对早餐中的馒头很感兴趣，经过一番争论也没有确定馒头是用什么做出来的，于是经过商讨，决定回家查阅资料。在这个过程中，幼儿能够大胆说出自己的想法，当别人的想法和自己不同时，能倾听和接受同伴的意见，出现分歧后愿意向家长请教，了解制作馒头的方法。

活动二： 我们一起了解小麦（区域活动）

图书区

❤ 活动目标

（1）了解小麦的生长特点和生活习性。

（2）喜欢和同伴一起谈论有关小麦的图书和故事的内容。

✎ 材料投放

绘本《小麦成长记》。

▶ 活动过程

萱萱打开绘本仔细翻看着，不一会儿她对身边的瑜宝说："你看小麦的种子是这样的；小苗长大后开始是绿色的，然后就变成了金黄色。"瑜宝听了，赶快把脸凑到绘本前和萱萱一起翻看着。看到他们认真地阅读着，我轻轻走过去问："你们知道小麦最后成熟了是什么样子吗？"萱萱说："从这本书上看应该是深黄色的，是椭圆形的。""你们知道小麦是怎么变成面粉的吗？"瑜宝说："我不知道。"萱萱说："这有小朋友制作的书，里面有小麦变面粉的方法，我们一起看看吧。"在区域小结环节，萱萱和瑜宝分享了绘本中小麦的生长环境和特点，还有小麦变成面粉的过程。

◎ 活动小结

幼儿和教师一起收集有关小麦生长的图书，通过阅读与交流，了解小麦的生长环境和特点。亲子自制小麦有关的图书，如小麦的生长过程、美味的小麦食物、小麦的用途等，进一步了解小麦。

植物角

🍇 活动目标

能够记录小麦的生长过程以及自己的发现。

🐚 材料投放

小麦观察记录本。

💧 活动过程

天天在植物角观察小麦，他先是拿来了放大镜，对着小麦的叶子仔细观察着，然后对身边的小朋友说："小麦现在是细细、长长的。"一会儿又拿来尺子给小麦量身高，之后打开了记录本翻看着，最后在记录本上记录下来。我问："今天你有什么发现吗？""我发现小麦又长高了点。""你是怎么知道的？""我刚刚看了前一个小朋友之前的记录，发现他量的时候是在尺子的 8，现在已经快到 10 了。"在区域分享环节，天天拿着记录本，把今天他所观察到的分享给了小朋友们。

◎ 活动小结

幼儿观察小麦的发现都可以记录在小麦观察记录本上，比如：小麦和韭菜的对比、小麦变色了、小麦长麦粒了等，还可以记录自己对小麦的猜测以及验证结果，如小麦剪短后还能继续生长吗？小麦怎么才算成熟了？怎样收割小麦？怎么脱粒？等等，通过连续观察的方式了解小麦的生长过程和特点。

活动三： 小麦、韭菜大比拼（观察活动）

🍇 活动目标

（1）能够对小麦和韭菜进行对比观察，发现其相同与不同点。

（2）能将自己的发现大胆分享给同伴。

💧 活动过程

4 月 20 日，山药和萱萱一起来到自然小镇。经过韭菜地时，山药说："小麦和韭菜长得好像啊！叶子都是长长的、窄窄的、绿绿的。"萱萱说："肯定有不一样的地方呀，要不然我们就分不清谁是小麦谁是韭菜了。"山药说："我们对比着看看它们到底哪里不一样吧？"萱萱觉得这是个好主意。于是，山药和萱萱决定针对小麦和韭菜进行对比观察。

"我发现小麦和韭菜叶子的形状都是下面粗上面细，但小麦的上面是尖尖的，比韭菜尖很多。""小麦的叶子比韭菜的叶子要粗一些。""小麦摸起来有点扎手，韭菜摸起来滑滑的。""小麦和韭菜的叶子长的地方不一样，小麦的叶子一片比一片高，韭菜的叶子都从最下面长的。""我闻到韭菜有一股香香的味道，小麦没有味道。"俩人你一言，我一语，发现了小麦和韭菜的很多区别。

为了更直观地分享给大家，山药和萱萱决定带一棵小麦和一棵韭菜回到班里（见图 4-60），并把自己的发现分享给

图 4-60 韭菜和小麦的对比图

了大家，我们还共同总结出韭菜和小麦的相同点和不同点（见表4-1）。

表4-1　小麦与韭菜的对比

项目	相 同 点	不 同 点	
		小　麦	韭　菜
叶子	下面粗，上面细	粗	细
		叶子一片比一片高	叶子都从最下面长的
		叶子间的距离比较远	叶子都包裹在一起
茎	都是圆圆的	茎很长	茎很短
		茎粗	茎细
味道	×	没有味道	香香的味道
触感	×	扎手	滑滑的

◎ 活动小结

在自然小镇有一片韭菜地，每次幼儿去观察小麦的途中都会经过韭菜地，有的幼儿会把韭菜当成小麦，为了让幼儿区分小麦与韭菜，我们开展了本次活动。山药和萱萱在观察小麦和韭菜时，发现了现阶段的小麦和韭菜样子非常像，后来他们商量要通过用眼看、用手摸、用鼻子闻等多种方式对韭菜和小麦进行对比观察，两人得出了相应的结论并分享给其他小朋友。在幼儿观察时，我选择了做一个旁观者，倾听他们之间的对话，支持他们通过自己的方式找到自己需要的答案。得出结论后，引导幼儿将小麦和韭菜的异同点记录下来，引导幼儿形成总结意识，进一步强化了幼儿关于韭菜、小麦的异同点的认识。

活动四：科学"小麦剪短后还能继续生长吗？"（集体教学活动）

🍇 活动目标

（1）能用测量、拍照等方法观察、比较小麦等植物剪断后的变化，并验证自己的猜测。

（2）发现有的植物剪断后可以继续生长，对自己的发现感到兴奋和满足。

❀ 活动准备

（1）经验准备：通过观察和比较，知道韭菜收割后可以继续生长。

（2）物质准备：测量工具（尺子、木棍、魔尺、小麦杆）、相机、记录单、笔、黑板。

☺ 活动过程

（1）活动引入，激发幼儿的活动兴趣。

讨论：我们今天要观察哪些植物？我们已经做了哪些准备？

（2）幼儿分组观察和验证，引导幼儿用测量、拍照等方法观察、比较小麦等植物剪断后的变化，并验证自己的猜测。

①幼儿分组进行观察，利用不同的方式观察小麦、蒜苗、葱、芹菜、萝卜剪断后的变化，并进行记录。

②幼儿分享交流自己的发现。

提问：你用了什么方法？你有什么发现？

③ 讨论：还没有发生变化的植物就一定长不出来了吗？

④ 小结：我们通过自己的方法，发现了韭菜被剪断后能够继续生长，没有长出来的植物我们也不能马上判定它们不可以，我们需要继续观察。

⑤ 提示：我们是为了验证自己的猜想才做了本次实验，在日常生活中，我们要爱护植物、珍惜生命。

（3）活动延伸。

① 幼儿分组继续进行定期观察和记录。

② 继续猜想和验证：还有什么植物剪掉后能继续生长？

◎ 活动小结

根据幼儿的已有经验，幼儿知道韭菜在收割时是从根部剪断，然后韭菜还会继续生长。这次在观察小麦的过程中，幼儿觉得韭菜和小麦长得很像，所以猜测小麦等植物有可能剪短后也再生长。于是，我设计了本次集体教学活动，引导幼儿用测量、拍照等方法观察、比较小麦等植物剪断后的变化，并验证自己的猜测，探究小麦剪短后还能否继续生长。

活动五：　小麦变色了（观察活动）

🍇 活动目标

（1）能通过连续观察、比较与分析，发现小麦生长前后的变化。

（2）积极参与讨论，用自己的方式交流、分享自己的想法。

◉ 活动过程

5月8日，璠璠和欣雨来到小麦旁边仔细观察。欣雨蹲在一旁左右摇晃着脑袋看，不一会儿就对身边的璠璠说："快看，小麦的叶子里面好像也不一样了，里面长出了很多小颗粒。"（见图4-61）璠璠把身体凑近了一看，说："真的，里面长出来了什么东西呀？"身边的籽穗听见了，对他们说："我姥爷告诉过我，小麦会长麦穗。这个会不会是麦穗啊？"璠璠说："哇，好神奇！韭菜里面就没有长出东西来，现在小麦和韭菜又不一样了。"一边说着，欣雨用手轻轻地摸了摸麦穗，说："哎呀，麦穗好扎手呀，外面这一层像长了胡须一样。"

图4-61　幼儿发现小麦长麦穗了

6月10日，菲菲和迪迪来到自然小镇，迪迪大叫道："快来看！小麦变颜色了！前几天还是绿色呢。"他的招呼声一下子引来了好多小朋友围观。璠璠说："前几天小麦穗还是长在小麦叶里面，现在小麦穗都超过小麦叶，变成大麦穗了。"籽穗说："对呀，现在麦穗全都变成金黄色的了，小麦叶也慢慢变黄了。"（见图4-62）璠璠一直站在小麦旁边看，说："麦穗变大变高了，里面一排一排的，好像在排队。"籽穗说："麦穗的胡须也长长了，硬硬的、尖尖的，越来越扎手了。"

图 4-62　幼儿观察发现小麦变黄了

◎ **活动小结**

经过几个月的连续观察，幼儿发现小麦不断在发生变化。孩子们见证了小麦成熟的过程，发现了小麦叶子和麦穗的生长变化。在观察的过程中，孩子们会因为小麦的变化而欣喜，每一次的新发现都让孩子们更加期待下一次对小麦的观察，在观察时也更加认真、专注，也乐于将自己的发现和小伙伴一起分享。

活动六：收割小麦（探究活动）

🍇 **活动目标**

（1）能够主动猜想收割小麦的办法，并能大胆动手验证猜想。

（2）愿意主动出主意、想办法收割小麦，并与同伴交流自己的想法。

◉ **活动过程**

孩子们来到小麦地准备收割小麦，可是孩子们却犹豫不决。嘻嘻站在小麦旁边歪着头看，我问："你在想什么？""我看看到底要怎么收小麦呢？"萱萱说："是不是直接把麦粒抠出来呀？"看到孩子们有疑惑，我将孩子们召集到一起，抛出了一个问题："孩子们，你们想怎么收小麦呀？"天天说："可以把麦穗剥开。"欣欣说："麦穗这么多，我们什么时候才能剥完啊！"山药说："咱们之前几次收获蔬菜不都是拔起来的吗？这次我们还是连根拔起来不就行了。"说着，山药和其他五六个小朋友急忙去尝试。山药说："这个也太扎手了，而且我一弯腰，麦穗就会碰到我的眼睛。"旁边的小朋友也出现了同样的情况，我走到他们身边问："你们还有其他好办法吗？"山药想了想说："要不从麦秆的中间折断吧。"于是几个小朋友又去试了试，可是山药发现麦秆很硬，不容易折断。山药说："老师，我想用剪刀试试。"于是，小朋友们从旁边的创意馆借了几把剪刀，又开始尝试。这时我发现有的小朋友不一会儿就剪断了一根，有的小朋友却迟迟剪不断。我问："山药，为什么你能剪下来呀？"山药回答："我发现麦秆中间比下面要细，所以我是从中间剪下来的。"一旁的小朋友听到了他的方法，也试着剪，在大家的共同合作下，我们成功地收割了小麦。

◎ 活动小结

在整个过程中，孩子们先是对收割的方法进行了猜想，并且对自己的想法一一进行了验证。在遇到困难的时候，孩子们并没有气馁，而是寻求其他的收割小麦方法，通过多次操作找到了最适宜的收割方法。我在整个活动中充当引导者，当幼儿出现困惑时，我会用提问的方式激发幼儿思考，鼓励他们寻找更适合的办法。在活动中，当其他的小朋友剪不断小麦时，让山药分享他的成功的经验，既是对山药的一种鼓励，也发挥了同伴榜样的作用。

活动七： 小麦如何脱粒呢？（探究活动）

❤ 活动目标

（1）在脱粒过程中能大胆尝试不同的方法；通过小组对比，总结出脱粒的好方法。

（2）在探究小麦脱粒的过程中，能与同伴分享交流，体验合作探究的乐趣。

☺ 活动过程

幼儿一起到自然小镇收割了小麦后把麦穗堆在一起，这时萱萱提出了一个问题："麦粒在麦穗里面，怎么才能取出来呀？"于是幼儿讨论起来。

山药说："可以用脚踩。"天天说："可以拿石头砸。"欣欣说："可以使劲儿摔麦穗。"琪琪说："可以骑自行车从麦穗上轧。"幼儿们你一言我一语地说出了很多办法。萱萱说："要不我们分头试试吧。"天天说："行，一会儿看看到底哪个方法最好用。"

最后孩子们决定分组来进行实验，并以比赛的形式找到最好用的方法。幼儿根据自己的猜想分成了4组，使用的方法分别是砸、踩、摔、轧。

琪琪从车棚里找来一辆儿童自行车，按照自己的想法轧过去。但是骑车对她来说本来就有些困难，要骑车从麦穗上轧过去就更加困难了，琪琪来来回回几次之后，发现脱落的麦粒特别少。天天先是找了一块小石头，砸了一会儿发现没有成功，于是找来一块大石头，用力砸向小麦，虽然小麦粒能够被石头砸出来，但是数量也不多。欣欣选择了用手摔打麦穗，一开始她拿了几根麦穗，但发现麦穗太轻用不上劲，于是又拿了一大把麦穗使劲地摔打着，这时能看到一小部分麦粒被摔出来。山药使用的是踩的方法，一开始他小心翼翼地站在麦穗上，踩了几下他蹲下身体看了看，发现麦粒还在麦穗里面裹着，于是山药开始用力地踩，一只脚不够就两只脚一起踩，当他拿起麦秆时，发现麦粒已经脱落在地面上，他开心地与队友分享自己的喜悦。在最终的比拼中，踩的方法取出来了一大盒麦粒，摔的方法取出了一小盒麦粒，砸和自行车轧的方法取出了半盒麦粒，通过对比，发现踩的方法取出的麦粒最多，所以幼儿觉得踩的方法最好用。

◎ 活动小结

幼儿将麦秆剪断后堆放在一起，细心的幼儿发现麦粒藏在麦穗里面，经过之前的查阅资料，幼儿知道接下来需要进行脱粒，于是，今天幼儿分组进行了脱粒的活动，用小组对比的方式选出最好用的脱粒方法。在本次活动中，幼儿能大胆尝试用不同的方法给小麦脱粒，通过对比总结出脱粒的好方法，在探究小麦脱粒的过程中，幼儿能主动表达自己的想法，能与同伴分享交流自己的探究结果，同伴间也体验了合作探究的乐趣。

活动八：怎样去掉小麦里的杂质？（探究活动）

🍇 活动目标

（1）在小麦脱粒过程中，能够积极动手动脑解决问题。

（2）在探究脱粒活动中能与同伴合作与交流。

☻ 活动过程

瑜宝用手拨动着小麦粒来回地看，她发现里面有一些脏东西，她把大家叫了过来。萱萱看了看说：“哎呀，怎么里面有这么多的脏东西呢？”瑜宝问：“我们怎么才能把脏东西挑出来呀？”幼儿根据已有经验大胆猜测。依政说：“我想用水把小麦粒里的脏东西洗出来。”山药说：“可以用簸箕把小石子和小皮皮给颠出去。”瑜宝说：“我觉得用筛子可以把里面的脏东西筛出来。”熙熙说：“我可以用手把脏东西挑出来。”萱萱说：“我觉得可以直接吹出来。”说完，几名幼儿按照自己的方法找来需要的工具和组员开始进行尝试，依次分为水洗组、簸箕掂组、筛子组、手挑组、吹气组。山药说：“不如我们来比赛吧，看看哪个组清理的小麦最多。”孩子们同意了并开始了比赛。

萱萱带着吹气组的小朋友使劲儿朝小麦粒吹气，小麦皮被吹出来了，但是小石头没有动，不一会儿，孩子们的小脸涨得通红，吹几口气就要停下来歇一会儿。熙熙带着手挑组的小朋友一人一小盒小麦认真地挑着脏东西，不一会儿，熙熙揉揉眼睛说：“小麦里的脏东西太多了，我眼睛都看花了。”瑜宝带着筛子组的小朋友，拿着小筛子，一人装一些小麦，使劲筛了起来，小麦粒从筛子的小孔里源源不断地落了下来。山药和小朋友选择用簸箕颠，他们拿着簸箕一用力，脏东西掉出来了，小麦粒也掉出来了。依政和组员找来一个大盆装满水，将小麦粒倒进去，不一会儿，水面上就漂了很多脏东西，依政和小朋友来回换了几次水，小麦就变干净了。比赛结束后，5个组的幼儿将小麦粒放在一起进行比较，发现用筛子筛和用水泡的方法去掉的脏东西最多，最后，幼儿觉得用筛子筛和用水泡的方法最好用。

◎ 活动小结

小麦脱粒后，幼儿拿着收获的小麦粒来到自然体验馆，幼儿发现麦粒中掺杂了很多杂质，为了筛选出干净的麦粒，我们开展了本次活动。在本次的活动中，幼儿能够大胆猜测小麦脱壳的方法，并且用自己的方式验证猜想，最后通过比赛的形式总结出脱壳最好的方法。教师在这个过程中给予了幼儿充足的交流、探索机会，鼓励他们勇于同伴合作探究和分享交流。

活动九： 小麦怎样变成面粉？（探究活动）

🍇 活动目标

（1）在探究小麦磨成面粉的过程中，能用不同方法验证自己的猜想。

（2）能与同伴分享探索和发现的快乐。

◉ 活动过程

小麦脱粒成功后要准备磨成面粉了，孩子们来到自然体验馆，结合这里的工具和材料，先是讨论操作方法。山药问："我们怎么才能让小麦粒变成细细的面粉呢？"菲菲说："可以用捣蒜器把小麦粒砸碎。"阳阳说："我们可以用石磨，这样肯定特别快。"说完，几名幼儿分成两组进行操作。

第一组用捣蒜器。菲菲用捣蒜器使劲地砸、碾，但小麦粒只是变成了一小块一小块的。

第二组用石磨。阳阳将半盒小麦粒倒入石磨中，双手用力地推动石磨。磨了一会儿，阳阳发现磨出来的麦粒是一块一块的，于是将这些麦粒再一次收集并倒入石磨中继续磨。第二次磨完后，阳阳发现取出来的面粉有粗有细，于是拿来了小筛子，把细细的面粉筛出去后，把剩余的麦粒又放入石磨中继续磨。就这样重复几次后，所有的面粉都是细细的。

活动的最后，通过两组的对比，幼儿发现第二组的方法最好用。

在整个活动中，幼儿遇到问题时，能够结合自己前期经验自己想办法解决，在解决时注重同伴合作的作用。当解决的办法出现分歧时，他们会选择分组验证，通过自己的实践验证了把小麦变成面粉的最好的方法。

◎ 活动小结

本次活动幼儿探究将麦粒磨成面粉的方法。幼儿先是针对小麦磨成面粉的方法发表了自己的想法，通过分组操作验证他们的猜想，最终与同伴找到了把小麦变成面粉的最好的方法。在这个过程中幼儿体验到了与同伴分享探索和发现的快乐。

活动十： 为什么面团粘手？（探究活动）

🍇 活动目标

（1）在和面的过程中，能够大胆猜测问题并设法验证。

（2）能与同伴合作探究和面的方法，体验合作探究和发现的乐趣。

◉ 活动过程

政政准备好了面粉和水，他拿起一碗水全部倒入面粉盆中，然后用双手在面粉中来回地搅拌，不一会儿，政政着急地说："哎呀，怎么粘了我一手啊！好黏啊！"一边说着一边抠手上的面团。一旁的萱萱说："你是不是水放多了呀？"天天说："我觉得不是，要不你再多放点儿水试试。"政政一脸茫然地看着自己的满手的面团，不知道该听哪个小朋友的意见。我走过去对他们说："为什么面会粘手呢？"天天说："我觉得水太少了。"萱萱说："不是，我觉得水太多了，你看他把一碗水都倒进去了。"几个小朋友开始争论起来。萱萱说："要不咱们试试，看看是因为水多还是水少。"一旁的几个小朋友同意了，于是他们分成两组进行试验。

第一组的天天一下子倒进了半碗的水，然后开始搅拌，他发现有些粘手后，又加了一些水发现还是粘手，最后把一碗水都倒进面粉中，结果手上的面团越粘越大。第二组的萱萱只加了一点点水，说："你们看我加水少就不粘手。"政政说："你这个虽然不粘手，但是也不能揉成面团啊。"萱萱想了想，说："是啊，现在我觉得面粉特别干，根本揉不成面团。"我问："你们两组的试验怎么样了？有什么发现吗？"天天笑着说："你们看我的手都被粘住了，因为我放的水太多了。"萱萱说："我放的水倒是很少，可是面特别干，这样揉不成面团呀。"我问："通过你们的试验，面粘手到底是什么原因呢？"萱萱和天天说："是因为水放太多了才会粘手的。"我继续问："我们的目的是要把面粉揉成团，到底放多少水才合适呢？"萱萱说："我这个还需要再加一些水，但不能太多了。"天天说："你可以加一点水搅拌搅拌，然后加一点水再搅拌，你试试。"于是萱萱按照这个方法，一边加水一边和面，发现这样既不像开始那样粘手，也不会不成团。经过孩子们的多次尝试，光滑的面团终于揉制成功了，把小面团放到蒸锅中，等待香香的馒头出锅吧。

◎ 活动小结

细细的面粉磨好了，孩子们准备制作馒头了。他们先是查阅了有关制作馒头的资料，其中包括所需材料和制作方法。在这个过程中，发现和面的时候面粘手，他们会根据自己的已有经验进行猜测，并分组进行验证，最终发现水放太多会粘手，水放太少面不成团，一边和面一边加水的方法最好。我在活动中先是作为旁观者去观察幼儿的操作，在幼儿争论不休时我抛出问题，引导他们尝试不同的方法。通过提问和追问，引导幼儿不但能找出面粘手的原因，还能发现和面的小技巧。

（五）活动总结

在本次的主题活动中，幼儿体会种植小麦的乐趣，了解小麦的生长变化与生存环境、与人们生活的关系，能通过观察、比较与分析，发现并描述小麦的特征及生长前后的变化，通过多次操作和梳理，知道脱粒、脱壳、磨面、制作馒头的方法。

1. 依据幼儿最近发展区创设主题活动

学期初，孩子们在自然小镇发现了小麦，有的小朋友觉得韭菜和小麦长得很像，提出一些问题："为什么它们长得一样？""农民伯伯怎样区分它们呢？"根据《指南》中："能通过观察、比较与分析，发现并描述不同种类物体的特征或某个事物前后的变化"，还根据大班幼儿的年龄特点，要观察植物的周期性，为此，为了满足孩子们的播种兴趣、丰富他们在种植方面的知识，锻炼他们的动手能力，我们开展了"小麦成长记"这个主题种植活动。

2. 幼儿运用多种感官进行对比观察与分析

幼儿通过看、摸、闻等方式进行对比，发现了韭菜和小麦的相同与不同点，最后用最直观的方法把自己的发现分享给其他小朋友，如学会：用眼看——观察韭菜和小麦的外观、颜色等；用手摸——感觉韭菜、小麦粗糙还是光滑；用鼻子闻——闻闻韭菜和小麦是否有香味；等等。

3. 幼儿探究中与同伴合作和交流

在活动中，小朋友能够根据以往的经验去选择和猜测植物。通过分组，孩子们有了初步的分工与合作的意识，并以小组的形式制定计划、实施计划。还能利用各种方法，通过一系列的活动验证自己的猜想。与同伴合作解决小麦种植活动中遇到的问题，并进行分享交流。

孩子们对种植活动充满了兴趣，当看到小麦成熟了可以收获了，孩子们提议回家查阅资料，看看小麦怎样收获更好。能够按照自己的计划做事情，有完成任务的意识。在收获活动中，他们能将自己查阅到的知识告诉同伴并说出原因。正因为他们的准备充分，才使他们在收获时变得更加自信。在活动最后，幼儿能大胆地提出新问题并进行猜想，激发了孩子们继续观察的欲望。由于孩子们半途才开始接触小麦，对小麦的生长周期没有一个完整的观察过程，很多孩子觉得有些遗憾，也对小麦开始的样子充满了好奇，于是经过商讨，我们决定在下学期种植小麦，进一步了解小麦的生长特点。

教师在整个过程中，要支持幼儿与同伴合作探究与分享交流，引导幼儿在交流中尝试整理问题。支持、引导幼儿用适宜的方法探究和解决问题，比如幼儿在脱壳、脱粒、磨面粉的过程中，教师要支持幼儿的行为，让幼儿通过自己动手操作去发现和总结，支持和鼓励幼儿在探究的过程中积极动手动脑寻找答案或解决问题。在活动中教师要根据幼儿的兴趣开展活动，满足幼儿的好奇心。还要鼓励幼儿利用不同的方法进行验证，当幼儿遇到问题时，教师应适当引导、适时介入，仔细观察每个幼儿的举动，始终做幼儿种植活动的支持者、引导者。

本次小麦主题活动体现了家园共育。洋洋的奶奶是农场的管理员，非常支持班里的工作，经常来后院的菜地照顾植物，还和孩子们一起完成了种植、间苗、除草等活动。家长们都很愿意参加农场的活动，觉得幼儿园组织的活动很有意义，孩子们可以学到很多经验，懂得照顾、爱护植物，培养了耐心和观察力。

（北京市昌平区回龙观镇中心幼儿园　柏跃超）

四、甜菜的秘密（大班）

（一）主题来源

新学期开始，新一轮的种植活动又要开始了。我们来到自然小镇，大家高兴地商量着这次种什么。我问道："你们最喜欢的食物是什么？"小杰急着说："我最喜欢吃巧克力。"天天说："我也喜欢巧克力和糖，多甜啊！"悦悦说："老师，我们喜欢吃甜甜的食物，比如蛋糕、糖果。"大家七嘴八舌地讨论着。听完小朋友们的回答，我发现很多小朋友的答案都是甜的、糖，我问道："你们知道糖是从哪里来的吗？"这个问题难倒了小朋友们，"对呀，糖是从哪里来的呀？""难道糖是种出来的吗？"孩子们对这个问题很好奇，请求老师

帮他们查一查资料。通过查阅资料，我们发现有好多东西里面都有糖，都是甜甜的，而甘蔗和甜菜是最主要的制糖原料，还有其他的水果、蔬菜、粮食也含糖可以制糖。于是从讨论"糖从哪里来的"开始，我们开展了甜菜的秘密主题系列活动。

（二）主题目标

我们开展"甜菜的秘密"种植主题活动，目标在于让幼儿亲手种植甜菜、亲自照顾甜菜、亲眼发现甜菜的秘密、亲身经历甜菜成长，使幼儿感知生命，实现科学探究启蒙，初步形成科学素养。

1. 情感目标

（1）在不同形式的活动中体验种植甜菜的乐趣，萌发爱护植物的情感。

（2）在活动中，能够主动承担任务，遇到困难能坚持，不轻易放弃。

2. 认知目标

（1）了解甜菜不同的生长阶段及生长变化。

（2）了解甜菜的营养价值以及糖与人们身体健康、生活的关系。

3. 动作技能目标

（1）能够观察、比较、分析，发现甜菜的外形特征与结构，能用数字、图画、图表或其他记录方式记录。

（2）与同伴合作解决甜菜种植活动中遇到的问题，能够主动承担任务。

（三）活动预设

"甜菜的秘密"主题活动设计按照预设和生成相结合的原则，设计了"糖从哪里来""我了解的甜菜""甜菜种植记""甜菜在长大""甜菜用处大""收获甜菜"六个环节，包含了甜菜种植前期、种植中期、种植后期的活动，通过谈话活动、调查活动、探究活动、教育活动、观察活动等呈现幼儿在活动中的表现。

大班幼儿在种植活动中有着各种体验、尝试，通过教师的引导和帮助，孩子们积累了丰富的种植经验，已经具备了学前儿童特有的探究意识和探究能力，活动开展起来也越来越具备科学性，结合幼儿现有水平与兴趣点，我们挑选甜菜作为大班幼儿适宜种植的植物，开展了"甜菜的秘密"主题种植活动。活动前期，主要是针对甜菜作为生活中罕见的作物，幼儿要去了解甜菜，通过多种方式查阅资料，了解它的生长习性、生长条件、生长周期、生长地域等。在种植阶段，幼儿大胆地提出想法，尝试泡种子种植方式，等待甜菜发芽。在照顾阶段，幼儿能够发现甜菜的苗生长和分布不均匀，采取移苗的方式来照顾甜菜苗，教师在这一阶段给予幼儿支持和引导，在移苗过程中也经历过失败，但最终孩子们成功移苗。在甜菜生长艰难之时，幼儿发现了大棚的神奇作用，并做了温度、湿度测量实验。在甜菜生长旺盛之时，幼儿对甜菜的身高进行测量，获得了很重要的自然测量经验。在幼儿期待着收获甜菜的同时，去了农业嘉年华的甜菜馆，从中有了新的体验，获得新的知识，对榨糖产生了浓厚的兴趣。因此，整个主题活动是幼儿不断地探索与发现所串联成的活动，在种植活动中不断发现甜菜的秘密。

（四）活动实施

甜菜种植活动从大班幼儿升班后一直到大班幼儿毕业，从9月下旬到次年6月底。具体进行了"糖从哪里来""我了解的甜菜""甜菜种植记""甜菜在长大""甜菜用处大""收获甜菜"六个板块，如图4-63所示。

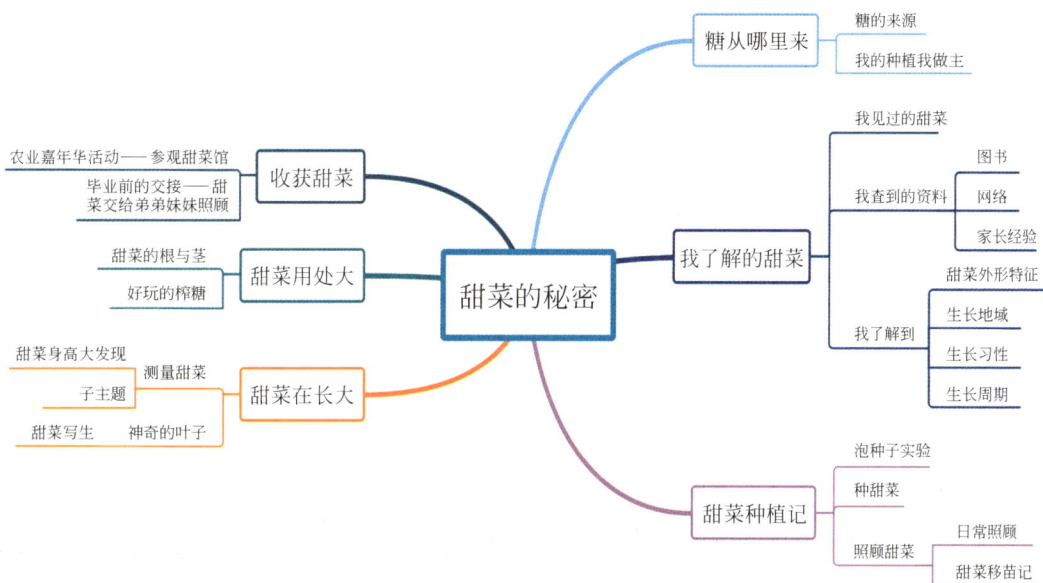

图4-63 "甜菜的秘密"活动实施

活动一：我的种植我做主（谈话活动）

大班的种植季已经来临，孩子们想知道"糖从哪里来的"，希望我们自己能"种出糖"。孩子们收集相关资料，了解了糖的原料是甘蔗和甜菜，孩子们决定通过投票选出要种的东西。

活动目标

（1）了解甜菜生长的适宜性。

（2）当大家意见不一致的时候通过投票的方式做决定。

（3）对种植活动感兴趣，敢于表达自己的想法。

活动过程

9月20日，老师和孩子们整理收集的种植资料，发现了最主要的制糖原料是甘蔗和甜菜。孩子们猜测着甘蔗和甜菜可不可以种在自然小镇。

小杰说："我吃过甘蔗，特别甜，甜菜是什么呀？"小邱说："甜菜也应该是甜甜的，从图片上看它和大萝卜有点像。"孩子们讨论之余，果果问老师可不可以种两种植物。我们班只有一块土地，如果同时种两种植物可能会太挤，而且同时照顾两种植物，小朋友们会忙不过来，所以大家商量还是种一种植物。大家七嘴八舌地议论起来，种甘蔗种甜菜都有不少小朋友支持。

老师说："想种甜菜和甘蔗的小朋友都有，到底听谁的呢？"悦悦说："老师，我们可以投票吗？就像咱们之前评选故事大王一样。哪个选的人多就种哪个。"老师说："这个主意不错，我们需要做什么准备呢？"大宝说："老师，我画一根甘蔗、一个甜菜就行啦！"小邱说："每个人一张便利贴，选甘蔗的就贴甘蔗上，选甜菜的就贴甜菜上。"天天说："票上做记号或者写名字吗？"老师说："可以写名字，这样我们就知道都有谁来投票了。"

孩子们每个人拿一张便利贴认真地写下自己的名字，然后把自己的"选票"贴到自己选的植物旁边。最后大家一起计数，投票结果是：选甘蔗的比选甜菜的多一票。经过投票，孩子们决定种甘蔗。我提示孩子们，在种植之前，要先了解这种植物和它适宜的生长环境。我们一起查阅了关于甘蔗的资料，发现甘蔗是生长在南方的，北方不适宜种植。于是又查阅了关于甜菜的资料，发现甜菜是生长在北方的。于是，孩子们纠结的问题迎刃而解了——我们决定种甜菜。

◎ 活动小结

从活动中可以看出，幼儿通过了解本不熟悉的甜菜，对甜菜种植更加感兴趣。大班幼儿能够运用已有经验表达自己的看法，并在活动中巧妙运用投票的方式决定种植对象。幼儿提出投票活动具有灵活性与创新性，在商讨制作选票环节时能够发挥想象力进行实名投票，为未来开展活动做好前期准备，体现了大班幼儿逻辑思维的转化与提升。

▤ 活动二：我了解的甜菜（调研活动）

大班的孩子对调查和收集资料很感兴趣，也十分热衷于自己寻找问题的答案。当孩子们决定种植甜菜时，他们对这个新事物有着强烈的好奇心，通过图书、网络、家长经验等资料收集，孩子们从甜菜相关调查中获得了很多有效知识和经验，如甜菜的外形特征、生长地域、生长习性、生长周期等。

🍇 活动目标

（1）对甜菜种植活动感兴趣，乐于表达、分享与交流自己的经验。

（2）了解甜菜生长的特性、种植方法等知识。

（3）能够通过多种方式收集并采取制作手抄报等方式整理资料。

◉ 活动过程

9月23日，在日常生活中很少见到的甜菜，引发了孩子们极大的好奇心，于是教师给孩子们留了一个任务——和爸爸妈妈一起收集关于甜菜的资料，将自己收集到的有用信息绘制成手抄报保存下来，以便我们整理在一起，可以随时翻看。第二天，大家拿着自己的手抄报来分享交流自己收集到的关于甜菜的各种知识。

浩浩说："我查到的是甜菜生长在北方，它喜欢水，它的果实长在地底下，用它可以制糖。"天天说："甜菜种下去要很长时间才能收获，得1年到2年。"大宝说："甜菜很有营养，老人小孩吃了都很好，还能治病。爸爸告诉说，甜菜可以降血压、通气。"悦悦说："我把用甜菜制糖的步骤画下来了，等我们的甜菜成熟之后，我们可以按这个步骤制糖。"

周周说："我查了怎么种甜菜，甜菜有种子，种子要先泡了才能种，长大了之后甜菜颜色很好看，有红红的茎。"

孩子们查到了很多有关甜菜的信息，老师也找到了一本关于甜菜的书，我们把大家收集来的信息和甜菜书籍里的知识进行对照，发现孩子们找来的资料挺可靠的。老师提议和孩子们一起把制作的手抄报整理好，放在图书区，大家继续探索甜菜的相关知识。

◎ 活动小结

通过调研活动，幼儿了解到甜菜的生长环境是在北方，生长周期能达到 2 年左右，还了解到用甜菜制糖的过程、甜菜种植方法，等等。这次活动幼儿通过收集信息、相互交流，对甜菜有了一定的知识、经验准备，也从中学习到了收集资料的多种方式，从而使幼儿在探究活动中能够更好地寻找答案。

活动三：泡种子实验（探究活动）

经过前期充分的调查，孩子们发现了甜菜种子的特别之处——甜菜种子需要泡一泡才能长得更好。9 月 26 日，为了验证小朋友的发现，我们进行了泡种子实验，还进行了分组：泡种子组与直接种植组。通过实验，孩子们有了新的发现。

🍇 活动目标

（1）通过观察，比较与分析，发现并描述种子前后的变化。

（2）能够用自己的方法验证自己的猜测。

◉ 活动过程

孩子们在认识了甜菜种子之后，开始讨论"怎么播种"的问题。天天说："我调查的资料上说需要泡种子，泡完了才能种。"悠然说："需要 24 小时一直泡着。"浩浩说："我查到甜菜需要的水分多，要多浇水。我觉得可以先泡泡种子。"但是，大家也有不同的意见。妹妹说："可以直接种了再多浇水啊，不用泡吧？"周周说："我们泡过豆子，泡过就容易发芽了。"悦悦说："我觉得不用泡，我不想泡，咱们直接种就行。"

孩子们对泡不泡种子很难达成一致，于是他们要求分成两组来做实验（见图 4-64），看看是泡种子还是不泡种子能长出来。泡种子组的大部分小朋友选择了纸杯，个别小朋友

图 4-64　分组做实验

选择托盘，他们在自己的容器上做好标记后，开始选择放置容器的位置，有的放在阳台上，有的放在盥洗室里；直接种种子组不甘示弱地精心选择容器，并将种子播种到小镇的地里。接下来，孩子们满心期待着种子的变化。

第二天，直接种种子组没有发现变化，这也是孩子们预料到的，得需要多观察几天。泡种子组有了新的变化。周周说："种子原来是硬的，颜色也浅，泡完之后变软了，颜色变深了。"浩浩说："种子变大了好多呀，应该是它吸收了水分。"悠然说："昨天刚泡的时候是浮起来的，今天上午沉下去了。"孩子们兴奋地描述着自己的发现。到下午，种子已经连续泡了整整一天了。孩子们小心翼翼地取出种子，种到地里，继续等待，看看谁会先发芽。

大约在一周的时间里，孩子们每天观察地里的变化，终于，孩子们的实验有了新的结果——泡过的种子发芽了。没有泡过的没有发芽，孩子们猜想可能因为时间太短，不容易发芽，于是，继续等。又等了一周，没有泡过的种子还是没有发芽。原来，甜菜种子经过浸泡才能发芽长苗，直接种种子组虽然没有在这段时间等到结果，但他们也获得了新的经验。

◎ 活动小结

教师在泡种子实验之前引导幼儿认识种子，选择适宜的种植方法，活动中应幼儿的要求提供了实验材料，鼓励幼儿按照自己的想法去探究泡种子的原因、时间、地点等。幼儿能够通过自己的尝试发现种子泡之前与泡之后的不同，并能够用图画方式进行记录。幼儿亲身进行的实验验证，帮助幼儿获得了"甜菜种植需要泡种子"的经验。通过泡种子实验孩子们有了很多新的发现，对种甜菜的兴趣更加浓厚，探究的主动性和积极性也因此增强。

活动四：甜菜移苗记（探究活动）

孩子们在播种期留下的问题渐渐浮出水面——甜菜长势不均匀。孩子们为了解决这个问题，第一次尝试了为甜菜移苗。移苗不是间苗，孩子们展现出了对自己亲手种植的小苗倍加呵护，在移苗过程中，获得了新的种植经验。

🍇 活动目标

（1）能够选择适宜的工具给甜菜移苗。

（2）探究移苗的方法，了解移苗的注意事项。

（3）喜欢参与种植活动，能够用分工、合作的方式参与活动。

◉ 活动过程

孩子们经过泡种子实验后，将种子种在地里，9月25日种子发芽了，孩子们十分兴奋。10月12日，甜菜幼苗渐渐长大，长得很好，真是让人开心。泡过的种子发了芽，苗长得很挤；而直接播种的种子没有发芽，那片地还空着。看到长得整齐的甜菜小苗，孩子们可高兴了，但是孩子们担心小苗挤得慌。

兴隆说："小苗们都长大了，抱一起了，多挤呀。"大宝说："要让小苗分开一些，分一点到那边的空地，这样甜菜会长得大。"我顺势问孩子们："你们有什么好办法分开它们吗？"轩轩说："我用工具，小铁锹、勺子都可以，我把它们挖起来，分开重新种，但还需要有人帮我。"我问："怎么帮？"轩轩说："我把苗移起来后，有人帮我扶着才行，小苗都软软的不好立起来。"我顺着轩轩的话题，让孩子们讨论如何移苗：第一，要移什么样的苗；第二，每一步该怎么做；第三，需要注意什么。兴隆说："得小心点，轻轻地把小苗放在坑里，不然小苗活不成。"浩浩说："我去选工具，你（兴隆）负责照顾小苗吧。"轩轩说："你（大宝）帮我，可以吗？我们找一棵小苗移走。"周周说："我来挖坑，我们移好挖的小苗。"

于是，孩子们有了新任务：第一步，选择小苗；第二步，选择工具来挖走小苗同时挖新的坑；第三步，安顿好新移走的小苗。几个孩子迅速地商量好计划，开始行动了。移苗的时候，他们配合得不错，大家都格外认真。不一会儿，多余的小苗们已经纷纷被移走了，种在了空地上。孩子们看着移栽后的小苗表示很满意，决定过两天再来看看。

移苗后的第三天我们来到小镇，大家难过地发现，移栽的小苗都蔫了，移苗失败了。这到底是怎么回事呢？"小苗的根是不是被破坏了？""有可能是虫子咬了吧？""我觉得是土没压好，小苗倒了。""是小苗太小了，不好活，要不等过几天小苗长大了再移一次？""我同意。我们移苗的时候要注意它们身上的土，不能扯掉，不然也容易死。我爷爷说要留着它根上的土。""咱们可能碰坏它的根了吧？"孩子们去请教自然小镇农场主如何移苗，农场主告诉孩子们要移栽大一点的苗，不要破坏小苗的根部。这次移苗失败的经历给了孩子们很多启发，他们总结了经验，接受了农场主的建议，决定进行第二次移苗。

做了充分的准备后，孩子们开始第二次移苗。孩子们选择中间大一点的苗，因为更容易成活，注意把小苗根部的土一起移走；在挖坑的时候比第一次挖得深一点、圆一点，放好苗后埋土更结实，这样小苗不会倒。两天后再来看，移栽的小苗没有蔫也没有倒下，长得好好的，孩子们可开心了。一周后再去看，移栽的小苗长得更大更高了，第二次移苗成功了！（见图4-65）

图 4-65　第二次移苗成功

◎ 活动小结

孩子们根据过去的种植经验，在面对一块地苗过于茂盛一块地几乎没有苗的情况时，想到了移苗的方法。第一次移苗是幼儿自主尝试，没有很充分的准备，以失败告终。孩子们没有气馁，他们总结经验，听从教师的建议去请教农场主，进行了第二次移苗，最终取得了成功。这样一个从失败中总结教训然后再次尝试的过程，能帮助孩子们直观、具体地建构经验，也使他们对甜菜的感情越来越深厚。

活动五： 大棚里的甜菜（探究活动）

甜菜的生长期较长，在甜菜生长过程中，孩子们发现了各种各样的问题，尤其是当冬季来临时，种植园里的大棚发挥着十分重要的作用。12月10日，孩子们发现甜菜总也长不高，有些着急，通过咨询和查阅资料找到了一些原因，尤其从大棚与温度的关系中找到了一些答案。

🍇 **活动目标**

（1）通过观察、比较与分析，发现并描述盖大棚前后的变化。

（2）能够用一定的方法验证自己的猜测。

（3）了解适宜甜菜生长的温度、环境。

🌐 **活动过程**

甜菜发芽一段时间后，孩子们经常去松土、浇水，悉心照料，可是小苗长得非常慢，很久都不见长高，孩子们有些着急，有很多疑惑：甜菜会不会是生病了？为啥不长高呀？需不需要施肥啊？甜菜是不是本来就长得慢啊？等等。

没过几天，我们再次来到小镇，看到小镇的大棚盖上了棚膜，原来是小镇管理员爷爷怕冻着大棚里的蔬菜给大棚盖上了"被子"。小朋友们发现甜菜苗长高了。

孩子们感觉到大棚里面比外面暖和多了，有的小朋友都热出汗了。天天说："大棚盖上'被子'，就变暖和了，可以给甜菜保温。"我说："你们看看甜菜有变化吗？"果果说："甜菜长大了好多，是不是因为盖上了大棚膜啊？"天天说："这里面温度高了，而且有了大棚膜，小虫就进不来了，就不会伤害甜菜了。"轩轩说："可能是因为以前太冷了所以不长，现在暖和了，长大了。大棚真好啊！"

老师听了孩子们的回答，问孩子们大棚和甜菜生长有什么关系："甜菜长高这么多，到底是不是因为大棚内暖和呢？我们如何验证大棚里面确实暖和？"果果说："咱们拿班里的温度计测一下，看看到底有多少度。"孩子们回到班里拿了温度计，测了小镇室外的温度，是9℃，大棚内的温度是20℃（见图4-66）。天天很快就发现还是大棚里暖和，还强调在15℃以上甜菜才长得快。老师称赞他记忆力真好，记得最开始查的资料。孩子们继续猜测着，"大棚内一直都这么暖和吗？"大家想把温度计放

图 4-66 测试大棚里的温度

在大棚里，下午再来看。孩子们也想在晚上测一下温度，于是，我们请保安爷爷帮忙。在晚上的时候记录一下大棚内的温度。

通过调查验证，孩子们发现了大棚的作用。白天，大棚里的温度比棚外高很多；晚上，大棚内比白天温度低。由此孩子们推断：喜欢暖和的甜菜白天比晚上长得快。

◎ 活动小结

《指南》明确"在探究中认识事物周围的现象，能够觉察并探索事物产生的条件或影响因素，理解事物外形特征与生存环境之间的关系"。在活动中，幼儿能够根据自身经验对甜菜生长与大棚之间的关系做出猜测、实验和判断，通过观察、比较与分析，发现并描述、记录盖大棚膜后甜菜生长的变化。作为教师，给予孩子自由探索的空间，必要时进行引导和帮助，如引导幼儿找到确切证据证明大棚内更暖和，支持幼儿测量记录夜间大棚内温度等，使得幼儿的探究活动能够更深入更科学，帮助幼儿建构更丰富的经验。

活动六：甜菜身高大发现（探究活动）

作为大班的孩子，除了对大棚内的温度感兴趣，也更期待通过自己的探究能够使甜菜长得更好。在孩子们逐渐发现甜菜长得越来越高的时候，他们萌生了测量的想法，尝试使用多样的工具为甜菜量身高，从中获得了关于数学概念与科学测量的学习经验。

🍇 活动目标

（1）掌握正确的测量方法，知道量具的长短与测量的结果有关。

（2）能够运用自己喜欢的方法记录甜菜的高度。

（3）对测量甜菜的高度感兴趣，体验合作的乐趣。

◉ 活动过程

3月4日，孩子们来到自然小镇，大家猜想甜菜肯定长高了。老师提问：用什么方法可以知道甜菜长高了呢？大部分小朋友都说用尺子量一量，还有一些小朋友给出了不一样的答案。大宝说："甜菜长高了，可以用我的身体量一量吗？我已经快一米二了！"天天说："可以用麻绳量，给麻绳一节一节地粘上记号，看甜菜有几个节。"果果说："可以用魔尺量，用最长的魔尺，看甜菜有多少个格。"轩轩说："可以用一根长棍，把它立起来比比。"浩浩说："可以用记号笔给甜菜做记号。"

孩子们想到了这么多测量方法，最后他们决定分组验证。他们分成了尺子组、绳子组、记号组和人体组。孩子们在测量的过程中发现甜菜太高了，尺子好像不够量，在老师的帮助下找来软尺。（见图4-67、图4-68）天天提出"在软尺上写名字，给甜菜做记号"的方法，他觉得每个记号不一样，这样就能测出甜菜多高了。孩子们兴奋地测量着，有的组在给其他小朋友展示自己的测量结果。

图4-67　果果在测量甜菜（1）

图4-68　果果在测量甜菜（2）

◎ 活动小结

幼儿的测量方法结合了上学期学习的自然测量经验，能够在测量工具对比中选择合适的工具，并注意准确测量的细节，记录测量的数据，自主解决问题，提升了幼儿的探究能力。教师给予孩子们的最重要的引导与支持就是尊重他们的想法，鼓励他们尝试探索新方法。值得教师给予正面评价的地方需要教师的语言支持。比如：虽然之前的测量都宣告失败，但幼儿们没有放弃，而是共同解决问题，选择用软尺进行测量。这一点是需要重点做提升性总结的。

在这次测量活动之后，我们班又进行了重温自然测量的方法、代用测量工具的选择、对比与甜菜同等高度的桌子等活动，孩子们都学会了如何测量甜菜。

活动七： 甜菜写生（集体教学活动）

孩子们很爱护甜菜，乐于照顾甜菜，时刻关注着甜菜的生长变化。怎样才能让孩子们更加细致地观察甜菜，记录下孩子们眼中的甜菜呢？我决定利用写生的形式，展示甜菜在孩子们眼中的样子。

🍇 活动目标

（1）仔细观察，发现甜菜茎、叶子的结构和外形特征。
（2）能用点、线、面的组合画出甜菜的明显特征与基本轮廓。
（3）喜欢写生活动，养成细致观察事物的习惯。

☺ 活动过程

3月24日，为了利于孩子们观察和记录，老师为孩子们提供了记号笔、A3纸、放大镜等。这次我们和平常的观察、照顾的任务不同，我们要用写生的形式记录甜菜。我们一起拿着画板来到自然小镇，孩子们跃跃欲试，分别选择了一棵甜菜，认真地观察，并画了起来。

孩子们首先观察讨论甜菜茎与叶的结构和外形特征。他们有的摸摸甜菜的根，有的摸摸甜菜的叶子，有的借助放大镜进行深入观察，看看甜菜的茎和叶到底怎么画。孩子们知道甜菜写生是要把甜菜很形象地画出来，要画出甜菜独有的细节特征，特别是茎和叶的纹理。

一直没有动笔的果果十分引人注意，他拿着放大镜看叶子，喃喃自语："到底从哪儿开始画才好呢？"老师走过去问果果："你看到了什么？"果果说："看到了茎和叶子。"老师微笑着说："看到了什么就大胆地画出来，不要害怕画错。"听到老师的话，果果舒了一口气，开始画了起来。豆豆举起手："老师，我画好了。"老师走了过去，看到豆豆画了甜菜的茎和大大的叶子。老师提示豆豆："你看看你画的甜菜的茎和叶子上还缺什么。"轩轩急着说："我也画好了。"老师看到轩轩和豆豆的写生画是同样的情况，于是，老师提问：甜菜的叶子上有什么？孩子们争先恐后地说："甜菜的叶子是大大的、绿绿的，上面有很多叶脉，叶脉的颜色比较浅。"老师追问："甜菜茎上有什么？"空气一下安静下来。过了一会儿，果果说："甜菜的茎是红红的，有细长的纹理，顺着连接的地方颜色是越来越浅的。"听完果果说的，孩子们没有着急下笔，仔细观察起来。孩子们发现自己画的甜菜有点不像：孩子们画的很多甜菜叶子整体是向上的，没有外翻，而实际上甜菜叶子从画画的角度看是外翻的，并不是每片叶子都能被看见，是有遮挡的。孩子们相互交流着，发现甜菜叶子的边缘不是齐的，是有点波浪形状的。他们互相探讨，逐步修改，直到活动结束。

◎ 活动小结

从幼儿甜菜写生活动，可以看出幼儿的观察能力有很大提升，能够在绘画过程中实现对甜菜整体结构、根茎叶特征的细致观察，能够尝试对绘画中视线与角度的注意和把控，能够将结构与方向、遮挡关系描绘出来，使甜菜写生更加生动形象。因此，在活动中，通过教师的及时引导与支持，幼儿发现问题的同时，能够通过观察、探究，尝试解决问题。

活动八： 好玩的榨糖（探究活动）

孩子们在4月20日的家园携手游活动中参观了本地区农业嘉年华，重点参观了甜菜馆，观看了用甜菜制糖的过程，大家都觉得十分有趣。从嘉年华活动回来后，孩子们想尝试自己用甜菜制糖。可是，我们自己种的甜菜还需要很长时间才能成熟，支持小朋友探索活动的爸爸妈妈们给我们买来了甜菜，我们可以尝试自己制糖了。

🍇 活动目标

（1）能选择工具和方法，探索如何进行甜菜取汁。

（2）能够通过同伴互助、合作的方法解决问题。

◉ 活动过程

通过前期资料收集和参观农业嘉年华制糖活动，孩子们对制糖的方法有了一定的了解，知道要从甜菜头里取甜菜汁，然后通过熬汁制成糖。怎么从甜菜头里取甜菜汁呢？

悦悦说："我们把甜菜头放在锅里煮一煮，甜菜汁就出来了。"天天说："甜菜头那么大，怎么煮啊？"浩然说："切成小条，然后煮。"果果说："咱们以前做青团的时候，不是用擦丝器擦成丝，然后捣碎出汁的吗？甜菜应该也可以这样弄吧。"浩浩说："不是有榨汁机吗？像榨橙汁一样榨出甜菜汁就行了。"孩子们各有想法，于是决定分成熬汁组、擦丝组、榨汁组三个小组来榨汁。

他们选择了三个大小基本相同的甜菜，每组一个。熬汁组的小朋友将甜菜切成小块，然后加水放在锅里熬。擦丝组的小朋友小心翼翼地将甜菜擦成丝，放进容器中不停地捣，然后将捣出的汁水倒出来收集好，如此反复。榨汁组的小朋友将甜菜切成小块，放进电动榨汁机里，一会儿，甜菜汁就榨好了。榨汁组是第一个完成任务的，随后是擦丝组。熬汁组的小朋友没有获得他们预想的结果，熬出来的甜菜汁不怎么甜，颜色也很淡，和其他两个组一比，熬汁组的小朋友纷纷表示，这个办法不太好用。随后大家一起对比了擦丝组和榨汁组的成果，发现榨汁组的甜菜汁明显比擦丝组的多，看来两种方法都能出汁，只是榨汁的方法更快更省力。随后我们一起将所有的甜菜汁倒进锅里熬煮，锅里的甜菜汁越来越少，越来越稠，颜色越来越深，最后我们将黏黏稠稠的糖浆倒在模具里，晾凉就是一块块甜甜的糖果啦！

◎ 活动小结

在活动中，孩子们自主分组合作，大胆介绍自己预想的甜菜取汁方法，自主选择所需要的工具，进行不同方法的尝试。在这一过程中，他们的探究能力、合作能力表现得十分出色，动手操作能力有了一定的提升，制糖成功后的喜悦感和成就感洋溢在孩子们的脸上。

活动九：牙齿怎么了（观察活动）

在探究甜菜的后期阶段，我们进行了孩子们最期待的用甜菜制糖活动，孩子们了解了甜菜的食用价值，知道了甜菜对人类身体的好处；通过直观的观察得出结论——不能过量吃糖，吃糖后要刷牙。

🍇 活动目标

（1）观察牙齿粘糖的现象，并能发现牙齿粘糖后的变化。

（2）了解吃糖过多的危害，能够做到适当、适量吃糖。

（3）知道保护牙齿的方法。

🐚 材料投放

牙齿模型、记录本、放大镜、保鲜膜、糖。

☺ 活动过程

当小朋友们自己用甜菜制出了糖块之后，大家分享甜蜜，别提多开心了。有的小朋友想要多吃几块，就有孩子出来制止："不能多吃糖，会牙疼的，会蛀牙的。"我顺势问道："蔬菜要多多吃，糖果可以多多吃吗？"孩子们嘴上都说不能多吃糖，一天只能吃一块，吃多会长胖，会虫牙，其实还是禁不住诱惑，于是，教师投放了一系列材料，如糖浆、牙齿模型、保鲜膜、照相机、记录单等，引导幼儿模拟吃糖之后牙齿的情况，观察糖果对牙齿的影响。我们将制作的糖浆涂在牙齿模型上，用保鲜膜包好，请小朋友每天观察牙齿模型的变化。

孩子们通过拍照、填写记录单记录每天观察的情况。一周后，孩子们发现，牙齿模型变黄了，上面好像还有黏黏的脏东西。又过了一周，脏东西更多了，我建议孩子们打开保鲜膜看看——"有臭味啊！"打开的瞬间孩子们嚷起来。"糖果把牙齿都腐蚀了！""牙齿坏了！""长虫了吧？"孩子们热烈地讨论着。我问道："那该怎么办呢？""用牙刷给它刷一刷吧。"于是我们用牙膏和牙刷给"被糖腐蚀"的牙齿模型进行清洁，孩子们一边清洁，一边念着有关刷牙的儿歌。最后我总结道："我们的身体需要糖分，但是过多的糖会损害牙齿，容易使人发胖，所以我们要少吃糖，吃糖之后要用正确的方法刷牙。"

◎ 活动小结

此次活动的重点在于引导幼儿了解甜菜是制糖原料，并通过牙齿模型变色的观察活动提示幼儿过多吃糖是对身体有危害的，要适量吃糖，保护自己的牙齿。

（五）活动总结

大班的主题活动《甜菜的秘密》已经进行到6月了，转眼间，孩子们也迎来了他们人生中第一个毕业季。孩子们在兴奋之余也挂念着自己亲手种下的甜菜，希望能够参与收获甜菜的活动。由于甜菜生长周期长，在孩子们毕业之前不能成熟，因此，他们最终决定将甜菜交给中班的弟弟妹妹去照顾，这充分显示了孩子们的责任感，也反映出孩子们对甜菜种植活动的热爱之情。

甜菜并不是孩子们常见的植物，从甜菜发芽、长大、移苗到长高的过程中，孩子们既发现了甜菜生长过程中的变化，又掌握了照顾甜菜的方法，并且在照顾甜菜、开展甜菜探究的活动中，观察到了甜菜不同于其他植物的生长特点，如根茎叶的不同、生长环境的不同等。当孩子们发现小镇里甜菜是最特别的时候，孩子们对甜菜的喜爱更加深刻了，特别愿意与同伴和家长分享自己的发现，也很骄傲地表达着种植甜菜过程中的情感。

在探究甜菜的后期阶段，我们进行了孩子们最期待的用甜菜制糖活动，孩子们了解了甜菜的食用价值，知道了甜菜对人类身体的好处，也知道了不能过量吃糖，吃糖后要刷牙。在制糖活动中，主要有方法与工具的探究，孩子们的专注力、探究力、解决问题的能力、积极思考的态度都有了很大的进步。

（北京市昌平区回龙观镇中心幼儿园　齐亚男　张文月）

第五章

超越自然：
种植课程中的教师支持与幼儿发展

　　入乎其内，出乎其外。种植课程的组织与实施，既需要融入自然，又需要超越自然。毕竟，种植课程的开展不是为了某种植物种植与收获，而是为了通过种植活动，全面促进幼儿的成长和进步。在深耕实践的过程中，教师梳理总结经验，对于种植活动提升幼儿观察能力、自主学习能力、数学能力、探究性学习能力、多元智能发展能力、深度学习能力都有着自己的思考。由于教师支持与幼儿发展的不可分割性，本章用种植课程中幼儿的发展与其相应的教师支持两条线索交织的方式呈现教师的思考。

一、深挖种植活动价值，助力幼儿全面成长

幼儿园开展的种植活动是一部活教材[1]，其中蕴含着语言、科学、健康、社会、艺术等五大领域的目标和价值。挖掘种植活动的多重价值，并有机整合，才能更好地助力幼儿全面成长。

（一）创设多样化的种植环境，为丰富种植活动的开展创造条件

一个完整的种植环境首先要求种植空间的多样性。在这方面，我们既有一般幼儿园的室内植物角，更为幼儿设置了专门的户外种植园地——自然小镇。室内植物角里的花花草草需要幼儿经常浇水、修剪，这为幼儿关爱植物、珍惜生命提供了机会。在户外种植园地中的小麦、大蒜、油菜等植物的生长过程中，幼儿亲身体验了翻地、播种、浇水、松土、间苗、捉虫、收获、分享等环节，幼儿运用视觉、听觉、嗅觉、味觉、触觉、运动觉等多感官，在看、听、闻、尝、摸、说、做的过程中参与了这些植物的生长过程。另外，除了教室内的植物角与户外的种植园地，幼儿园门厅、户外的水系区、葡萄架走廊也可以为幼儿观察植物提供机会。

同时，一个完整的种植环境还要求环境中的植物具有多样性和层次性，比如水培区、土培区兼有，比如叶类植物、花类植物兼有，欣赏类、观察类、照顾类兼有，花卉、蔬菜、农作物以及树木兼有。

（二）多领域协同开发，开展丰富的种植活动

在幼儿园中，种植活动是科学教育的重要组成部分。但是，种植活动中也蕴含着语言、科学、健康、艺术、社会等领域的教育功能（见表 5-1），各领域目标之间相互联系、相互影响、相互支持。种植活动不只是科学活动，而是一种综合性的活动，是涉及数量、测量、空间、协作、规划、表现、责任感、任务意识及审美等多方面经验的活动[2]。

表 5-1　种植活动中的关键经验

关键经验	小　　班	中　　班	大　　班
探究兴趣	对科学区的动植物和材料感到好奇，喜欢提问，愿意摆弄物品	能够发现自然角动植物的变化，常常探索各种材料	对自己感兴趣的事物喜欢深入探究；能主动探索寻找问题的答案，并享受发现的乐趣
栽种与照料	愿意辅助教师种植，能发现植物的多样性	愿意参与自然角的种植活动，会使用常用的工具；能发现动植物的生长变化	能主动参与照料自然角动植物的活动
操作与实验	能用多种感官或动作去探索物体，关注探究所产生的结果	喜欢大胆猜测，并能通过实验操作活动进行验证	喜欢动手操作，能发现问题、提出问题；能选择方法验证猜想

1　冯雅静. 谈幼儿园种植活动与教育价值 [J]. 教研实践，2014，11（31）：62-63.
2　虞永平. 用"全收获"的理念开展幼儿园种植活动 [J]. 幼儿教育，2017（Z4）：4-6.

关键经验	小　班	中　班	大　班
观察与记录	对感兴趣的动植物能仔细观察，发现其明显的特征	能对自然角的植物进行比较观察，发现其异同点，并用绘画、表格、简单符号等进行记录	能通过观察、比较与分析发现自然角植物的特征，细致观察到其前后的变化；能用数字、图画、图表、符号等多种方式进行记录
表达与交流	在教师的引导下，能用较完整的语言表达观察和操作的结果	愿意用语言或图画、符号等表达观察和操作实验获得的信息，在交流中提升经验	能描述探究过程与结果，愿意和他人合作与交流，享受合作与交流的乐趣

　　基于此，我们在设计种植活动时，多采用多领域协同开发的策略。比如，在我们班开展"豆趣无穷"（见图 5-1）的种植过程中，不仅可以通过种植绿豆收获劳动之趣，还可以通过观察绿豆苗生长收获自然之趣，通过绘本、儿歌、古诗等语言活动收获语言之趣，通过美术和音乐表达艺术之趣，通过绿豆的多种吃法收获美食之趣。

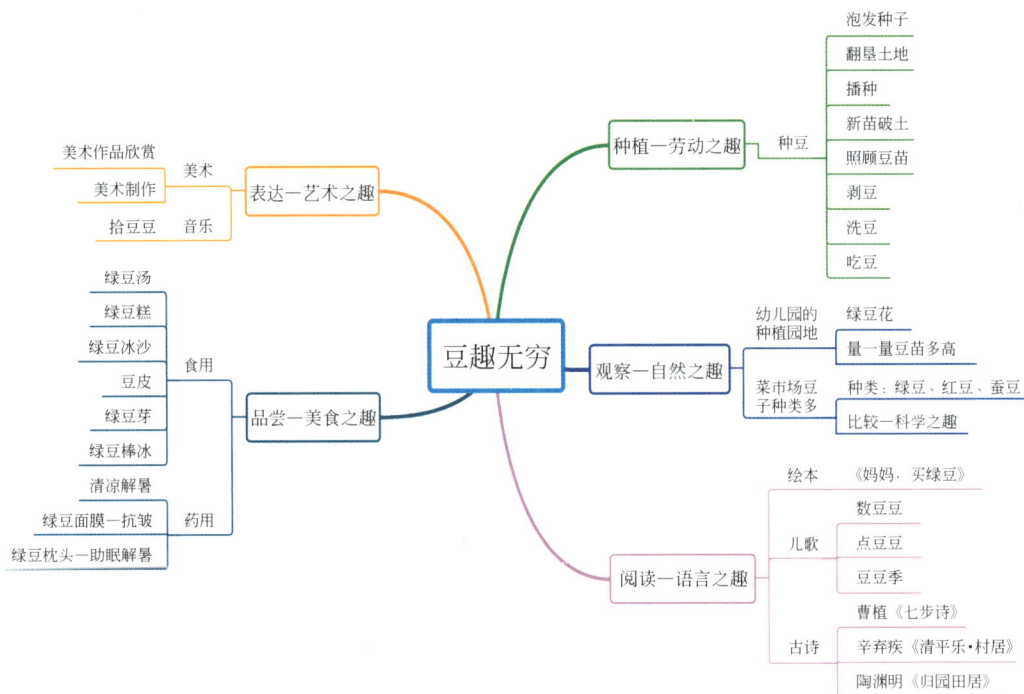

图 5-1　"豆趣无穷"种植活动思维导图

（三）结合幼儿的年龄特点，设计不同的种植活动

　　种植活动的主体是幼儿，选择种植内容、进行种植过程都应以幼儿的年龄特点作为依据。
　　首先，幼儿园种植的各种植物可以划分为高大树木类、中等果蔬作物类、低矮蔬菜作物类[1]。小班以一些常见的或幼儿自己吃过的且低矮的蔬菜为主，如茄子、萝卜、土豆等；

1　吕秀云.基于生态学视野的幼儿园绿色种植课程研究 [D].济南：山东师范大学，2017.

中班以常见的粮食作物为主，如番薯、玉米、水稻等；大班以常见的花草为主，如紫云英、牵牛花、三叶草等[1]。

其次，小中大班的幼儿的注意力和发展水平也是有差异的。3~4岁的幼儿行为的目的性较差，思维属于直觉行动思维，观察能力弱，兴趣不足，关注时间短，只能观察植物的表面现象、明显特征以及变化，所以，小班幼儿要选择种植期较短的、易于观察的植物，使其喜欢观察并爱护植物，萌发观察植物的兴趣。4~5岁幼儿思维的主要特点是以具体形象性思维为主，主要是通过感知觉以及各种操作活动认识周围世界，对植物的观察能力、兴趣和关注度有所提高，愿意收集感兴趣的信息，所以，中班幼儿可以选择种植期稍长的植物，以感知其生长中的渐变过程，初步认识植物的多样性，尝试探究植物的外形特征、结构和功能。5~6岁幼儿思维的主要特点仍是以具体形象性思维为主，但抽象逻辑开始萌芽，能针对某一植物进行观察，使用测量工具帮助记录，能用简单的方式如图画、文字、图片、数字、符号等记录植物的生长变化，所以，大班幼儿可以选择某一种植物进行细致、深入、持续的观察，观察其生长环境，探究植物的生长条件，与老师、同伴合作商讨种植计划，乐于尝试对比种植，学会科学记录，初步了解植物与人类的依存关系。

（四）在种植活动中提升幼儿的科学素养

在种植活动中教会和支持幼儿使用观察法与实验法等科学探究方法，可以极大地促进幼儿科学素养的提升。

观察法是最常用、最基础的科学研究方法。幼儿对世界的好奇无处不在。教室窗台上的花花草草，无一不是他们的观察对象。每天早上自主活动的时候，幼儿拿起小喷壶，给它们浇水，见证从绿叶到花苞再到盛开的植物生长过程。教师要为幼儿提供尺子、记录纸、笔、放大镜等工具进行观察和简单的记录。

实验法通常包括发现问题—提出假设—设计实验—进行验证—得出结论这几个步骤。以大蒜的遮光实验为例。我们成人都知道，青蒜和蒜黄都是用大蒜的蒜瓣培育成的，青蒜是露天生长的，它的叶片是绿色的；蒜黄是在遮光条件下生长的，它的叶片是黄色的。要想激发幼儿对这种现象的探究兴趣，教师可以把青蒜和蒜黄的实物呈现在幼儿面前，让他们对这两种植物有直观、具体的感知；然后引导幼儿发现问题、提出假设，控制变量进行对比实验，直到最后幼儿得出结论，从而证实或证伪先前的假设。值得注意的是，在设置对照实验时要遵循变量唯一的原则，如果幼儿认为是"光"导致的差异，实验设置时除了光这个条件不一样以外，其他的条件都应该相同。将一些蒜头分别浸泡在甲、乙两个装有水的瓷盘中，两盘中的蒜头数量相同、大小相似；然后将甲盘放在有光的地方，乙盘放在阴暗的地方；每天观察两盘蒜苗的生长情况，结果有光照的蒜苗叶片是绿色的，无光照的蒜苗叶片是黄色的。在实验过程中，教师要引导幼儿用简单的方式如图画、文字、图片、数字、符号等记录下来。通过上述的实验过程，幼儿进行了简单的实验探索，通过直接感知、亲身体验和实际操作了解了蒜瓣的生发过程和蒜苗颜色的差异。不仅如此，幼儿的好

1　吴芝玉.幼儿园种植活动中的合作意识[J].学周刊，2014，3（9）：184.

奇心和求知欲得到了满足，自主探究能力、基本认知能力、发现问题解决问题的能力等也有所提高。

（五）在种植活动中提升幼儿的数学素养

在种植活动中，幼儿常常会对植物进行比较和测量。在量的比较方面，幼儿可以通过目测比较不同植株的高矮、粗细等属性，通过视觉、触摸觉比较不同植株、果实、花朵的形状、软硬、香臭、有无弹性等属性。在测量方面，学前阶段的儿童会利用身边的自然物（如绳子、小棒、瓶子、纸条、自己的身高、臂长等）进行自然测量。种植活动中的测量活动涉及数学领域中的测量中的核心经验要点——比较必须是"均等的"，即计量单位的大小必须相等，且必须是不间断的或没有重叠的。幼儿认识度量时，必须把它作为分割和有顺序位移的一种综合来建构。幼儿在测量时需要经历确定起点、终点、移动及其记号、算出量的结果、重复测量加以验证的过程。用不同量具测量同一物体会得到不同的结果；要比较两个物体等量与否，应当用同一种量具进行测量。比如在"豆趣无穷"种植活动中，幼儿在量豆苗的高度时，会掌握首尾相接、替换、位移这三项测量技能。

此外，在收获之后，可以利用收获的蔬菜、水果等进行分类、计数、数运算等数学活动。比如，在"豆趣无穷"种植活动中收获豆子之后，充分感受植物的味道、形状、色彩、数量等属性，利用家园共育继续收集其他的豆子，比较异同，幼儿会发现豆荚的形状（蚕豆鼓鼓的，像波浪线；豌豆扁扁的）、触感（毛豆豆荚毛毛的，豌豆滑滑的）、气味（绿豆香香的，芸豆臭臭的）、豆子颜色、大小等的异同。还可以利用收获的豆子、花生、玉米等果实练习点数、计数、加减等数学活动。

同时，收获的蔬菜和果实还可以在放学时进行售卖，在这个过程中幼儿能迁移生活中的购物经验，模仿超市或市场中的蔬菜捆绑标价，认识生活中常用的小额纸币或硬币，在找零钱的过程中进行简单的数运算。

（六）在种植活动中提升幼儿的劳动素养

劳动素养的提升是种植活动的题中应有之义。幼儿园的劳动教育要和日常的一日生活相结合，和种植活动相结合。

幼儿在种植的过程中，会了解和体验翻垦土地、选种、育苗、播种、浇水、捉虫、除草、收获、分享、留种的全过程，这对幼儿来说是宝贵的劳动技能。

此外，通过不同的种植经验，幼儿还可以了解到不同的收获方式。比如在收获花生时，幼儿学会了挖和刨的方法，在收获黄瓜、玉米时，幼儿学会了拧或剪的方法，收获大枣或山楂时，幼儿学会了打枣或打山楂的方法，并在其中体验劳动的快乐，感受劳动的辛苦。

（七）在种植活动中提升幼儿的其他素养

除了要挖掘种植活动中的科学价值、数学价值、劳动价值外，还要挖掘其中蕴含的语言、艺术、健康、社会方面的价值。这些经验与"种植""植物"并非直接密切相关，它们更多地通过其他活动来达成。

在"豆趣无穷"种植活动中，针对语言方面，可以创设宽松的语言环境，引导幼儿积极讨论种植的相关问题，分析豆苗生长过程中出现的现象及产生的原因等，大胆表达种植方面的发现；还可以通过绘本《妈妈，买绿豆》《蚕豆大哥的新床》、儿歌《数豆豆》《豆豆乖》、古诗《清平乐村居》《归园田居》等语言活动，促进幼儿语言能力的发展。

在艺术方面，通过欣赏五谷粮食画、制作豆子滚画和豆子粘贴画等美术活动以及"拾豆豆"等音乐活动，培养幼儿的审美能力和想象力，提高幼儿的艺术欣赏和表征能力。

在健康方面，幼儿在种植活动中有机会使用多种工具与材料，通过不会、不规范地尝试到自如地、合乎规范地使用，他们的操作技能不断完善，小肌肉动作能力不断增强。幼儿通过翻土、挖坑、播种、填土、浇水、拔草等活动，锻炼了肌肉。

在社会方面，幼儿之间既可以通过商讨种植计划、分工合作、任务分配来合作种植，也可以分小组进行土培或水培；在照顾植物的过程中，幼儿的责任心、任务意识有所提高，自然地萌发了热爱植物、热爱大自然的美好情感。

综上所述，种植活动中蕴含着丰富的教育契机与线索，教师作为幼儿发展引导者，可以在种植活动的开展过程中充分挖掘其中的多重价值，助力幼儿的全面发展。

（华北电力大学回龙观幼儿园　位秀娟　张雨）

二、通过种植活动促进幼儿观察能力的提升

观察是幼儿认识世界，获取知识的重要能力，一切认知过程都是从对事物和现象的具体观察入手，幼儿认知世界从具体感知活动开始。我园秉承"自然天成"的教育价值观，设置了"自然小镇"，幼儿在这个场所中参与播种、管理、收获等一系列种植活动，他们的生活更加生动有趣、丰富多彩；同时"自然小镇"也是培养幼儿观察能力的重要场所，幼儿在种植活动中通过观察、操作，发现课堂教学活动中不容易引起注意的一些特征和变化，提升了观察能力以及动手操作能力，从而激发了对于自然和科学现象的兴趣，他们的认识更加全面、深刻，掌握的知识也更丰富。

陈鹤琴先生曾指出："大自然、大社会是知识的主要源泉。"在"自然天成"教育理念下，自然中的教育资源是取之不尽，用之不竭的。因此，我们充分利用这一优势来引导幼儿在大自然中学习、游戏，陶冶幼儿的性情，培养幼儿的观察能力。在我园的种植园中植物品种丰富，幼儿可以观察和照顾自己感兴趣的植物，并有所发现和思考。

（一）通过丰富多彩的种植活动，让幼儿了解更多植物

虽然我园多数幼儿生长在城乡结合部，与大自然贴得很近，却很少有机会与大自然亲近。现在的幼儿不认识禾苗，分不清麦苗和小草，不知花生长在哪里，等等，这样的现象十分普遍。其实幼儿非常向往农村绿色的田野、流淌的小溪、走动的家畜，我们应该充分发挥农村自然环境的特殊作用，把幼儿从水泥地中解放出来，让他们感受泥土的芬芳。春天，野外一片新绿，早开的杏花、桃花如繁星点点，这时带领幼儿走进自然，能够使幼儿

获得愉快的美感体验。我们还利用家园携手游的活动让幼儿亲近大自然，在活动中为幼儿提供画板让他们写生，让他们自己用画笔描绘春天大自然的美。这样一来，教学活动变得新颖、直观，大大激发了幼儿观察的兴趣和愿望。活动中一改传统教学中教师提问幼儿回答的方法，让幼儿主动地观察、推理，从而得出结论。

（二）利用多种手段，激发幼儿的观察兴趣

1. 运用多感官开展种植活动

在活动中，要充分运用各种感官去感知植物的特征[1]。例如在活动中为幼儿创设看看、摸摸、闻闻、听听等活动内容，每个植物在生长过程中的色、味、香、大小、形状、软硬、光滑、粗糙都不同，要让幼儿多看、多想、多听、多交流，让幼儿用鼻子闻闻花的香，用手摸摸植物的叶子，用嘴巴尝尝果实的味道，这些都能提高幼儿活动的积极性和兴趣。例如：在中班种植西葫芦时，教师为幼儿提供各种工具，如尺子、放大镜、剪刀、镊子等，让幼儿摆弄各种各样的工具，大大激发了幼儿的观察兴趣。

2. 深入其中感受观察的乐趣

幼儿由于年龄小，观察时对于同一事物没有持久性，注意力容易分散，因此要让幼儿亲自播种。虽说是简单的劳动，但幼儿还是乐此不疲。在观察活动的同时和幼儿共同设计各种各样的观察记录本，让幼儿将所发现的内容记录下来，在活动中从来没听见一个幼儿喊不要记录，每当记录活动结束时，成功的喜悦洋溢在幼儿的脸上，自信心、成功感也就此在幼儿的心中树起。在这自由、愉快的活动中不仅让幼儿经验知识得到一定的提升，同时，也给幼儿带来了很多快乐。幼儿通过观看种子的生长过程以及亲自播种，对自己种的种子产生了极大的兴趣，有着进一步种植探索下去的兴趣与欲望。

3. 为幼儿创设观察的空间，通过提问激发幼儿的观察兴趣

幼儿期的观察不够科学，他们通常只会东瞧瞧、西看看，这样只是观察了植物的表面，遗漏了植物的重要特征，很快就失去了观察兴趣。要让幼儿学会有目的、细致、自主、全面地观察植物，可以运用以下方法：定期观察法、记录观察法、比较观察法、追踪观察法[2]。科学的方法，有助于幼儿保持长久的观察兴趣。教师的提问要有策略：第一，要有启发性。例如，在观察两种肥料下小苗的生长高度差时，教师可以问幼儿："我们可以用什么工具来测量小苗的身高呢？"这一提问能够打开幼儿思路，激发幼儿的探究兴趣。第二天，幼儿带了许多工具，如尺、木棒、线等，有顺序、细致地观察，一步一步激发了幼儿的观察兴趣。第二，提问要面向全体幼儿，然后再个别幼儿回答，这样可以使全体幼儿都认真倾听和注意观察，寻求答案，使全体幼儿都处于积极状态。

4. 家园同步，助推种植活动的深入开展，共同培养幼儿的观察兴趣

任何教育活动的开展，如果得到家长的认同与配合，就会取得事半功倍的效果，种植

---

1 刘令燕，潘美芳，张继忠 . 小小园丁幼儿园种植活动 [M]. 南京：南京师范大学出版社，2014.

2 卢雅敏 . 在种植活动中培养幼儿的观察能力 [J]. 时代教育，2013(14).

活动也是如此。教师可以经常邀请家长参与班级种植活动的指导，教幼儿扎架、播种、锄地等，以提高种植活动的质量。还可以开展家园同步种植，创设对比性种植环境，实现种植活动在家庭中的有效延伸。在家园互动中，教师和家长不受时间、空间的限制，交流在种植实践中遇到的问题，推动种植活动的开展，家长们还通过记录种植日记来分享种植的快乐。

观察是幼儿认识世界的起点，也是幼儿认识世界的途径，在其成长过程中起着不可替代的作用。《纲要》指出："幼儿的科学教育应密切联系幼儿的实际生活进行，利用身边的事物与现象作为科学探索的对象"[1]。大班幼儿好奇心强，对新鲜的事物特别感兴趣，求知欲也非常强。他们希望通过自己的观察、记录，去发现别人没有发现的事物。老师经常对幼儿提一些有效问题，让幼儿带着问题去观察、记录，有助于培养幼儿持之以恒的品质，对幼儿成长有着长效的作用。总而言之，幼儿园开设种植园地，让幼儿自己去观察、操作，是帮助幼儿从中获取知识、增长见识的有效途径，也是培养幼儿观察能力的途径。

（三）更新观察记录表，帮助幼儿把握不同植物的生长周期

在种植活动开展过程中，为了让活动更有计划性，我们尝试撰写了主题活动进度表（见表5-2），提前计划出要开展的活动，然后在活动的开展中不断地调整里面的内容。

表5-2　调整前＿＿＿＿班《　　　　　》种植主题活动进度表
月　　日—　月　　日

项目 阶段	单元 总目标	目标	活动途径					环境与材料	
			区域	教学	户外	日常	家园沟通	环境	区域材料
第一周									
第二周									
第三周									

在使用的过程中，我们发现，因为植物的生长周期不等，长到一定阶段变化就不明显了，所以用第一周、第二周记录不是很方便，而且此表不能很好地记录植物生长各个阶段的时间，于是我们经过商讨，把进度表进行了改进（见表5-3）。把周次改成了阶段，根据植物种植的过程分成了种植前、播种、生长期、收获几部分。把单元目标改成阶段目标，让教师心中清楚每个阶段的重点工作是什么。同时增加了各个阶段的持续日期，这样，通过看此表就能对各个阶段开展的活动一目了然，并能对植物的生长变化周期有更清晰的了解。

1　北京市教育委员会.幼儿园教育指导纲要（试行）实施细则[M].北京：同心出版社，2006，7：71-77.

表 5-3 调整后_____班《_____》种植主题活动进度表
种植周期 ___月___日—___月___日

| 项目
阶段 | 阶段
总目标 | 目标 | 活 动 途 径 | | | | | 环境与材料 | | 阶段日期 |
			区域	教学	户外	日常	家园沟通	环境	区域材料	
种植前										___月___日— ___月___日
播种										___月___日— ___月___日
生长期										___月___日— ___月___日
收获										___月___日— ___月___日

大自然是幼儿天然的教材，种植活动给幼儿提供了充分探究、实践的机会和空间。在这个过程中大班幼儿不断地发现问题、解决问题，不断地探索寻找问题的答案。在种植活动中幼儿运用多种形式进行观察、探究，并详细地进行记录，这个过程既是记录的过程同时也是幼儿思考的过程，使幼儿提高了观察能力，积累了关于植物种植的经验，提升了科学探究能力。

（四）利用不同种植条件，培养幼儿的对比观察能力

1. 同种植物不同条件

（1）室内、室外种植芋艿

大一班对比观察记录《室内外种植芋艿》。运用的观察记录形式、内容如下。

① 芋艿发芽后用绘画形式猜想果实会长在哪里，记录芋艿怎样长出果实。

② 利用表格形式记录哪天对芋艿进行观察和照顾。

③ 用照片形式记录室内外芋艿出芽的速度。

通过对比观察，幼儿发现了室内外芋艿生长变化的区别（见表 5-4）。

表 5-4 芋艿对比观察后发现

环境 项目	室 内	室 外
叶子	小	大
	浅绿色	深绿色
	清晨没水珠	清晨有水珠
	芋艿长出三个叶子后，再长出一个新的叶子	第一片叶子就死掉了
茎	细	粗
松土	松过土的芋艿死了，因为芋艿的根被弄断了	

（2）水中、土中种植蚕豆

琪琪从家里带来了几粒蚕豆，想把它种在自然角里，我和幼儿一起讨论种子生长需要

哪些条件，如果把种子泡在水中它能长大吗？会结出小豆角吗？带着这些问题幼儿按照自己的猜想分成了两组，把蚕豆分别种在了水中和土里。在幼儿的期盼中，水中的蚕豆5天发了芽，幼儿高兴极了，种在土中的蚕豆到第9天也长出了一片小叶子，他们观察的兴趣也随着蚕豆的长高而高涨。在幼儿的建议下我们做了两张柱状统计表"蚕豆宝宝成长日记"（见图5-2）。

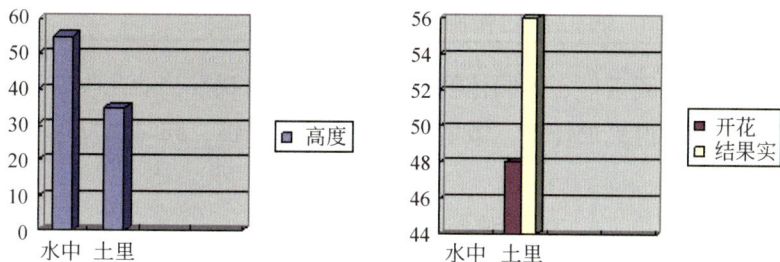

图 5-2　蚕豆宝宝成长日记

通过近两个月的观察比较，得出土中的蚕豆高34厘米，叶子茂盛，第47天开了白色带斑点的小花，第55天结出豆角；水中的蚕豆高55厘米，但没有开花结出小豆角，而且叶子发黄变黑了。这组小朋友想了好多的办法，给豆子浇营养液、酸奶、啤酒……虽然蚕豆吃了很多有营养的东西，但它并没有开花结果。

幼儿通过种植芋艿、蚕豆并进行对比观察，发现同样种植芋艿，户外长得比室内的壮实，因为户外的阳光充足、土壤里的营养丰富。同在室内种植的蚕豆，水里的植物长得快又高，但没有后劲；土里的植物长得慢、矮，但是可以开花结果。通过两组对比观察，幼儿感知到土壤是植物的好朋友，种植植物时，阳光、水、土壤发生变化，植物在生长过程中也会有区别。

2. 不同植物不同条件

大二班对比观察记录《不同种类牵牛花》，他们班选择了三种不同的牵牛花。运用的观察记录形式、内容如下。

（1）用表格（见表5-5）做生长环境的对比观察，记录牵牛花成长过程。
（2）幼儿个人的个性化观察记录。

表 5-5　牵牛花表格式观察记录

土壤 \ 日期变化							
土							
沙							
营养土							

幼儿通过种植观察发现，不同种类的牵牛花，同等条件下，发芽、生长等没有太明显的变化。同一品种的牵牛花生长条件不同时，有很大的区别（见表5-6）。

表5-6 牵牛花对比观察后发现

部位 \ 土的种类	沙　土	土	营　养　土
发芽	先发芽	后发芽	后发芽
茎	15 厘米	60 厘米	15 厘米
花	开 1 天后枯萎	没开	没开
种子	结苞后自己撒种		

通过对同种植物不同条件、不同植物不同条件的对比观察，幼儿收获了多项种植植物的经验。幼儿的观察变得更加仔细，做事更执着更有持久性，同时也发现了许多种植经验（见表5-7）。

表5-7 植物的种植经验

植物名称	幼 儿 发 现
芋艿	1. 喜欢湿润的环境。 2. 生长期长，需肥量多，要多次追肥
百合	1. 土不宜过湿，否则鳞茎容易腐烂。 2. 要及时摘掉残花，以防止消耗过多的养分
芹菜	1. 种子的处理：先用冷水浸泡 12～24 小时。将种子淘洗干净，待种子表面干燥，用湿毛巾包好，放冷凉处见光催芽。每天用冷水清洗 1 次，待种子露芽即可播种。 2. 播种方法：多采用湿播法，即先浇底水，水渗后掺沙撒播
棉花	1. 播种季节：春季，4 月中旬，冷尾暖头抢晴播种。 2. 种子特点：棉花的种子较大，种壳较厚，棉籽萌发时对温度、水分、空气等条件的要求比较严格。 3. 播后管理：棉苗出土后，土质会变硬，需要及时松土；出苗后要及时移苗，保证各苗间的距离均匀；要按时浇水，等到出苗稳定后，要去掉多余的枝叶，保证棉苗的苗壮成长
毛豆	1. 播种期：毛豆喜温，一般播种期在 4 月上旬，6 月下旬可采收。 2. 合理密植，保证全苗：行距 40～50 厘米，株距 15 厘米左右，每穴播 2～3 粒，播种前晒种 1～2 天。下种不能太深，2～3 厘米为宜。 3. 浇水、松土：见湿见干常松土

（北京市昌平区回龙观镇中心幼儿园　佟红攀　赵红影）

三、在种植活动中培养幼儿自主学习的能力

种植活动是幼儿科学教育活动的重要组成部分，幼儿在亲手种植、亲自管理、亲历成长的过程中接近自然，提升了发现问题、思考问题、解决问题的能力，对培养幼儿自主探究能力具有重要的意义。下面结合大班幼儿种植活动中的实践来谈一些体会与做法。

（一）开放、宽松的种植环境，给幼儿自主探究的空间

创设开放的、宽松的种植环境有利于为幼儿提供自主探究的空间和平台。在这个空间内，幼儿可以自己提出种植任务，自主利用探究时间，设计探究过程。在种植活动中，幼儿可以根据自己的兴趣和想法确定自己想探究的时间和内容，并可以自由地将自己的发现、

想法和结论进行交流和共享，幼儿大胆地通过自己的探究获得新的经验。

1. 种植空间的宽阔性

《幼儿园教育指导纲要（试行）》在科学领域的内容与要求中提出"提供丰富的可操作的材料，为每个幼儿都能运用多种感官、多种方式进行探索提供活动的条件"[1]。在创设种植环境时要注意内容的多样性、丰富性、具体性、可操作性等特点，这样不仅能够引起幼儿的观察兴趣，还能激发幼儿的探究热情。在陶行知先生"生活教育"理论的指导下，我们除班级内常设的自然角外，在园内开辟了一块千亩种植园，会结合季节进行转变，冬天给种植大棚盖上"被子"，变成温室大棚，大棚内继续种植植物，棚外种植适合北方冬季生长的小麦，方便幼儿冬天探索植物的生长变化，感受季节变化对植物带来的影响。同时也保证了幼儿在种植活动中探究时间的连续性和内容的丰富性。

2. 种植内容选择的多样性

种植内容的选择，是根据科学教育的内容和要求，遵循幼儿的年龄特点、兴趣认知水平，从广泛的自然物中，有选择地、集中地、分层次地、显著地展示给幼儿。植物多样化是幼儿园种植的基本原则[2]。如大三班的部分幼儿对花非常感兴趣，而另一部分幼儿则对草莓更有热情，于是老师分别带领两组幼儿开展了一系列的探究活动，一组利用拓印花瓣制作手帕、自制香水、自制花茶，感受花的神奇；另一组种植草莓，发现了草莓的生长特征以及与周围动物蚜虫和蚂蚁、微生物苔藓之间相互依存的关系。两组定期交流，互相了解对方的新经验，能力不断得到拓展。

除此之外，幼儿园也是花草树木的乐园，园内栽种了60余种植物且在每种植物的旁边都有一块介绍此植物的牌子，帮助幼儿了解各种植物的名称和生长情况。幼儿可在自由活动时间自发去观察、记录、探究，没有时间和空间的限制，更利于幼儿思维清晰性、探究准确性的发展。事实证明这样的形式充分赋予了幼儿探究的空间与时间，真正发展了幼儿的探究能力。

3. 种植氛围的愉悦性

教师以及家长转变观念，为幼儿创设安全的自主探究氛围。教师和家长们要将自己的角色界定为幼儿的支持者、合作者、引导者，应当支持和鼓励幼儿参与种植活动。在种植的过程中，幼儿往往会产生很多想法，萌发探索意愿，教师要引导幼儿积极提出问题、解决问题，充分给予幼儿自主探索的时间和空间，客观对待幼儿的"出错"；尊重接纳每个幼儿的观点、兴趣、探索、发现和解释；充分肯定每个幼儿探究活动的独特价值。家长也要参与种植活动，通过亲自参与种植，起到榜样作用，以情绪感染幼儿、以行动引导幼儿、以言传身教来培养幼儿的自主探究能力，为幼儿创设宽松的环境，使幼儿大胆地通过自己的探究获得新的经验。

1　中华人民共和国教育部制定.幼儿园教育指导纲要（试行）[M]. 北京：北京师范大学出版社，2013.
2　虞永平.种植园地与幼儿园课程 [J]. 幼儿教育·教育教学，2010（13）：8-9.

（二）探究计划的制订，给幼儿自主计划的能力

在每次进行种植活动前，鼓励幼儿参与学习计划的制订，并引导他们按照计划进行学习。这样，一方面可以使幼儿的主动行为始终围绕着学习计划、学习主题进行；另一方面也可以进一步发展他们制定计划、按计划行动的习惯和能力。

如在大蒜种植活动中，幼儿通过猜想和讨论，拟定了大蒜在水里、土里和营养盆里三种不同的生长环境进行试验，并在试验前预设了：大蒜大概几天可以发芽？三种大蒜在不同的条件下，谁长得更好？大蒜放在阳光下和阴凉的地方，长势有什么区别？等问题，根据这些问题制作了大蒜种植计划表。这项活动让幼儿提高了计划性，幼儿在自主实践中总结适宜的方法，比教师直接告知要深刻得多。

（三）多感官探索方式，给幼儿自主探究的权利

探索行为是幼儿主动学习的行为表现，教师鼓励幼儿通过动手、动脑、动口等多种方式，在种植活动中积极参与体验，努力去发现、探索，从而掌握学习与探究的方法。如在收获萝卜的活动中，孩子通过看一看、摸一摸、闻一闻、尝一尝等多种方式来感知萝卜的外形特征：形状圆圆的、颜色红红的、味道辣辣的、叶子刺刺的。教师给幼儿创设了非常宽松的环境让幼儿充分观察萝卜，适时地提问引导幼儿自主探究萝卜的特征。多感官结合的探究，很符合幼儿年龄特点和发展水平，在多个感官参与的过程中，幼儿对萝卜这一植物建立了丰富的经验。

植物的生长是一个比较漫长的过程，在这个过程中幼儿观察、照顾、记录植物的生长情况，所以这个过程蕴含着许多可以让幼儿自主探索的机会。在观察的过程中教师要激发孩子的提问行为。孩子们在观察照顾植物的时候，会提出许多问题，例如"为什么西葫芦的种子一起种下去的，有的发芽了，有的没发芽呢？""为什么草莓花有的是五瓣，有的是六瓣？""为什么有的地方土很松，有的地方土很硬？""为什么韭菜割断了能再生长，菠菜就不可以呢？"在一个个问题产生后，孩子们才会有强烈的解决问题的欲望。

教师要适时地保护孩子的"破坏"行为。孩子在观察时，"破坏"行为常伴随出现。例如：想知道萝卜到底长了没有，他们会扒开土看。如果用成人的眼光来看会很不理解，但这正是孩子探索之源，对于这些我们应积极加以鼓励，并和他们共同研究、寻找答案。

（四）多元化的记录方式，给幼儿自主表达的空间

《指南》中指出：鼓励幼儿用绘画、照相、做标本等方法记录观察和探究的过程与结果。教育家瑞吉欧曾说"儿童有一百种语言"。所以，教师可为幼儿保留更多可发挥创造想象的空间，让幼儿用自己喜欢、擅长、与众不同的方式，通过记录帮助幼儿丰富经验、建立事物的联系和分享发现。自然角的记录方式要体现多样性[1]。幼儿在观察探讨的过程中，用照片、绘画、表格的方式记录下自己的发现，增强了观察的对比性和时间的持续性。

（1）照片记录主要是指将植物生长过程中的变化和特点用照片的方式进行记录，让幼

1　曾梅芬．提高幼儿园自然角创设有效性[J]．黑河学刊，2012（10）：149.

儿将植物的生长变化真实地进行再现，对植物的生长过程有最直观的了解。这种方式特别适合小班幼儿。比如说小班幼儿在种植白菜时，从白菜种子到发芽，再到长叶子、叶子每一个阶段的变化都拍下来张贴出来，每一次的观察都能对照之前的照片，最直观地呈现了白菜每一个阶段的特点。

（2）绘画记录的方式主要是指用绘画的方式将自己观察到的现象画下来，这种记录方式适合中大班的幼儿。例如幼儿进行泡根实验，记录不同植物根的生长情况时，记录"哪种植物根先长出来？""植物的根都是什么样子的？""哪种植物的根长得快？"以问题的形式进行绘画记录，慢慢明确绘画记录的方法和内容，从而在接下来的观察绘画记录中，幼儿就能自主地观察与记录了，记录也就变成幼儿的一种主动行为了。

（3）表格记录主要是指将自己对植物的观察和发现利用表格的形式进行记录，这种方式适合中大班。在表格记录方式中，可以将多种观察元素同时进行记录，例如，将观察时间、观察内容、幼儿的照顾方式同时放到一个表格中，保证观察记录内容的全面性；同时还能将不同植物在同个时间段的生长特点放在一个表格中观察并记录，更加直观地进行对比观察和总结。

（4）文字与数字相结合的记录方式主要是让幼儿通过一些简单的文字和数字进行记录，适合大班的幼儿。大班的幼儿具有一定的知识经验，对简单的文字、数字具有一定的接触，能用更丰富的记录形式来体现自己对种植活动的观察与认识。如在种豆芽活动中，先让幼儿猜想：黄豆、绿豆、黑豆谁先发芽？谁长得最高？谁最先收获？幼儿在进行观察后选择工具进行测量和比较，在记录时用数字记录它们的根的长度，用简单的文字记录谁的最长、谁的最短，幼儿的记录形式更加丰富，记录的积极性也更高了。

（五）正确的探究方法，给幼儿自主活动的科学性

种植教育活动内容丰富多彩，神奇有趣。教师要充分发挥种植活动的魅力，不断优化活动教育策略，巧妙地组织，激发幼儿对科学的好奇心和探索欲望，引导幼儿用科学的探究方法去探究问题、解决问题[1]。

结合种植过程的进展，引导幼儿用这样的形式进行探究：观察到现象、提出问题——进行猜想解释——制定实验方案并实施——验证设想、形成结论。例如：在种植豌豆时，孩子们发现豌豆很久都没有发芽，我先请幼儿针对自己发现的现象自由讨论、猜想和记录。接着引导幼儿说说怎样证明自己的猜想，并明确实验的具体环节以及设计实验记录表格。经过探究，孩子发现豌豆种子质量差、土质不适宜、没有水分等是导致豌豆不发芽的原因，豌豆的长势与日常管理（营养、浇水、光照）有关。在探究过程中，幼儿观察的敏锐性、细致性、顺序性，图式记录的能力、表述交流、预测推断等方面，都得到了一定的发展与锻炼。

把真实的大自然还给幼儿，放手让幼儿走出活动室，投入大自然的怀抱，让他们仔细看看，认真想想，伸出双手去探究，那儿有极其神奇的科学等待着他们去发掘，更有极其

1 朱丽娟.幼儿园关于探究式种植活动的策略研究[J].教育革新，2020(5)：62.

丰富的生活经验与宝贵的生活知识等待他们去收获。种植园地是一本活教材,教师要为幼儿创设自主参与、自由观察与实践的机会与条件,让幼儿在宽松的氛围中度过快乐而有意义的童年。

(华北电力大学回龙观幼儿园　杨凡　阚鹏鹏)

四、种植活动中幼儿数学能力的发展与教师支持

幼儿园数学活动的开展,往往存在于幼儿的一日活动当中。种植活动是幼儿亲近自然,发展探究能力的良好依托,幼儿在种植活动过程当中,常常会遇到问题,例如,在种蚕豆的过程中,幼儿会问蚕豆种子的大小、薄厚,种植种子的深度、点种方式,种子的覆土深度等问题,这些都涉及数学领域的相关内容,需要幼儿运用已有的知识与经验去解决,也需要教师通过小实验去引导幼儿感知和发现,在此基础上将新的感知与发现纳入原有的知识体系。为了能抓住这一教育契机,笔者在"蚕豆宝宝去旅行"的种植活动中,对种植活动中促进幼儿数学领域能力发展的经验进行了梳理与总结。

(1)通过认识蚕豆种子的活动引导注意物体较明显的形状特征,并尝试用自己的语言描述事物,从而体会描述的生动形象性和趣味性。

在种植蚕豆之前,幼儿对蚕豆种子认识的先前经验参差不齐。在活动中,我将蚕豆种子和其他种子拿到班级中,让幼儿每人挑选一粒蚕豆种子。然后,请幼儿说一说手中的蚕豆种子与袋子中的其他种子有哪些区别。

分析:在认识种子的活动中,通过对不同种子的观察和对比,发现蚕豆种子的形状特征并尝试用自己的语言进行描述。在观察和对比活动中,让幼儿去感知和体会事物的相同与不同点,符合中班幼儿早期比较能力发展的一般规律,同时也为后续学习比较的传递性原则,打下良好的基础[1]。

(2)通过蚕豆种子种植深度的活动引入工具测量的概念,引导幼儿感知和理解事物"量"的特征。

幼儿在调查中发现,蚕豆种子更适合通过点种的形式进行种植。在用小铲子挖土时,孩子们产生了疑问:挖多深的坑才能让种子容易长出来,又足够它扎根生长呢?宁宁说:"我觉得应该比种的种子要大、要深。"妞妞说:"像小拳头那么深吧。"几个小朋友比对了一下,发现小拳头不一样大,经过一番讨论研究,孩子们最终决定要挖两粒蚕豆那么深、拳头那么宽的坑来种蚕豆。蚕豆不一样大,孩子们选择了一粒比较大的蚕豆作为标准。尽管幼儿意识到可以将豆子作为自然测量工具,但幼儿还没有意识到,两粒豆子的长度应该怎样去计算,是首尾相连地放在一起,还是并排放在一起?在老师的帮助下,幼儿得到了一个和两粒豆子首尾相接长度一样长的自然测量尺。

分析:在这一次的活动中,幼儿已经意识到,当我们不能简单地用薄厚、高矮、长短来界定一个物体的长度或高度时,就需要引入工具测量的概念。通过这样的活动,引导幼

1　北京市教育委员会.北京市贯彻《幼儿园教育指导纲要(试行)》实施细则[M].北京:同心出版社,2006.

儿感知和理解事物"量"的特征，并结合教师的指导制作非标准测量尺，感知常见事物的大小、多少、高矮、粗细等量的特征，学习借助物体或工具测量的方法，并使用相应的词汇描述这些特征。

（3）通过一个坑里种几个种子的活动，引导幼儿感知和体会生活中数字所代表的意义。

经过前期调查，幼儿发现种子不是随意放在土里就能活的，每一块土地能容纳的种子数量是有限的，那么每一名幼儿可以选择几粒种子呢？孩子们说："拿1粒吧，不够再拿。""拿5粒吧，蚕豆太大了，小朋友手小，拿太多了会丢。""不能拿太多，不然土里种不下。""对呀，房子里住不下了，蚕豆种子就长不大了。"经过一系列的讨论，孩子们决定先拿3粒种子，以自然测量尺为标准挖一个小坑，看看能放下几粒蚕豆种子。坑挖好了，孩子们先放入3粒种子，发现坑里还没有放满一层，再放入两粒后，刚好摆满一层，孩子们决定放5粒种子。

分析：每个幼儿选择5粒种子，需要幼儿具有点数的能力。所在班级幼儿已有的数概念为：了解数字的固定顺序、小集合（5以内）数字不漏数、能手口一致点数到5。借助已有经验，幼儿尝试在点数到5后说出总数，通过实物点数，进一步提升数数的能力并解决了种植活动中的实际问题，感受到数学的有用。

（4）通过测量蚕豆苗高度的活动，支持、引导幼儿学习用自然测量的方法探究和解决问题，并学习做简单的记录与分享交流。

种植的过程中，总是通过一个又一个问题，引发幼儿思考，虽然幼儿已经意识到自然测量更精确，可幼儿还没有掌握自然测量的方法。幼儿会通过观察植物的种子、发芽、开花、结果等比较有标志的时期来做观察记录，而在植物从发芽到开花的漫长生长周期当中，幼儿常常能够发现植物长高了，却不知道怎么记录，于是我们通过汲取测量种子种植深度的经验，选择身边较为常见的自然测量工具，测量并记录植株的高度。

测量初期，幼儿还不能够掌握正确测量的方法。首先，幼儿选择的测量工具不同，同一植株得到的测量结果也不同，发现问题后，幼儿讨论决定选择班级中数量较多且较便于操作的材料作为自然测量工具。自然测量工具确定后，结果还是不尽相同，通过观察发现，幼儿在具体操作时，测量工具首尾不相连，误差变大时，就容易造成结果的不统一。

分析：幼儿能够根据已有经验，尝试解决在本次种植活动中遇到的问题。虽然在测量植株高度的过程中，不同幼儿选择的测量材料不同，测量的结果也不一样，可这一经验却对幼儿后期理解测量单位越小，数量越大的概念打下了基础。幼儿在面对使用同一测量工具，测量结果仍不相同时，发现是测量时首尾未连接在一起，从而感知到正确测量的操作方法，为后续的、在测量之后做标记提供了前期经验。

在《3~6岁儿童学习与发展指南》的目标中，我们能读出数学是一门应用到生活的学科，它的存在是为了让孩子感觉到数学的有用和有趣。从以上的一个个小的种植故事当中，能看到孩子们运用数学能力解决在种植中遇到的许多问题，不仅感觉到它带来的成就感，同时也能感受到数学对于我们的种植活动、对于我们的生活的用处。

众所周知，幼儿的数学学习是通过大量的实践经验积累、大量的实物感知来完成的，

而种植活动恰恰给了我们这样一方乐土，让孩子们能够层层递进、由浅入深地在真实的游戏情境中操作，解决一日生活中的许多真实问题。

（华北电力大学回龙观幼儿园　张萱　宋春莲）

五、种植活动中幼儿的探究性学习能力与教师支持

虞永平教授关于种植活动提出了"全收获"理念，倡导我们要突破单纯对植物果实的物质性收获，在选种、栽培、管理、收获、品尝、制作等整个过程中，让幼儿获得多方面的经验，增进情感和能力。依据这一理念，我们开展了种植活动支持幼儿探究性学习的实践研究，从种植活动前"种什么""怎么种"的思考，到种植中幼儿探究性学习的方法支持，再到种植收获期对于果实的探究性学习，均进行了实践研究，从而让幼儿在种植活动中认真地思考，用心地发现与呵护，带着情感去关注自己的成果。通过种植活动激发幼儿的探究兴趣，从而使幼儿获得探究性学习的方法与能力，最终促进幼儿思维的发展，增进幼儿的情感与能力。

（一）种植活动中存在的困惑与问题

在种植活动研究的初期教师存在以下困惑。

（1）幼儿对于种植活动不感兴趣，教师如何引发幼儿的种植兴趣？

（2）幼儿对于种植活动最开始兴趣浓厚，可是逐渐在活动中失去兴趣，直至不再关注。如何在种植活动中结合幼儿的兴趣开展富有探究性的活动，引发幼儿主动且持续地探究学习？

对于以上疑惑经过实践与讨论后，我们发现在种植活动组织与开展中存在以下问题。

（1）种植活动中教师经常低估幼儿的能力，不能放手让幼儿主动地学习，幼儿被当作被动的参与者或旁观者。看似热闹的开始，却忽略了种植过程中幼儿的主动探究。

（2）种植活动中教师缺乏有效的方法引发幼儿思考，很多活动脱离幼儿的年龄特点和前期经验。

（3）教师对于种植活动的关键点把握得不准，缺少对幼儿种植活动中探究性学习的引导与支持。

（4）种植活动中更关注种植后的收获与品尝，忽视了种植过程中的主动学习与自主探究。

（二）种植活动前期对于幼儿有效探究的支持

在种植活动中，教师需要将种植活动与幼儿的兴趣及思考紧密相连，从而引发幼儿的学习愿望，并激发幼儿在种植活动中主动观察与探究，发现问题，并主动解决问题的能力[1]。

1　张彩霞. "全收获"理念下种植活动对幼儿发展的影响 [J]. 学周刊，2020(16)：175-176.

1. 关于"种什么"的思考

前期思考"种什么"是整个种植活动的基础，幼儿选择的过程是对目标的一种设定，目标确立的适宜性及前期经验的准备与种植活动中的探究性学习息息相关。种植前期，教师需要通过讨论活动激发幼儿主动思考，帮助幼儿逐步加强种植欲望与明晰种植目标。同时，有效的讨论活动需要教师做好充足的准备。

首先，讨论前教师要做好幼儿经验的适当储备，年龄越小的幼儿目标意识越弱，前期经验越少，因此就需要教师结合幼儿的日常生活，把握种植活动的教育契机，帮助幼儿在确立种植目标的同时，调出已有经验，适当地补充所需的新经验。例如：幼儿在品尝西瓜的过程中，教师可以通过问题讨论让幼儿产生想种西瓜的想法，并在幼儿原有认识的基础上引导幼儿更多地了解关于西瓜种植的过程与方法，而不是盲目地让幼儿确立种植目标。对于中大班幼儿开展"种什么"的讨论活动前，教师可以让幼儿以当时的季节为依据思考种什么，并进行种植活动的前期调查及相关资料收集，让幼儿具有商讨"种什么"的讨论方向及判断基础。

其次，讨论活动中教师要调动幼儿的多感官参与。多感官参与会引发幼儿更多的思考，在讨论过程中可以进行相关种植植物视频的观看，或者提供实物带给幼儿直观的感受，从而引发幼儿关于植物本身更多的思考，幼儿可提出自己的疑问，思考"种什么"的过程中所产生的问题及解决办法，教师需将其作为种植实验及探究性学习的宝贵资源。

2. 关于"怎么种"的思考

关于"种什么"的思考是对种植活动的目标设定，关于"怎么种"的思考是逐渐延续幼儿探究兴趣的关键。植物的生长对于光照、温度、湿度、空气、土壤都有不同的要求，这就需要在种植前对所种植的植物进行相关信息的收集与整理，教师应调动幼儿主动收集种植的相关知识[1]。

（1）在资料收集的基础上开展"怎么种"的讨论活动

幼儿在教师或家长的帮助下，通过翻阅相关书籍、网上查阅资料、市场里现场调查了解、种植基地的体验活动等方式获得种植方法的信息。在这个过程中，教师和家长要注意对幼儿的引导，使幼儿在这个过程中主动参与并获取相关种植知识，这种方式也利于养成幼儿思考"为什么"的习惯。在此基础上，教师组织幼儿进一步讨论"怎么种"，将幼儿已获得的经验进行梳理与提升，发挥同伴间相互学习的力量，从而促使幼儿感受到探究学习的快乐。

（2）种植的计划制订

让大班幼儿进行种植计划的制订，有助于幼儿思考整个种植过程，可以采取连环画的方式呈现种植计划。在制订计划过程中，教师可以组织相关的探究活动与实践活动，引导幼儿整合已有知识与经验，进而促进幼儿养成在做事前进行整体思考的习惯。例如：我们经常看到幼儿在使用工具时不知道怎么使用，甚至不知道使用什么工具，因此对于种植活

1　朱宛英."全收获"理念下幼儿园开展种植活动的教育价值[J].课程教育研究，2020(13)：1.

动我们可以前期进行关于工具的探究活动，帮助幼儿去了解工具的作用及用法，学会使用工具或者制造简单的工具。

（3）种植实践活动的引导与支持

种植活动不是盲目实施的，虽然幼儿前期收集了很多种植方面的知识，但知识层面的了解与实际的种植还存在很大差距，在种植实践活动中需要教师提供相应的指导与支持。

首先，有些植物的生长对于种植条件的要求很高，幼儿很难一一实现，对此教师需要在幼儿的探究过程中给予支持与引导。例如，种植红薯需要前期育苗，而育苗的过程对于幼儿来说存在一定难度，因此教师可以与幼儿一起商讨如何解决，并引导幼儿思考：如果不亲自育苗，我们还可以怎样得到红薯苗？从而引导幼儿了解新知识。当年龄小的幼儿想种植比较复杂的植物时，我们也可以选择这种方式去引导幼儿进行种植活动，依据幼儿的最近发展区保留种植活动中适合幼儿年龄阶段的活动，并充分发挥其教育价值。

其次，教师可以采取借助资源的方式，例如邀请有种植经验的家长进行种植活动的指导，家园共育形成教育合力。

（三）种植活动中期对于幼儿有效探究的支持

在实践研究中我们发现，种植活动中教师支持幼儿有效探究，需要结合植物的特点引发幼儿体验与探究植物自身特点、生长变化、生长条件等方面的关键经验，从而选择恰当的方式引发幼儿的探究学习。具体方法如下。

1. 室内外对比观察植物生长过程

（1）不同生长环境的种植

例如，在室内外分别种植西瓜苗的过程中，幼儿发现：室内虽然阳光、水分都充足，温度和室外也差不多，照顾的方式也一样，但是室内的西瓜苗相比室外长速较慢，且结出的果实较小，通过这一探究过程进而引发幼儿关于土壤的思考。

在室内种植活动中我们可以选择不同生长环境的同一植物进行对比观察，这样就给予幼儿更多的探究空间。例如水中培育的红薯和土中种植的红薯的对比观察，这就引发了幼儿关于根的认识与发现，这样的活动有助于引发幼儿新的兴趣点，帮助幼儿多方面地了解同种植物的不同环境的生长奥秘。

（2）实验类种植活动的探究发现

室内种植时也可采取各种实验方法，帮助幼儿发现不同生长条件对植物生长的重要性。这样的实验类活动既有趣又直观。例如：植物的向光性实验，准备一个能放下一次性杯子的有盖的盒子，在盒盖的右边上方挖一个边长3厘米左右的正方形孔，把种有幼苗的一次性杯子放入盒内，会观察到植物从这个出口长出；种蒜苗的避光实验，幼儿发现没有充足阳光的蒜苗是黄色的；用彩色水使鲜花变色的吸水实验；等等。幼儿可以从这些实验中发现植物生长的特点，有助于幼儿将实验种植的经验迁移到室外种植中并解决种植过程中出现的问题。例如：种土豆的活动中"土豆怎样种？""怎么切块种？"引发了幼儿的争论与思考。教师可以组织幼儿先进行土豆的实验性种植，让幼儿在活动中进行"试错"，这样有助于帮助幼儿了解植物本身的特点及生长规律。

2. 多种形式的观察记录有助于幼儿的探究验证

（1）拍照式观察记录

幼儿可用相机记录下植物不同时期的变化和状态，从而不断地关注植物的生长，发现更多的探究内容。例如：室内外小西瓜的种植活动中幼儿通过拍照发现西瓜的叶子不一样，从而知道了植物嫁接秧苗的秘密，知道了原来西瓜的苗是可以在南瓜苗的基础上嫁接成功的，像扇子一样的叶子其实是南瓜的叶子，在生长的过程中需要把它摘除。小班幼儿可以多采用这种方式，从而有助于逐步引发幼儿的对比观察，直观地帮助幼儿发现新的秘密，也有助于延长幼儿从事种植过程的持久性。

（2）标记式观察记录

幼儿通过标记式观察记录，可以比较直观地发现植物的生长规律，例如用小印章作为标记或者画圆圈作为标记等，这样的方式简单易使用，适合小班的幼儿。

（3）判断式观察记录

判断式观察记录可以在结合前期经验与判断的基础上，对植物生长期的关键点进行观察时使用，如对植物发芽、长叶、开花、结果等时间段的判断式观察时，需要对前期的猜想进行记录，后期幼儿结合猜想进行验证，还可以借助数字或者日历进行时间记录，达到推断、判断记录对照的目的。

（4）图画式观察记录

图画式观察记录是指幼儿可以将植物生长的明显特征通过绘画的方式予以表达，在活动分享的过程中有助于幼儿记忆并将自己的发现与他人共享。

（5）柱状图式观察记录

柱状图式观察记录直观便于总结，可结合测量活动帮助幼儿快速了解植物的生长速度，在大班可以结合非标准化测量，中小班可以通过结绳、做标记的方式帮助幼儿了解数量，或者通过柱状图上涂色，感受到植物生长的快慢，从而引发幼儿对于种植活动的探究。

（6）表格式观察记录

表格的记录方式需要根据观察、探究的内容进行设定。可采取个人、小组、集体等多种形式，帮助幼儿记录探究的关键内容，从而有助于幼儿探究过程中的记忆与分享。

（四）种植活动后期对于幼儿有效探究的支持

种植的收获活动既是幼儿辛苦付出后收获成果的时期，也是最甜美的时刻，相对于种植前、种植中的发现与探究，这一过程幼儿既能体会到收获的快乐，也能进一步体会探究的乐趣。

种植活动应是全程性的学习。在种植活动中，教师往往比较重视幼儿的收获、品尝、制作，而忽视了种植过程中对问题的探究与学习，因此我们不能将种植活动视为简单的物质享受，而应从中让幼儿成为主动的学习者，体会到收获、制作、品尝过程中发现问题、分析问题、解决问题的快乐。

1.收获中的探究学习

（1）源自收获工具的探究性学习

收获植物的果实看似简单，但是对于幼儿来说如何收获果实、用什么工具收获、工具怎么使用，这些都是挑战。采摘经验少的幼儿，往往初期对于收获工具的思考较少，经常采取最直接的方式，急于拿起现有的工具或徒手收获，操作的过程中就会发现收获的速度慢，且容易伤害到果实。例如：在收获蒜的过程中，幼儿开始的办法是直接拔苗，尝试后他们发现苗都拔断了，但是蒜却还在地下，于是开始思考什么工具合适，如何使用工具收获。

（2）源自收获果实的揭秘式探究学习

在种植活动中，初期的猜想在种植时留下了伏笔。例如入冬前种的蒜和开春后种的蒜，幼儿在收获中忽然发现，为什么有的蒜是掰不开的，是一整头蒜，而有的蒜是跟我们平时吃的一样，是一瓣一瓣的，这就引发了他们的好奇，他们开始找这些蒜是从哪个地里收获的，哪块地里的独头蒜最多。这一问题让他们了解到种植时间对于植物的影响。

2.收获后的探究学习

收获后幼儿最先想到的就是品尝，有的果实可以直接品尝，有的需要制作后进行品尝。关于果实的特点、怎么制作好吃的美食、丰收后这么多果实怎么办，仍可开展一系列的探究活动，例如：果实特点的探究性学习，以及美食制作中的探究性学习等。

在种植活动后期，幼儿不仅可以感受到丰收的快乐，还可以感受到探究的快乐，更是培养了幼儿的综合能力。丰收后幼儿开始了分享活动，将自己的劳动成果分享给了家人、朋友、弟弟妹妹，并生成了售卖活动，他们通过自己设计售卖语、宣传海报等，出售自己的劳动成果，感受到售卖的快乐，并且利用自己售卖后得来的钱购买了后期种植的种子，从而进一步延续自己的兴趣。让幼儿再次投入到种植情境和种植的探究过程中，形成一个循环。让幼儿带着情感去关注自己的成果，去呵护不一样的生命，在种植活动中获得多方面的探究经验，增进探究兴趣和探究能力，让幼儿受益终生。

（华北电力大学回龙观幼儿园　徐培　刘丽华）

六、通过种植活动有效促进幼儿多元智能的发展

20世纪80年代哈佛大学认知心理学家加德纳提出了多元智能理论，多元智能理论提倡尊重每个个体学习途径和能力发展的差异性，这与幼儿教育中所提倡的"注重个体差异，有效促进幼儿在个体原有水平基础上不断提高"不谋而合[1]。在种植活动的过程中，通过充分组织和引导幼儿亲自参与整个种植活动的过程，幼儿可以获得数量、测量、空间、协作、规划、任务意识及审美等多方面经验，提高观察、对比、探究、讨论、交流、合作的能力，从而实现幼儿多元智能的发展。

1　霍华德·加德纳，大维·亨利·费尔德曼，等.多元智能理论与儿童的学习活动[M].陈杰琦，译.北京：北京师范大学出版社，2015.

（一）以问题为导向，在思考探究中有效促进幼儿语言能力和自然观察智能的发展

种植园地里温暖的阳光、徐徐的清风、蓝蓝的天空、泥土的芳香，为孩子们展开语言交流和自然观察提供了愉悦的环境。幼儿天生好奇心强，对新鲜事物特别感兴趣，具有强烈的求知欲。"一粒小种子怎样变成果实？为什么它们的叶子长得不一样？我们吃的食物究竟是植物的根还是茎？"一连串的问题在种植活动中迸发出来。

孩子们在种植园里你一言我一语地讨论着。妮妮说："这个绿色的西红柿还没熟呢，要等它变成红色了才能摘。"多多拉着我的手说："老师你看西红柿的尾巴像一颗小星星。"天天嘟囔着："哎呀！黄瓜的身上长出刺了，我们摘黄瓜可得戴上手套。"我连忙追问："天天你观察得可真仔细，黄瓜身上为什么有这么多刺呀？"天天瞪大了眼睛看着我说："黄瓜怕蚊子来咬它，它没有手所以就用身上的刺来扎死蚊子。"朵朵说："不对，它是不想让别人把他摘下来，为了保护自己所以才长刺的。"娜娜紧接着说："对，它长刺就像小刺猬长刺一样，可以保护自己。"我笑着说："你们的想法太有意思了，我们今天回家都去查查资料，把黄瓜为什么会长刺记录下来，明天一起分享吧。"第二天，孩子们带着自己的记录回到幼儿园。有的孩子给黄瓜画上了一层皮肤衣，告诉我们黄瓜身上的刺就像我们的毛孔可以呼吸。有的孩子在作画时为黄瓜画上了汗滴，告诉大家他和爸爸一起上网查阅了资料，黄瓜身上的刺是为了更好地吸收水分。就这样，伴随着"黄瓜长刺了"的话题，孩子们展开进一步的讨论："仙人掌身上的刺也是为了更好地呼吸吗？猕猴桃身上毛茸茸的刺是做什么用的？身上没有刺的植物怎样呼吸呢？叶子也可以呼吸吗？为什么有的叶子大有的叶子小？叶子里的血管也有血吗？"老师带着孩子们以问题为切入点进行持续深入的研究，鼓励幼儿通过"观察—提问—讨论—调查—探究"逐渐形成自己的观点和理论。

对于幼儿来说，自然环境能更直接地为他们的语言交流和自然观察提供支持。种植活动中出现的问题是真实和自然的，老师在种植活动中要善于发现幼儿的兴趣并聆听幼儿提出的问题，鼓励幼儿之间开展讨论，交流各自的发现。引导幼儿与同伴、成人一起查找资料，了解和分析植物生长过程中各种现象产生的原因，并运用图画、图表或文字等多种方式记录观察结果。在这个过程中不仅激发了幼儿的表达愿望，还引导幼儿学会了关注生命成长过程中的每一个细节，记录每一种植物生长变化的过程。在锻炼幼儿语言表达能力的同时，还提高了幼儿仔细观察、积极思考的能力。

（二）以合作为载体，在讨论交流中促进幼儿逻辑数学和人际交往智能的发展

小菜园里的辣椒熟了，我们怎样知道我们收获了多少辣椒呢？《3~6岁儿童学习与发展指南》中指出："幼儿园应多为幼儿提供需要大家齐心协力才能完成的活动，让幼儿在具体活动中体会合作的重要性。"[1] 于是我鼓励孩子们分组进行辣椒数量的统计。

---

1 中华人民共和国教育部 .3~6 岁儿童学习与发展指南 [M]. 北京：首都师范大学出版社，2012.

第一组的小朋友派出了两名队员，一个人负责清点左边一排的辣椒，另外一个人负责清点右边一排的辣椒，最后发现用了很长的时间才完成统计辣椒的工作。第二组小朋友想出了一个既能数得准确、速度又快的好办法，他们将 12 棵辣椒苗平均分给 6 个人，每个人只统计自己负责的两棵辣椒苗上的辣椒，最后，在老师的引导下一起将大家记录的辣椒数量相加得出总数。孩子们运用点数、对应、求和等数学技能来解决种植任务中的实际问题，不仅提高了逻辑数学的智能发展，还感受到了生活中蕴含的数量关系并体验到数学在生活中的重要性和趣味性。

在统计辣椒的过程中，孩子们发现多人合作效率与效果优于单人行动，从此，小组合作成了孩子们的优先选择。萝卜长得太挤了，孩子们测量好合适的距离一起给萝卜间苗；一起相互配合为葫芦修剪，有的拉着藤蔓，有的用线绳捆绑固定；花生丰收了，他们抬着满满一篮子花生回来清洗蒸煮，将新鲜的花生分享给幼儿园里的老师和小朋友。在合作的基础上，促进幼儿逻辑数学和人际交往智能的发展。

（三）调动多种感官参与，在动手动脑中促进幼儿身体运动和
　　　视觉空间智能的发展

苏霍姆林斯基说过："儿童的智力在他的手指尖上。"种植园里的小草长高了，孩子们用小铲子铲，用双手拔，用小耙子搂，各种各样的办法帮助幼儿获得手部灵活性和准确性的练习；豆角爬藤了，孩子们扛来竹竿一起搭架子、绑绳子；小苗怕冷，孩子们一起在地上铺上薄膜给小苗保温；用指尖轻轻捏住西葫芦花为西葫芦掐尖。一切的练习都是那样自然，进入植物园，孩子们仿佛进入了天然的练习场。

田垄变成了好玩的平衡木，孩子们努力保持身体平衡，不让自己掉下去。当幼儿灵活运用锄头、镰刀、放大镜、抹布、刷子等各种工具对周围事物做出操作就表明他们的大肌肉运动与精细动作正在得到充分的锻炼。丰富的种植活动，充分的工具材料操作，教师的鼓励引导和有力支持，帮助幼儿在认识劳动与人类生活关系的过程中，身体运动智能的经验也得到不断的积累和发展。

教师在关注幼儿身体动作发展的同时也要注意结合幼儿的年龄特点，调动幼儿的多种感官参与到学习过程中。比如在开展种植活动时，可以引导孩子们闻一闻蔬菜的味道，站在不同的角度看一看、画一画各种植物的形态和特征。在这些活动中，幼儿保持注意力高度集中。有的小朋友把辣椒摘下了摆着画，有的小朋友选择蹲着平视，有的小朋友选择站着从上往下俯视，有的小朋友会画出植物前后的遮挡关系，有的小朋友会画出植物生长的地下透视图。幼儿在进行植物写生时能准确地感受视觉空间的不同，并把所知觉到的事物关系表现出来，这说明幼儿的形象空间智能和抽象空间智能在这个过程中自然而然地得到了发展和提升。

（四）开展多元化活动，在延伸游戏中促进幼儿内省和音乐
　　　节奏智能的发展

幼儿对生命成长过程充满了好奇心和探索的愿望，在照顾和管理植物的过程中，发现

叶子的枯萎、虫子对植物的侵蚀、花朵的凋零、种子的生长与再生，在观察植物生长差异的同时感受生命的变化与意义。在浇水、施肥的活动过程中，观察到蚯蚓会帮助植物松土，理解了阳光、空气及水与植物的关系，萌发了爱护动植物的积极情感。于是，孩子们将自己的情感和经验迁移到学习生活中，在区域游戏时结合自己种植过程中的劳动经历和情绪体验进行舞台表情和动作的设计，准确地表现出故事人物在种植南瓜和收获南瓜时的心情变化。菜园里丰收的南瓜不仅变成了孩子们的餐桌美食，还在美工区被赋予了新的生命和价值，变成了可爱的南瓜娃娃和南瓜灯。

自然教育就是最好的教育契机。在参与种植活动的同时，孩子们也敏锐地捕捉到自然界的有趣，充分欣赏大自然的美丽，聆听大自然的声音。绿油油的青菜、金黄色的小麦、清脆的鸟叫声、风吹树叶的沙沙作响……教师可以结合孩子们的兴趣鼓励幼儿尝试利用蛙鸣管打击出蛙鸣的节奏，用陶笛模仿小鸟的叫声，学习演唱劳动号子，把看到的色彩创编成歌曲。

幼儿喜欢亲近自然，而幼儿园的种植活动也不只是单一的植物种植，更是一种有温度的教育。老师要善于抓住孩子们最感兴趣的话题，适时开展多元化的游戏活动，帮助幼儿获得内省和音乐节奏智能的发展。

通过幼儿园种植活动的开展，幼儿收获的不只是知识和能力，还有情感和态度[1]。作为一名幼儿教师，要学会抓住日常生活中的教育契机，当幼儿发现变化或是遇到问题时，要和幼儿一起深入观察、探索分析、合作交流、解决问题，为幼儿提供交流探究的机会，帮助他们掌握科学探究的方法，培养科学素养，激发热爱自然的情感。在这个过程中不仅促进幼儿的发展，更有效地促进了个体多元智能的发展。

（华北电力大学回龙观幼儿园　秦春燕　马欣）

七、利用有效提问促进幼儿在种植活动中的深度学习能力

当前，学前教育学习观和教学观的重点转向体现在从关注儿童"学什么"到关注儿童"怎么学"，由过去注重教学过程中幼儿获得知识、经验、技能，转向为注重幼儿的学习过程，注重支持幼儿建构经验、掌握学习的方法。我园将深度学习理论和理念引入到种植活动中，并进行了相关的实践研究。深度学习是幼儿通过自己特有的学习和活动方式，积极主动地探究周围世界，建构、理解新的知识经验，产生认知冲突，发现新问题，解决新问题的过程[2]。通过研究我们发现，教师通过探讨性提问、启发性提问、引导性提问、选择性提问、假设性提问等五种提问方式，可以有效地促进幼儿在种植活动中的深度学习[3]。

（一）利用探讨性提问激发幼儿探究的兴趣

探讨性提问是指教师提出一个问题，请幼儿根据自己的经验或想象自由地探讨，并能

1　虞永平. 用"全收获"的理念开展幼儿园种植活动 [J]. 幼儿教育，2017(7).
2　田波琼，杨晓萍. 幼儿深度学习的内涵、特征及支持策略 [J]. 今日教育（幼教金刊），2017(Z1)：18.
3　杨子舟. 从浅层学习走向深度学习 [J]. 教育探索，2016（7）：32-35.

够根据自己的理解进行充分表达。通过探讨性提问，可以激发幼儿探究的兴趣，在幼儿之间形成思维的碰撞，制造"认知冲突"，从而进行深度学习[1]。

案例：在泡种子的活动中，教师充分放手让幼儿大胆探究，通过探讨式提问，引发幼儿进一步操作。在开展《韭菜、小麦成长记》主题时，孩子们经过一番讨论，决定种植韭菜，有经验的家长告诉我们，在种韭菜前把种子泡一泡，种子会快些发芽，于是，孩子们在放学的时候，把韭菜的种子泡上了，准备第二天去种。第二天孩子们拿出前一天泡好的韭菜种子，想要将泡种子的水倒掉。欣雨拿着纸杯直接倒水，倒着倒着，几粒种子随着水流被倒掉了。欣雨发现了，立马停住，赶快用手捂住。身边的阳阳也在完成同样的任务，出现了同样的问题。老师问："种子为什么会被倒出来？"阳阳说："种子太小，和水混在一起，就容易跑出来。"阳阳走到水吧，拿来了一张纸巾，用纸巾盖在杯口上。老师问："你的这张纸有什么特殊用处吗？"阳阳笑着说："我觉得这样种子就不会掉出来了。"一边说一边慢慢地把杯子倒过来，当水透过纸巾流出来的时候，阳阳兴奋地说："老师你看，种子掉不出来了！"

（二）利用启发性提问引导幼儿深入思考

启发性提问是指教师根据幼儿已有经验和培养目标，提出的具有启发性的问题，引导幼儿进行更深入思考。教师的启发式提问是为幼儿打开深度学习大门的关键钥匙，能激发幼儿强烈的探究欲望[2]；反过来，教师的提问质量也会在幼儿的深度学习促进下不断提高。心理学家奥苏伯尔通过实验发现，影响幼儿学习的最根本原因不是他们不知道什么，而是他们已经知道了什么。因此教师需要了解幼儿的前期经验，只有在了解的基础上，启发式提问才会有效。幼儿对于韭菜如何收获产生了深厚的兴趣，但幼儿在种植活动中关于收获积累的经验大部分都是"拔"和"摘"，比如拔花生、拔土豆，摘黄瓜、摘茄子，没有关于韭菜可以再生的经验，因此，教师通过启发式提问，让幼儿大胆猜测，引发了他们极大的探究兴趣。

案例：终于到了韭菜收获的时候，欣雨和阳阳几个人拿着工具兴奋地来到自然小镇。孩子们先是蹲下来认真观察。欣雨说："哇，韭菜都长这么高了。"阳阳说："对呀，我们开始吧。"说完，就用手里的小耙子刨土。阳阳一边刨一边说："我要把土弄松一些，这样韭菜就好拔了。"老师问："你以前收获过什么？"阳阳说："花生、小麦。"老师接着问："它们都是怎么收的？"阳阳说："花生是用小铲子挖，小麦是用镰刀割。"欣雨在一旁着急地说："韭菜不能拔，要用剪子剪，我看见过我姥姥剪。"看着几个小朋友争论，老师没有直接回答，"你们猜猜，剪过的地方会有什么变化？""它还会长出韭菜。"山药说，"它会长出小嫩苗。"阳阳说："都被剪断了，不可能再长了。"于是，孩子们进行了大胆的猜测，并制定了观察计划进行后续观察。通过一段时间的连续观察，孩子们发现韭菜收割后能够继续生长，于

1 冯晓霞.区域游戏中的深度学习[J].幼儿教育，2017（Z1）：3-4.
2 巫秋云，肖芳，祁文丽等.幼儿园种植课程提升幼儿关键经验的思考[J].陕西学前师范学院学报，2019，35(7)：21-24.

是他们每天都会拿着放大镜、小木棍、水彩笔等东西来到自然小镇观察韭菜。阳阳拿着小木棍测量韭菜的高度，欣雨拿着放大镜观察韭菜的变化。这时，慧雅在旁边叫了一声："哎呀！这个韭菜身上怎么还有刺呀！"阳阳和欣雨跟随慧雅的叫声，来到了另一畦地里。阳阳说："咱们幼儿园怎么种了这么多韭菜呀？"慧雅说："咱们之前剪韭菜的时候感觉不扎手呀！"慧雅用不解的眼神看着老师问道："老师，这是什么呀？"老师带着孩子们一起查阅了资料，孩子们知道了这是小麦。看到孩子们高涨的情绪，老师问道："韭菜和小麦有哪些不一样的地方？"欣雨找来了放大镜，先是蹲在韭菜旁边，然后来到麦地，认真地观察着韭菜和小麦的样子，他对阳阳说："我发现小麦的上面是尖尖的，比韭菜尖很多。"阳阳通过摸的方式发现小麦身上有小刺，看不见但能摸到。老师追问道："它们的味道一样吗？"慧雅凑上去闻了闻说："小麦没有味道，韭菜有一股特殊的味道。"

（三）利用引导性提问促进幼儿思维发展

引导性提问是指教师在了解幼儿已有经验的基础上，揭示幼儿所不知道的知识之间的矛盾，引起幼儿的学习兴趣，促进幼儿积极动脑，解决问题，从而实现深度学习。相关的心理学研究表明，引导式提问更容易引起儿童对于未知新事物的好奇，它不仅会激发幼儿探究知识的兴趣，更能促进其思维发展，帮助幼儿加深印象[1]。

案例：孩子们通过细致的观察发现，如果不细看，韭菜、小麦两种植物真的很像，但通过多感官参与观察，发现了韭菜和小麦的不同。例如：小麦的上面是尖尖的，比韭菜尖很多；韭菜有一股特殊的味道，而小麦没有；摸上去小麦身上有小刺，但韭菜是光滑的。这时，老师问道："既然韭菜和小麦长得非常像，那如果把小麦从根部剪断，会再生吗？"阳阳说："不会。"慧雅说："应该会长吧！"欣雨也说会长。于是孩子们用了相同的剪法将小麦也剪断，但一周后发现小麦并没有长出来。于是，阳阳提出了问题："幼儿园里的菜哪些剪断了能继续生长呢？"对此问题，孩子们进行了一番讨论，决定在幼儿园的自然小镇做实验。

（四）利用选择性提问促进幼儿经验迁移

选择性提问就是引导幼儿对于几个答案进行取舍的提问。这种提问的方式可以提高幼儿的辨别能力，从而对问题给予准确判断，并可以将经验进行迁移。

案例：欣雨和小朋友来到自然小镇，老师问他们："你们猜猜：是蒜苗剪断了还能长出来还是黄瓜剪断了还能长出来？芹菜和萝卜呢？"欣雨回答说："我姥姥在家种过大蒜，我觉得是蒜苗。"山药说："萝卜泡在水里后，叶子能长得大大的，所以我觉得萝卜剪断了还能长。"阳阳说："我听爷爷说，芹菜泡在水里还能继续长，所以我觉得芹菜剪断了还能长。"孩子们大胆地猜测着，同时分成4组制定计划，计划完成后，幼儿开始对幼儿园的各种蔬菜进行实验。

---

1 刘军花，赵贝贝.浅谈种植课程在幼儿园里的实践探索 [J].课程教育研究，2019(11)：237.

（五）利用假设性提问发展幼儿想象能力

假设性提问是指能让幼儿进行想象的提问。假设性提问可以发展幼儿的想象能力和思维能力，使幼儿更容易达到深度学习。

案例： 欣雨剪断了几棵蒜苗后，找来了小木棍、魔尺、水彩笔和毛根，老师问："你找这些东西做什么？"欣雨说："我刚刚剪断了蒜苗，现在需要做个标记，不然下次来我看不出来它到底长没长。"说完就动手操作起来。这时，山药跑来对老师说："老师，能把你的手机给我用下吗？"老师好奇地问："你用手机做什么？"山药说："我要用手机给它拍下来，下次我来后再拍一张，就能看出它长没长了。"于是老师把手机借给了他，山药拍了一张。这时老师问道："如果小苗长高了，你还能不能找到现在的位置？"山药听到老师这么一问，愣了一下，接着说道："我有个办法，我可以在我蹲的这个地方做个标记，下次就能找到了！您能帮我拿根蜡笔吗，我现在不能动。"老师找来了蜡笔，山药用蜡笔把自己所在的位置画出了两个小脚印，开心地说："下次我还站这拍照就行了。"孩子们通过标记和观察，发现蒜苗、葱、芹菜都超过了之前的标记。

经过 5 种有效提问，孩子们在韭菜和小麦的种植活动中的热情高涨，同时能够发现问题——韭菜和小麦虽然长得像，但它们并不一样；而且孩子们还经历了认知冲突——韭菜剪掉了还能再生，小麦却不能再生；在有了家里种植蒜苗的经验后，进行了经验迁移——幼儿园的蒜苗剪掉后还能再生。通过分组对比实验，发现芹菜和葱剪掉后也可以再生，从而建构了自己的新经验，并解决了新问题。在今后的种植活动中，我们将探寻更多教师支持策略，引导幼儿进行深度学习。

（华北电力大学回龙观幼儿园 / 北京市昌平区回龙观镇中心幼儿园　张艳苓）

結　语

在亲自然教育中建构
儿童的未来

3月的一天，小雨温润，我去看自然小镇，偶遇一群来这里拔萝卜的孩子。一通热火朝天的忙碌后，孩子们收获了一大袋子胖乎乎、红彤彤、斑斑驳驳、沾着泥巴的胡萝卜。孩子们簇拥着老师雀跃，商量着回去之后要怎么吃，得到满意的答案后，红扑扑的小脸眉开眼笑："我太高兴了！"

儿童是祖国和世界的未来，教育为未来培养人才。然而，什么样的人是未来所需要的人才？如何为这个我们还不了解的未来培养人才？没有人可以给出一个确证的、最好的答案。不过，可以肯定的是，面对一个充满无限可能的未来时代，任何一种框定的、有限的教育都不足以应对这种无限。那么，寻找一种教育，使儿童不管面对怎样的未来，都能从容应对，就成为当下迫在眉睫的事情。这种教育，应该是蕴含无限教育契机的、具有充分建构性的，也就是说，是"无限的""开放的"。

追随孩子的兴趣，我们想到了自然。自然是无限的。之所以这样说，是因为，首先，自然是低结构的，它比任何一种成人精心设计的玩具都有更多可能的玩法，有更多教育的契机与儿童的生长点，从而孕育了无限可能；其次，自然是全方位的，它能调动儿童的所有感官，从而使儿童获得全面发展；最后，自然是开放的，所有人都可以参与进来，各种教育元素都可以融合进来。因此可以说，亲自然教育，拥有培养儿童具备应对未来的能力的无限潜质。

本书所选取的种植课程是亲自然教育的载体之一。种植课程带来的种植以及种植教育是全方位的、开放的、丰富的、美的。在种植中，草木拔节、露珠晶莹、小虫探头、花影摇曳、土壤咕嘟嘟喝饱水、白菜扑棱棱展开叶片、胡萝卜悄悄扎下根须、草莓慢慢结出果实。在种植中，孩子、教师、家长、幼儿园、社区、国内外的教育资源都参与进来，大家共同做一件让所有人都兴趣盎然的事。在种植中，孩子们刨土、挖坑、浇水、施肥、捉虫子、搭架子、采摘、欣赏、制作；他们专注又跳脱，小心翼翼又大胆热烈，挥汗如雨又笑逐颜开；他们触摸坚实的土地，呼吸浸润草木香的空气，听雨打芭蕉的清脆；他们在种子破土、万物生长中感知生命的力量与成长的喜悦，在与湿润的土、清凉的叶、香甜的果的接触中，增进灵敏度；他们感知时间和气候的力量，见证"一岁一枯荣"的自然规律，体验农业"汗滴禾下土"的艰辛，休会"春种夏长，秋收冬藏"中蕴含的深刻哲理；他们发现问题，提出问题，一起合作探索答案；他们等待、盼望、困惑、苦恼、喜悦……

种植以及它所代表的亲自然教育带给儿童什么呢？它绝不仅仅是五大领域目标的机械核对，而是儿童无数个可能的生长点，是他们充满无限可能的未来。亲自然教育是儿童所经历的一场诗性旅行，在这场旅行中，他们悠悠然埋下种子，然后这颗种子，就可以在未来适当的时候，生根，发芽，长成参天大树。

参 考 文 献

[1] 陈翠方.幼儿园田园种植园本课程的构建及思索[J].新课程(综合版),2019(12):68.

[2] 陈杰琦、埃米勒·艾斯贝格、玛拉·克瑞克维.多元智能理论与儿童的学习活动[M].北京:北京师范大学出版社,2015.

[3] 程静.幼儿园种植课程的构建与实施[J].辽宁教育,2014(19):64-65.

[4] 成亚娟.浅析幼儿园种植课程的构建与实施[J].新课程(综合版),2018(5):38.

[5] 冯雅静.谈幼儿园种植活动与教育价值[J].教研实践,2014,11:62-63.

[6] 梁艳芳.基于"全收获"理念,构建农村幼儿园种植课程的思考[J].新课程(综合版),2019(12):16-17.

[7] 刘娟娟.幼儿园特色种植课程的现状分析与思考[J].天津教育,2020(8):126-127.

[8] 刘军花,赵贝贝.浅谈种植课程在幼儿园里的实践探索[J].课程教育研究,2019(11):243.

[9] 刘令燕,潘美芳,张继忠.小小园丁:幼儿园种植活动[M].南京:南京师范大学出版社,2014.

[10] 柳世玉.霍华德·加德纳教育思想研究[D].哈尔滨:哈尔滨师范大学,2016.

[11] 骆丽霏.追随儿童问题情境的幼儿园种植课程的探索与实践[J].辽宁教育,2020(10):68-73.

[12] 陆蓉.幼儿园"润·芽"种植课程的生成研究[J].基础教育研究,2020(8):96-97.

[13] 吕秀云.基于生态学视野的幼儿园绿色种植课程研究[D].济南:山东师范大学,2017.

[14] 毛洁.探究幼儿园种植课程的开发与实践[J].新课程(综合版),2019(3):52.

[15] 沈丹萍.微种植 大收获——浅谈幼儿园微种植课程的实施[J].新课程(综合版),2018(10):106-107.

[16] 沈丽丽.我动手,我快乐——幼儿园种植区角活动课程的开发与实践研究[J].天津教育,2019(20):76-77.

[17] 沈清,徐晓青."新行为课程"视野下幼儿园种植活动探索[J].幼儿教育,2017(25):16-19.

[18] 田波琼,杨晓萍.让幼儿的深度学习真实发生——幼儿深度学习的内涵、特征及支持策略[J].今日教育:幼教金刊,2017(7):17-20.

[19] 王志明.幼儿科学教育教学法[M].南京:南京师范大学出版社,2014.

[20] 王忠芬.小小种植地里的幼儿园微课程[J].新课程(综合版),2019(2):81.

[21] 韦孟希,张莉.自然教育视域下幼儿园种植课程价值研究[J].基础教育研究,2020(9):89-91,94.

[22] 吴芝玉.幼儿园种植活动中的合作意识[J].学周刊,2014,3:184.

[23] 巫秋云,纪丽娜,王海莲.基于热带作物的幼儿园特色种植课程构建与实践[J].教育导刊(下半月),2019(8):23-26.

[24] 巫秋云,肖芳,祁文丽,吴丽云,梁云婧,吴婵.幼儿园种植课程提升幼儿关键经验的思考[J].陕西学前师范学院学报,2019,35(7):21-24.

[25] 杨嫚.让课程回归幼儿生命成长的本真——基于课程游戏化背景下幼儿园户外田园种植活动的有效探析[A].教育部基础教育课程改革研究中心.2020年"区域优质教育资源的整合研究"研讨会论文集[C].教育部基础教育课程改革研究中心:教育部基础教育课程改革研究中心,2020:2.

[26] 杨子舟.从浅层学习走向深度学习[J].教育探索,2016(7):32-35.

[27] 陈香.用"全收获"的理念开展幼儿园种植活动[J].教学与研究,2021(55):37.

[28] 虞永平.种植园地与幼儿园课程[J].幼儿教育,2010(5):6-7.

[29] 原晋霞 . 亲近自然 探索自然 热爱自然——谈幼儿园种植课程建设 [J]. 幼儿教育，2012(10)：22-23.

[30] 张彩霞 . "全收获"理念下种植活动对幼儿发展的影响 [J]. 学周刊，2020(16)：175-176.

[31] 张映红 . 关于幼儿园开展自然角种植活动的策略研究 [J]. 考试周刊，2021(3)：167-168.

[32] 张春美 . 种植园地中幼儿种植行为的观察研究 [D]. 南京：南京师范大学 .

[33] 赵月 . 幼儿园种植课程的开发与实践 [J]. 小学科学（教师版），2020(6)：238.

[34] 曾梅芬 . 提高幼儿园自然角创设的有效性 [J]. 黑河学刊，2012(10)：154-156.

[35] 中华人民共和国教育部 . 3~6 岁儿童学习与发展指南 [M]. 北京：首都师范大学出版社，2012.

[36] 中华人民共和国教育部 . 幼儿园教育指导纲要：试行 [M]. 北京：北京师范大学出版社，2001.

[37] 邹晨静 . 种植园地与幼儿园课程的实践研究 [J]. 新课程（综合版），2018(6)：50.

[38] 朱宛英 . "全收获"理念下幼儿园开展种植活动的教育价值 [J]. 课程教育研究，2020(13).

[39] 朱丽君 . 在课程游戏化背景下幼儿园种植活动的开展 [J]. 新课程（综合版），2019(9)：76.

[40] 朱文华 . 指向幼儿完整性成长的幼儿园种植微课程的构建 [J]. 小学科学（教师版），2018(6)：17.